Marianne Draeger

Sartre oder Zungenkuß

Ein Roman aus dem Berlin des Kalten Krieges

Edition Galgenberg
Rasch und Röhring Verlag

Die Deutsche Bibliothek – CIP-Einheitsaufnahme

Draeger, Marianne:
Sartre oder Zungenkuß / Marianne Draeger. – Hamburg:
Rasch und Röhring, 1996
(Edition Galgenberg)
ISBN 3-89136-574-8

Großer Burstah 42, 20457 Hamburg, Fax 040/37 13 72
Umschlaggestaltung: Gundula Hissmann
Satzherstellung: FabriKate, Esgrus
Druck und Bindearbeiten: Ebner, Ulm
Printed in Germany

»Wir saßen bei Kerzenschein auf der Kellertreppe.
Er erzählte von Italien, und ich tat ganz kühl.
Schließlich landeten wir allein im Zimmer von G.
Und da, na ja, haben wir uns geküßt.
Ich hätte es mir bestimmt nicht gefallen lassen,
wenn ich nicht soviel Bowle getrunken hätte.
Nachher gingen wir wieder zu den anderen
und schämten uns ein bißchen...«

(Aus meinem Tagebuch am 11. 9. 1955)

I

Morgens in der Straßenbahn, wenn ich aus Kreuzberg zur Schule nach Tempelhof fahre, stehe ich manchmal kurz davor, zu sein, wie ich sein möchte. Beim Einsteigen bin ich noch ganz stieke, knalle meine Mappe neben einen der besetzten Plätze und lese erst mal die Paech-Brot-Sprüche auf den Banderolen über den Wagenfenstern: »Kuno sprach zu Kunigunde – ›Paech-Brot ist in aller Munde!‹« Oder: »Der Orje fragt den Kulle – haste nich 'ne Paech-Brot-Stulle?« Oder: »Ganz furchtbar schimpft der Opapa – die Oma hat kein Paech-Brot da.«

Den Opa-Spruch lese ich am liebsten. Weil ich mir da meinen eigenen Opa vorstellen kann, der auch ganz schön meckrig zu meiner Oma sein kann. Ja, diese Paech-Brot-Sprüche lese ich gern, weil die so flutschen.

Die anderen Leute in der Straßenbahn lesen meistens Zeitung. »Tag«, »Tagesspiegel«, »Telegraf«, »Morgenpost«, »BZ«... die ganzen Blätter eben, die man morgens bei uns im Westsektor am Kiosk kriegt. Neulich hieß die Schlagzeile: »Der Schah schickt Soraya rote Rosen«. Mich läßt zwar kalt, daß der Schah Soraya rote Rosen schickt, aber die Os haben mir gefallen: Sooooooraya – rooooote Rooooosen. Die Os flutschen auch.

Wenn ich zugestiegen bin, lesen viele Fahrgäste schon

die letzte Zeitungsseite, die, auf der die Morde und Katastrophen passieren und auf der es die Fotos mit den bekannten Leuten gibt. Mit dem Vater von Conny Froboess, zum Beispiel, der sich den neuesten Ami-Flitzer kaufen konnte, weil er und seine Tochter mit dem Schlager »Pack die Badehose ein« soviel Geld verdient haben.

Wenn die Leute das Ami-Flitzer-Foto auf der letzten Seite anstaunen, kann ich die erste Seite mit den Schlagzeilen lesen. Aber nur falls ich meine Brille aufsetze. Falls nicht – kann ich gerade mal erkennen, wie die Köpfe über den Zeitungen wackeln. Mal nach rechts, mal nach links. Ein müder Wackelpudding ist das morgens um halb acht!

Und wenn ich in den so reingucke, stehe ich manchmal kurz davor, zu sein, wie ich sein möchte. Anschreien möchte ich dann den müden Wackelpudding: »Ooooooooh!« Mit einem wilden, langen, lauten »o«, das alle Leute zusammenfahren läßt. Aber ich schreie natürlich nicht. Denn wenn ich's täte, würde der Schaffner die Polizei holen und sagen: »Hier schreit 'ne Verrückte!«

»Pennst du?« fragt Porte und knufft mich.

»Nee«, sage ich und mache die Augen auf.

Nur noch schwach miefen jetzt die kleinen Dreckwülste zwischen den Holzdielen, die wir in der Turnstunde bei den Bodenübungen im Gymnastiksaal rauspulen. Aber der süß-saure Schweiß, der von den Tänzern herunterläuft, steigt mir wieder in die Nase.

»Ay, Boogie«, grölt Ralf, und seine Jungs von der Schülerband stampfen auf, »ay, Boogie-Woogie!«

»Ich dachte schon, du hast was«, sagt Porte.

Nur Porte und ich hocken noch auf den Stühlen unter den Neonröhren, vor die wir rotes Seidenpapier geknautscht haben, weil rotes Licht Sünde verspricht. Alle tanzen – bis auf uns und die paar Typen, die draußen auf dem Schulflur quasseln oder im Klo rauchen.

»Kiek mal«, sagt Porte und beugt sich vor. Sie berlinert selten, obwohl sie im tiefsten Kreuzberg wohnt.

»Und jetzt paß auf«, sagt Porte.

Karla ist mit einer Cola zu Ralf aufs Podium geklettert. Sie hat was Flattriges in Türkis an, das kein richtiges Faschingskostüm ist, aber ziemlich unanständig aussieht. Wenigstens paßt es zu Karlas stockdunklen Augen, die schon was wissen, auch wenn Karla im Januar erst sechzehn geworden ist. Karlas Mutter kommt aus Italien, ihr Vater aus Berlin-Tempelhof.

»Im Sommer«, flüstert Porte, »hab' ich im Strandbad Wannsee gesehen, wie sich Karla von Ralf an die Brust grapschen ließ!«

Porte, die nur von den Lehrern mit ihrem Vornamen Heidrun angequatscht wird, hat sich Schlitzaugen und dünne schwarze Kurven über ihre abrasierten Brauen gemalt. Sie trägt eine Perücke und was aus Kreppapier, das der Kimono einer Geisha sein soll. Ich wäre auch gern als Geisha gegangen, aber für so was haben wir im Augenblick kein Geld. »Doch mit ein bißchen Phantasie«, hat meine Mutter gesagt, »zaubern wir dir auch ein Kostüm, Doro!«

Wir haben mir dann diese schreckliche Pappsonne gezaubert, die wie ein Stern aussieht und mir durch meine erste Dauerwelle in die Kopfhaut kneift. Die Zacken, die ich mir als Sonnenstrahlen rausgeschnitten habe, stören die Jungs beim Tanzen. Aber weil ich so schlecht tanze, machen die Zacken auch nichts mehr aus.

»Und Karla«, brabbelt Porte weiter hinter vorgehaltener Hand, »hat gestöhnt, als Ralf ihr… mhmhm…, na, du weißt schon…«

Sie knallt ihre schmalen, fett rosa überschminkten Lippen aufeinander und stopft sich eine helle Haarsträhne unter die dunkle Geisha-Perücke. Auf dem Podium hat Karla Ralf die Arme von hinten um den Hals gewunden. Ralf läßt mitten im Spiel die Trompete sinken und legt seinen Kopf an Karlas Bauch. Ich kriege ein komisches Gefühl zwischen den Schenkeln.

»Aha«, sagt Porte und glotzt.

Plötzlich greift Ralf nach Karla und springt mit ihr vom Podium. Sie tanzen. Er wirft sie weg und holt sie sich wieder zurück.

»Ay, Boogie!« brüllt die Band. »Ay, Boogie-Woogie…«

Meine Mutter meckert, wenn ich zu Hause die von Karla gepumpte Boogie-Platte auf unserem halbautomatischen Plattenspieler laufen lasse. Sie sagt, sie kriegt »Kopfschmerzen von dem furchtbaren Krach«. Und mein Vater, der neuerdings sogar nachts im Büro, auf der anderen Seite unseres Hauses, ackert, dreht das Radio aus, wenn ich A.F.N. höre.

»Die spinnt«, sagt Porte und meint Karla.

Karla hat ihre Augen mit den gemein langen Wimpern fast geschlossen und tanzt nun neben Ralf ihren eigenen Tanz. Sie zappelt nur einen halben Meter von meinem Stuhl entfernt, aber ich bin ihr total egal.

Ich möchte mal wissen, ob Karla tatsächlich schon so viele Erfahrungen hat, wie Porte dauernd behauptet. Und ob Karla sich niemals haßt, wie ich mich hasse, wenn ich nicht so sein kann, wie ich sein möchte.

»Tanzen?« fragt ein Junge, den ich wohl nicht mitgekriegt habe, als er vom Klo oder Flur zurück in den Gymnastiksaal kam. Der Junge fragt nicht mich, sondern Porte.

In seinem dunkelblauen Anzug mit Schlips und Brusttuch sieht der Typ vom Jungs-Gymnasium zwei Straßen weiter – »Oberschule, wissenschaftlicher Zweig« wie wir – viel verkleideter aus als die Kostümierten.

Porte will tanzen. Sie nickt. Hochmütig, wie's ihre Tour ist.

Jetzt sitze ich ganz allein. Aber ich will nicht sitzen bleiben. Ich will aufstehen und mittanzen in dem sündigen roten Seidenpapierlicht. Doch ich traue mich nicht.

Ich mache lieber wieder meine Augen zu und rieche in mich hinein. Der Lehrer in der Tanzstunde, in die ich mit Karla und Sabine letzten Herbst gegangen bin, hat nach Parfüm gestunken, obwohl er ein Mann ist. Ich kann mich nicht fallenlassen, hat der Stinker zu mir gesagt, jedesmal, wenn ich ihm beim Vortanzen auf die Füße getreten bin.

Was heißt, ich kann nicht? Ich will nicht.

II

Auf dem Schulflur kommt mir Sabine entgegen. Im Pagenkostüm. Sie onkelt neben einem blonden Jungen und blafft: »Nee, morgen habe ich keine Zeit!«

Bei Sabine, die den Blonden gnadenlos anschwindelt, sitzt alles an der richtigen Stelle. Sie ist nicht groß und dünn wie ich. Und mit ihren kurzen hellen Haaren sieht sie viel besser aus als ich mit der halblangen Dauerwelle und der Pappsonne auf dem Kopf.

Sabines Kostüm – weite, weiße Bluse, enge, schwarze Kniehosen und ein kleiner Dolch mit Nazikreuz (von meinem im Krieg vermißten Patenonkel) am Gürtel – macht die Jungs ganz wild. Jedenfalls wilder als mein »sonnengelber« Glockenrock über dem milchkaffeebraunen Unterkleid mit Spitzeneinsatz von meiner Mutter. Trotzdem will Sabine noch nichts mit Jungs zu tun haben. Ihr Vater ist gerade erst aus der russischen Gefangenschaft nach Hause gekommen. Und das Problem mit diesem Mann, der sie so viele Jahre nicht gesehen hat, beschäftigt sie so total, daß sie nicht mal einen Büstenhalter tragen will, obwohl sie schon mehr Busen hat als ich. Ich glaube, meine Freundin Sabine will jünger sein, als sie ist. Nur das Kind dieses neuen Vaters will sie sein. Ob sie über fünfzehn ist oder nicht.

Sabine ist meine beste Freundin. Wenn ich sehr durcheinander bin, kapiert sie mich hin und wieder. Doch zur Zeit kapiert sie mich nicht. Sie kapiert, zum Beispiel, nicht, daß ich was mit Jungs zu tun haben möchte.

»Tschüs!« sagt Sabine zu dem Blonden. »Ich muß meiner Freundin was sagen.«

»Du, ich kann nicht«, lüge ich. Und dabei fallen meine Blicke in die des Blonden rein. Er hat gelangweilte graue oder blaue Augen. Weil ich keine Brille aufhabe, kann ich die Farbe nicht erkennen.

»Wo willste denn hin, Doro?«

»Bin gleich wieder da«, sage ich zu Sabine und hole mir meine Blicke von dem Blonden zurück. Dann laufe ich einfach weiter auf dem Steinfußboden im Flur, der wie Sülze aussieht.

Kein Mensch in den Schülertoiletten im ersten Stock neben dem Lehrerzimmer! Durch die brillenlosen weißen Schüsseln in den Klozellen rauscht unentwegt das Wasser, damit die Leitungen nicht einfrieren, jetzt, Ende Januar.

Ich schließe mich ein und nehme die Sonne vom Kopf. Die Musik aus dem Gymnastiksaal kommt in Wellen wie auf dem Rummelplatz: »Vaya con dios, my darling...« Nein, »Darling« will jetzt nicht mehr mittanzen! Ich will, daß mich keiner sieht, und denken, daß ich nichts denke.

»Vaya con dios, my love...«

III

Die Klinke läßt sich herunterdrücken. Die Tür, die man nicht öffnen darf, geht auf. Die Hängelampe über dem großen Lehrertisch mit der dunkelgrünen Linoleumplatte brennt. Warum dürfen Schüler eigentlich nicht ins Lehrerzimmer?

Dabei sieht's hier stinklangweilig aus. Schmale Schränke vor den dunklen, holzgetäfelten Wänden wie in der Kaserne in dem »08/15«-Film.

Zwischen den Fenstern hängt Marcs »Turm der blauen Pferde«. Als Druck. Wir haben das Bild gerade bei der Orsinska in Kunst durchgenommen. Es ist nicht schlecht. Aber die Farben sind mir zu knallig. Wie Reklame.

Auf dem Lehrertisch mit den hochlehnigen Stühlen drum herum stehen zwei häßliche, langblättrige Topfpflanzen wie in manchen Fleischerläden, außerdem mehrere Tintenfässer und ein Wischer. Unten rechts lagert ein Stoß Hefte. Oben drauf liegt: »Heidrun Porte – Deutsche Aufsätze – 10 a«.

Hier sitzt also Harry. »Harry«-Harald Joachim Nilp, unser Deutschlehrer. Harry ist frisch verheiratet und gerade dreißig. Manchmal quasselt er wie einer von uns, obwohl er schon weniger als wenig Haare hat. Meistens geht er krumm wie ich, vielleicht weil er auch gern ein bißchen kleiner wäre. Beim Unterricht schließt Harry häufig halb die Augen und grinst, als ob ihm alles egal sei. Ich hasse Harry, wenn er mir im nächsten Zeugnis keine »Eins« in Deutsch gibt. Aber ich höre ihn schon: »Für Deutsch ›sehr gut‹ gehen Sie zuwenig in die Tiefe, Doro... äh... Dorothee! Das mag ja reichen für die geplante journalistische Zukunft, aber...«

Aber was? Beim »aber« stoppt Harry regelmäßig. Er ist nicht direkt dagegen, daß ich zur Zeitung will wie mein Onkel Paule, der Lokalredakteur ist – aber auch nicht direkt dafür.

»Berlin« hieß unser letztes Aufsatzthema, für das ich so tief ging, wie ich nur konnte. Schließlich sind wir Uchtmanns Berliner, nur mein Großvater kommt aus Rostock.

Was hat denn Porte, die aus Schlesien stammt, für »Berlin« gekriegt? – »Ausreichend«! Das wird sie fertigmachen.

Aber wo ist mein Heft? Wenn jetzt jemand kommt, fliege ich von der Schule. »Deutsche Aufsätze – Dorothee Uchtmann« – na endlich...

Hinter mir knarrt was. Los, Doro, mach!

Harrys kleine Schrift in roter Tinte. Mehrere Kommafehler. Kriege ich wieder »wegen der vielen formalen Verstöße leider nur...«?

»Wer«, fragt jemand hinter mir, »schnüffelt denn hier im Allerheiligsten rum?«

Auf der Schwelle des Lehrerzimmers steht der Blonde mit den gelangweilten Augen, der vorhin neben meiner Freundin Sabine ging. Er hält mir meine Sonne entgegen, die ich in den Papierkorb vor dem Schülerklo geschmissen hatte.

»Hier, Mata Hari«, sagt er, »deine Tarnkappe!«

IV

Die Fensterläden vor meinem Zimmer haben Schlitze. Im Sommer große, weil das Holz sich in der Wärme zusammenzieht. Jetzt im Winter sind die Schlitze nur Ritzen, hinter denen die Sonne, wenn sie scheint, wie ausgesperrt steht. Im Sommer kann es morgens passieren, daß mir durch einen Schlitz ein Sonnenstrahl genau auf die geschlossenen Augen knallt und mich weckt. Dann muß ich aufstehen, und wenn ich noch so dagegen bin. Der Sonnenstrahl kann ja nichts dafür.

Aber Hilde kann was dafür. Hilde, die bei uns im Haushalt hilft, kann ich hassen, wenn sie ruft: »Doro, uffstehn! Is jleich dreiviertelsieben, Kind!«

Auf Hilde mit ihrer Altweiberstimme – salbadersalbader –, aus der man genau raushört, wie egal es ihr ist, ob ich aufstehe oder nicht, kann ich meine ganze Wut schmeißen, die nur dem Aufstehen gilt.

Doch heute wache ich ohne Hildes Jammerstimme auf. Und ohne Sonne. Durch die Ritzen der Fensterläden kämpft sich feuchtkalte Luft in mein Zimmer. Ich wage nicht, mich unter der warmen Bettdecke zu rühren, damit kein Luftloch entsteht – und dabei dusele ich wieder ein...

»Deine Tarnkappe«, sagt der Blonde gähnend und hält

mir die blöde Sonne hin. Ich will zugreifen – aber der Blonde läßt sie nicht los.

»Verdammter Kerl«, sage ich zu dem Blonden wie zu meinem kleinen Bruder Ebbe und kriege ein komisches Gefühl unten im Bauch. Aber der Blonde ist nicht mein Bruder. Er gafft mich an mit gelangweilten hellen Augen, die mich kitzeln.

»Faß, Doro!« sagt er zu mir wie zu einem Hund. »Faß!«

Ich will zufassen, doch da ringen wir schon. Und plötzlich ist der Mund des Blonden über mir, er gähnt nicht, und ich hab' noch viel stärker das komische Gefühl...

Warum ist es so still? Wo bleibt Hilde mit ihrem Aufsteh-Gemecker? Warum schreit mein Bruder noch nicht draußen auf der Diele rum?

Ich zerre mir die Bettdecke über den Kopf, meine Fußspitzen rutschen ins Freie.

Es war alles ganz anders, am Sonnabend, als mir der Blonde auf der Schwelle des Lehrerzimmers meine Sonne entgegenstreckte.

»Danke«, habe ich pampig gesagt. Und: »Falls du Sabine hier suchst, bist du falsch!«

Dann habe ich mir die Sonne geschnappt und bin an dem Blonden vorbeigelaufen. Meine Eltern standen schon zum Abholen draußen vor der Schule. Im Auto habe ich kein Wort gesagt. Was ich denn hätte, hat meine Mutter gefragt. Und gemeint, das würde schon werden, wenn ich nur weiter in die Tanzstunde ginge. Mein Vater sagte, ich sei doch apart, nicht gerade hübsch, aber eben apart, und wenn das keiner merken würde, sei der selber schuld. Danach fing er an zu singen: »Du bist die Rose vom Wörthersee ladiladiladiläh...« Natürlich falsch wie immer, und meine Mutter...

Auch nebenan im Schlafzimmer meiner Eltern kein Mucks. Vielleicht pennt meine Mutter noch. Aber mein Vater? Der telefoniert doch um diese Zeit schon längst. Mein Vater ist ein Frühaufsteher, ein Morgen-Telefonierer, der alle mit seiner guten Laune böse macht: »Morjen! Uchtmann!... Firma Uchtmann-Heizung!... Is noch zu früh am Morjen?... So 'n schöner Morjen!... Hören Se, ick bin zu dem Erjebnis jekommen, daß wir die Temperatur bei der Heizungsanlage in der Giesebrechtstraße doch besser runternehmen... Sehen Se... und dann sollten wir noch...«

Nach solchen Telefongesprächen geht er dann wie beschwipst ins Badezimmer, schabt sich lustvoll seinen Schlagsahnebart runter und singt, natürlich schrecklich falsch: »Ooooh, Himmel strahlender Azur...« Auch wenn er nichts von einem strahlenden Himmel sehen kann. Unser Bad hat keine Fenster.

Jetzt muß ich selbst in unser fensterloses Bad, das nur einen Abzug nach draußen hat. Wenn ich die Fünf-nach-halb-acht-Uhr-Bahn verpasse, komme ich zu spät zur Schule. Wie eine Ausgestoßene muß ich dann die leere Schultreppe zum Klassenzimmer hochrasen, schon von draußen hören, wie sie drinnen brabbeln: »1813 Freiheitskriege, 1815 Wiener Kongreß...« Erste Stunde haben wir Geschichte bei Frau Dr. Schiff, genannt »das Schiff«, zweite Stunde Latein bei Dr. Karnowski... verdammt, ich habe vergessen, Latein zu machen!

Es ist so still in der Wohnung. Warum ist es so still?

V

In der Küche wäscht Hilde das Geschirr von gestern abend ab. Eigentlich müssen mein Bruder Ebbe oder ich Sonntagabend abwaschen, weil Hilde sonntags Ausgang hat.

Sie fährt herum, als ich reinkomme: »Jott, Doro! Dir hab ick ja janz vajessen!«

»Wo ist Papa, Hilde?«

»Wech«, sagt sie, »beede wech! Dein Papa und deine Mutti sind heute schon janz früh wech. Deine Oma jeht's nich so.«

Ich behalte vor Schreck den Brotbissen im Mund, den ich gerade runterschlucken wollte. Ich liebe meine Oma, die Mutter meiner Mutter, nämlich. Als ich kleiner war, hat sie mit mir winzige, mit Asche gefüllte Päckchen an einer Schnur auf die Straße runtergelassen. Wenn sich die Leute dann nach den Aschepäckchen bückten, haben wir uns beide gekringelt vor Lachen. Manchmal haben wir auch Torte mit Eischnee statt echter Schlagsahne gegessen, bis uns ganz schlecht wurde. Ihr noch schlechter als mir.

»Was heißt ›Oma geht's nicht so‹? Ist sie krank?«

»Ick weeß von nischt«, sagt Hilde. »Willste Wurst oder Käse auf die Pausenstulle?«

Würde Hilde nach Wurst oder Käse fragen, wenn es meiner Großmutter wirklich schlechtginge? Ich konzentriere mich auf das Muster des Küchentischs.

Schlierige braune Linien schlängeln sich unter den Kratzern vom Brotmesser durch. Manche Linien kann man eine Weile verfolgen, aber schließlich enden alle in einem Gewirr. Ich möchte einmal eine Linie finden, die einen Anfang und ein Ende hat.

»Egal«, sage ich. »Oder nee – Wurst!«

Hilde knallt harte Wurst zwischen die Stullen. Ich hasse fast jede harte Wurst. Mir vergeht schon der Appetit beim Zusehen. Hilde ist uralt, so um die fünfzig, klein, leicht zusammengedrücktes Gesicht, graugrüne, seitlich runterkippende Augen, die nie richtig böse gucken können. Während des Krieges hat Hilde, die vom Oderbruch kommt, hier in Berlin in einer Munitionsfabrik gearbeitet und dort ihren einzigen Freund gehabt. Aber weil der halb- oder viertel- oder was-weiß-ich-jüdisch war, mußte er plötzlich an die Front, wo er dann auch sofort fiel. Trotzdem glänzen Hildes runterkippende Augen, wenn sie von der Zeit in der Munitionsfabrik – »aber nur wennde abtrocknen hilfst, Dorochen« – erzählt. Vielleicht hat der Freund sie damals so richtig geknutscht. Starke Männerarme um Hildes spillrige Figur, gelangweilte, helle Augen und dann der Mund…

»Ich hau' ab«, sage ich, »hoffentlich hast du mir Käse und nicht die doofe harte Wurst auf die Stulle gemacht, Hilde!«

Gleich wird sie losschreien: »Hab ick dir nich extra jefragt, Doro, watte druff uff die Stulle willst…?«

Aber sie schüttelt nur den Kopf und tippt sich an die Stirn.

In der Diele falle ich über die Katze, die vor dem Zimmer meines Bruders Ebbe liegt. An seiner Tür hängt ein Zettel: »Ich habe heute erst um dreiviertelneun Schule. Wer mich vorher weckt, wird erschoßen!«

Er weiß nie, wann man »ß« und wann man »ss« schreibt, der Blödmann!

VI

Kurz vor der Haltestelle am Platz der Luftbrücke fange ich zu rennen an. Die Straßenbahn fährt schon, während ich aufspringe.

»War knapp, Frolleinchen«, sagt der Schaffner. Hinter ihm grinst Porte. Sie grapscht nach meiner Schultasche und schmeißt sie zu ihren Sachen am Fenster. Japsend suche ich in meiner Manchester-Jacke nach der Monatskarte.

»Sachte«, sagt der Schaffner, »janz sachteken, Frollein! Kieken Se doch mal inne Innentasche nach!«

Porte grinst ihr hochmütiges Grinsen, während ich wie eine Blöde weitersuche. Mit diesem Grinsen läßt sie keinen an sich ran. Porte wohnt wie ich in Kreuzberg, aber in der Friesenstraße, gleich am Polizeipräsidium, im dritten oder vierten Hinterhaus. Meine Familie wohnt in einer halb ausgebombten Villa, die am Kreuzberg klebt. Unten links ist die Firma, rechts unsere Wohnung und darüber der Rest des Hauses, der noch immer Ruine ist. Mein Vater, den meine Mutter »bausüchtig« nennt, zeichnet nach dem Abendbrot dauernd Pläne für den Wiederaufbau.

»Da isse!«

Endlich habe ich die Monatskarte im Futter unter der eingerissenen Tasche gefunden.

»Hast du Latein, Porte?«

Ich hätte »Heidrun« sagen sollen. Porte haßt es, wenn man sie mit ihrem Nachnamen anquatscht.

»Ich hab's bestimmt nicht richtig«, sagt sie muffig.

Dann eben nicht. Ich starre zum Fenster hinaus. Wenn Porte wüßte, was ich weiß. Daß sie für ihren »Berlin«-Aufsatz nur »ausreichend« kriegt...

Die Bahn ruckelt am Flughafen Tempelhof lang. Von hier aus sind vor sieben Jahren unaufhörlich Flugzeuge gestartet und gelandet. Tag und Nacht hat es über unserem Haus gedröhnt, damit wir im Westsektor nicht verhungern mußten. Wenn ich an die Blockade denke, mit der die Russen uns kleinkriegen wollten, habe ich sofort den Geschmack von Trockenkartoffeln auf der Zunge. Das waren diese gemeinen gelben, gummiartigen Stäbchen. Ich wurde damals zehn, und bis ich hundert bin, möchte ich so was nicht wieder essen!

»Wo warste eigentlich Sonnabend beim Fasching?« fragt Porte. »Sabine hat dich überall gesucht, und ich hab' inzwischen...«, sie gickert, »...mit Frieder getanzt!«

»Mit wem?«

»Gott, Doro! Tust du so dußlig? Mit Frieder, das ist doch der Blonde, der erst mit Sabine...«

»Och, der«, sage ich, »der immer so gähnt.«

»Wir wollen zusammen ins Kino. ›Solange du da bist‹ mit der Schell!«

»Die Heulsuse!«

»Oder in ›08/15‹. Frieder sagt...«

Ich will nicht mehr hören, was dieser Frieder sagt. Die Straßenbahn ächzt und rasselt und schluckt Portes Gequatsche. Draußen fährt ein Mercedes auf gleicher Höhe. Zeig's dem Auto, Straßenbahn, zeig's ihm!

»S-Bahnhof Tempelhof!« ruft der Schaffner. Das Auto überholt die Bahn. Ihre Bremsen jammern, bis sie hält.

Hier wohnen meine Großeltern in der Nähe. »Ganz furchtbar schimpft der Opapa...« Drin im Wagen hocken die Leute vor ihren Zeitungen unter den Paech-Brot-Sprüchen.

»Du«, sage ich in Portes Gebrabbel, »mit meiner Oma ist was. Meine Eltern sind schon ganz früh zu ihr.«

»Meine Oma ist schon seit fünf Jahren tot.«

Bevor ich Porte diese Gemeinheit zurückzahlen kann, drängt sich ein Pulk von Zusteigenden mit feuchten Mänteln in die Bahn.

»Durchrücken!« ruft der Schaffner.

Aber ich drängele mich trotzdem nach vorn zur offenen Tür und spähe zwischen einem Kopftuch und einem abstehenden Männerohr ins Freie. Die ungefähr dreißig Jahre alten, gelbbraunen Häuser der »Tempelhofer Siedlung« hinter der Imbißbude vorm S-Bahnhof sehen piefkig aus wie immer. Dort wohnen meine Großeltern. Alle zehn Minuten fährt an ihrem Haus die S-Bahn vorbei. Nachts seltener. Aber auch nachts zittern die Gläser und Sammeltassen in der Vitrine im Wohnzimmer. Und hören wieder auf. Dann tickt nur noch der Wecker auf dem Nachttisch meiner Oma. Ich kann ihn hören, weil sie die Schlafzimmertür offenläßt, wenn ich auf dem schmalen Kanapee im Wohnzimmer übernachte: ticketacke, ticketacke...

Manchmal schnarcht mein Großvater genau in das Ticken hinein, oder meine Großmutter schnurchelt hastig: ticketacke, ticketacke... ein Geräusch, das nicht aufhören kann.

VII

Spinnst du?« ruft Porte. »Wir sind da!« Sie steht schon draußen. Ich springe verdattert aus der Straßenbahn. »Wenn ich nichts gesagt hätte, wärst du glatt weitergefahren!«

Dieser Hochmut in Portes Stimme! Sie schreitet über den Damm. Ein Taunus 15 M, wie ihn mein Opa fährt, bremst in letzter Sekunde. Porte zuckt nicht mal zusammen. Erst auf dem Bürgersteig dreht sie sich um.

»Was ist? Kommst du nicht?«

»Ich warte noch auf Sabine!« brülle ich und renne zur gegenüberliegenden Haltestelle. Sabine kommt aus der Gegenrichtung, aus Lankwitz. Bis vor einem Jahr hat sie noch im Ostsektor gewohnt.

Porte zuckt mit den Schultern. Sie hat einen Schritt, mit dem sie rückwärts Tritte austeilen könnte.

Sabines nächste Bahn kommt erst in acht Minuten. Es wäre Wahnsinn, auf sie zu warten. Ich rase Porte hinterher. Bordstein rauf, Bordstein runter. Elegant an der Laterne vor dem Papiergeschäft vorbei. Ich könnte danebentreten, mir den Fuß brechen, aber ich renne wie im Rausch, da gibt es keine Hürden. Ich renne um die Wette mit dem Blonden, der Frieder heißt. Ich will siegen – aber ich will auch nicht, daß der Blonde verliert.

VIII

Tür zu!« blafft das Schiff. Ich schließe die Klassenzimmertür und hechle zu meinem Platz neben Sabine.

»Wieder auf den letzten Drücker, Fräulein Uchtmann!«

Wenn Frau Dr. Schiff, genannt »das Schiff«, zu uns »Fräulein« sagt, ist sie auf achtzig, auf ihre komische, gleichgültige Tour. Dann reckt sie ihre winzige Figur und hebt ein Bein, das sie vor dem Knie des anderen anwinkelt. Frau Dr. Lea Schiff unterrichtet uns in Gegenwartskunde und Geschichte. Sie ist Jüdin und soll im KZ gewesen sein. Aber sie spricht nie davon. Keiner spricht davon. Und meine Mutter sagt, sie hätte das alles nicht gewußt.

Ich wüßte wenigstens gern, warum Frau Dr. Schiff dauernd auf einem Bein steht. Hat sie Schmerzen? Aber sie wirkt richtig abgehärtet und sieht total langweilig aus mit ihrem dünnen, weißen Dutt, ihren nie erstaunten, blassen Augen hinter der Hornbrille, in ihrer mausgrauen Bluse, bei der am Hals schon wieder ein Knopf zuviel offensteht.

»Hab' auf dich gewartet«, flüstere ich und stoße Sabine an.

Sabine legt die Hand vor den Mund und flüstert zurück: »Wo warste überhaupt?«

»Na, an der Haltestelle.«

»Nee, Sonnabend beim Fasching?«

Das Schiff guckt, und ich schüttele den Kopf.

»Bist du mir böse?« schreibt Sabine mit ihrem Füller aufs Löschblatt.

Das ist wieder typisch! Warum soll ich ihr böse sein? Sie ist meine beste Freundin und manchmal so ohne Umwege, daß ich baff bin. Als mir wegen Kurzsichtigkeit eine Brille verschrieben werden sollte, ich aber aus Eitelkeit keine wollte, sagte Sabine, sie wolle für mich zum Augenarzt gehen, heimlich die Lesetafeln abschreiben, damit ich für den Sehtest alle Zahlen und Buchstaben auswendig könnte. Jetzt habe ich natürlich trotzdem eine Brille. Aber Sabine werde ich das nie vergessen.

»Nein, ich bin dir nicht böse«, schreibe ich auf das Löschblatt. Und darunter: »Meiner Oma geht es beschissen.«

»Dorothee«, sagt vorn das Schiff, »ich warte …« Sabine und ich fahren zusammen: Worauf wartet das Schiff?

»Haben Sie die heutige Zeitungsschau vergessen, Fräulein Uchtmann?«

Das ist so ein Augenblick zwischen Wut und Schämen: Ja, ich habe die Zeitungsschau vergessen! Dabei hätte ich mir nur die wichtigsten politischen Ereignisse aus dem »Tagesspiegel« der letzten Woche rausschneiden müssen.

»Leider …«, beginne ich und mache dazu vorsichtshalber das Gesicht, das mein Mathematiklehrer »aufsässig« nennt.

»Nehmen Sie Ihre Hand vom Löschblatt, Dorothee!«

So rasch kann bloß das Schiff zu dem Tisch, an dem Sabine und ich sitzen, segeln.

Ich ziehe meine Hand weg.

»Bist du mir böse«, liest das Schiff halblaut, »nee, ich bin dir nicht böse, meiner Oma geht es besch…« Sie stockt, legt das Löschpapier zurück und blickt nach vorn zur ersten Reihe.

»Erika«, sagt das Schiff, »ich hoffe, Sie haben die Zeitungsschau nicht vergessen!«

Erika sitzt vorn neben Karla, die mehr weiß – auch über Jungs – als wir alle zusammen. Erika, eine mit Pferdeschwanz, aufgeworfenen Lippen und Schmachtaugen, hat ausnahmsweise nichts vergessen.

»Herausragende Ereignisse«, sagt sie wie geschmiert, »erstens: Grundsätzliche Bereitschaft der Zone, Verhandlungen über die Wiedervereinigung aufzunehmen. Zweitens: Der künftige spanische Thronfolger heißt Juan Carlos. Drittens: In Dingelfingen ging ein neues Kleinauto namens Goggomobil vom Band. Viertens: Im Ruhrgebiet streiken 800000 Bergleute. Fünftens: Im Lager Friedland sind erstmals nach drei Monaten wieder 108 Heimkehrer aus der Sowjetunion eingetroffen. Sechstens…«

Das raffinierte Weib! Erika liest einfach ab von dem Zettel, den ihr Karla zugeschoben hat. Weil sie seitlich sitzt, kann ich das selbst von hinten durch meine Brille sehen. Der Zettel liegt auf Erikas Schoß. Bei Lehrern ist Erika noch raffinierter: Da spielt sie die Kindliche. Als sie in Mathe fürs letzte Zeugnis geprüft wurde, hat sie eiskalt eine Ohnmacht vorgespielt, als sie nicht weiterwußte. Der Mathelehrer war hingerissen, als sie ihre mit Rhizinusöl zum Glänzen gebrachten Wimpern endlich wieder aufschlug.

»Sechstens«, liest Erika von Karlas Zettel ab, »droht die Sowjetunion bei Ratifizierung der Pariser Verträge…«

»Welche Bedeutung haben die Pariser Verträge für uns Deutsche, Erika?«

Das Schiff steht wieder vorn an der Tafel, und diesmal auf dem linken Bein.

»Al… also…«, stottert Erika, die nicht mehr ablesen kann, »die Pariser Verträge…«

»Ja?« fragt Frau Dr. Schiff und wechselt aufs rechte Bein. Sie hat schlanke Unterschenkel, aber keine Fesseln.

»Also… wenn die Pariser Verträge durchkommen… dann… dann sind die in der Zone ein selbständiger Staat oder so, und wir… wir haben dann wieder Soldaten…«

»Genauer, Erika!«

Erika schweigt und wirft Schmachtblicke. Aber die wirken nicht bei dem Schiff.

»Wer kann Erika erklären, was mit den Pariser Verträgen los ist?«

Karla und ich melden uns. Das Schiff übersieht mich glatt.

»Karla!«

»Die Pariser Verträge bedeuten die Errichtung einer ›Westeuropäischen Union‹ und für uns Deutsche das Ende des Besatzungsregimes und den Eintritt in die NATO, falls der Bundestag da zustimmt. Die Russen sind gegen die Pariser Verträge. Sie haben freie Wahlen vorgeschlagen, bei uns und in der Zone, und zwar unter internationaler Aufsicht. Aber nur, wenn wir dafür neutral sind. Die CDU/CSU unter Bundeskanzler Adenauer und die FDP sind für die Verträge. Die SPD ist dagegen…«

»Und wie will sich unser neuer Berliner Senat aus SPD und CDU da verhalten, Karla?«

»Da soll die SPD, sagt die CDU, sich der Stimme enthalten, also…«

»Danke, Karla«, sagt das Schiff, »das genügt.«

Ich drehe meinen Stuhl und starre »aufsässig« aus dem Fenster: Wenn das Schiff meine Mitwirkung im Unterricht nicht nötig hat – bitte sehr!

Gegenüber in dem blaßrosa verputzten Wohnblock steht eine Frau mit Kopftuch auf dem Balkon. Sie schmeißt die Arme hoch und runter, wringt die Hände und bewegt unaufhörlich die Lippen. Offenbar tratscht sie mit jemand unten auf der Straße. Na schön: Was Karla wußte, hätte ich vielleicht nicht so genau gewußt. Ich interessiere mich mehr für alte Geschichte als für Gegenwartskunde, eben für alles, was schon passiert ist. Für Friedrich den Großen oder Napoleon. Seit ich »Désirée«, den Napoleon-Roman von Annemarie Selinko, gelesen habe, bin ich ganz verrückt auf diese Zeit. Geschichte ist gleich nach Deutsch mein Lieblingsfach. Geschichte kann man rückwärts vorhersagen: dauernd etwas Krieg und dauernd etwas Frieden. Was kaputtging, konnte man ja immer wieder aufbauen. Das ist heute schwieriger, sagt mein Onkel Paule, der bei der Zeitung ist. Weil mit den Atombomben jahrzehntelang alles futsch geht.

Trotzdem kapiere ich nicht, warum die Russen und die Amis sich heute so hassen. Beide waren doch unsere Feinde im Krieg. Wieso sind sie jetzt selber Feinde? Onkel Paule sagt, das läge am Kommunismus und am Kapitalismus. Aber mein Vater sagt, das liegt an den Bonzen und Bürokraten. Alles die gleiche Soße, sagt er, Sozis wie Kozis. Kozis sind die in der Zone. Sozis – die im Schöneberger Rathaus bei uns. Und Bonzen sind alle, die ihm in seine kleine Heizungsfirma reinpfuschen. Wie die bei der Bundesregierung in dem Kaff Bonn, die meinem Vater einen Kredit versprochen und immer noch nicht gegeben haben. Und Bonzen sind auch die Finanzbeamten, die uns den Gerichtsvollzieher schicken, weil mein Vater nicht pünktlich die Steuern bezahlen kann. Die schlimmsten Bonzen aber, sagt mein Vater, sitzen in den großen Firmen, die ihm, dem Kleinen, die dicken Aufträge wegschnappen, weil sie billiger anbieten können als er.

Doch ich kapiere auch das nur halb, und ich will es auch gar nicht richtig kapieren. Nur, daß ich noch immer Angst habe vor Krieg und vor Bomben, das weiß ich. Als ich fünf war, saß meine Großmutter manchmal im Luftschutzkeller neben mir. Und wenn ich dann heulte, weil's draußen so krachte, daß drin die dicken Wände zitterten, hat sie mich auf den Schoß genommen und mir ein selbsterdachtes Märchen erzählt, bis ich einschlief, weil ich den Krieg vergaß...

Jetzt nimmt die Frau gegenüber auf dem Balkon ihr Kopftuch ab und fährt sich mit den Fingern durch ihre Haare. Sie sind blond wie die von Sabine und diesem Frieder.

Es klingelt zur Pause. Mensch, ging das schnell heute!

»Haste Latein?«

Sabine schüttelt den blonden Kopf und kichert: Zu komisch, keiner von uns beiden hat Latein! »Ruhe!« ruft vorn das Schiff. »Das Ende der Stunde bestimme ich!«

Das ist gemein. Auch Schüler haben ein Recht auf fünf Minuten Erholung. Porte, die vor uns sitzt, dreht sich um und schneidet eine Grimasse.

»Heidrun«, sagt Sabine leise und süß, »kann ich von dir Latein abschreiben?«

Portes eisige Augen streifen mich.

»Aber nur du, Sabine, ja?«

»Klar«, flüstert Sabine, »gib schon her!«

»In der nächsten Stunde sprechen wir über das Wahlsystem«, sagt das Schiff. »Dazu lesen Sie Kapitel sechs, Seite 112 bis 120. Verstanden?«

Gebrabbel. Keiner will Frau Dr. Lea Schiff mehr verstehen. Endlich stellt sie sich auf beide Beine und rafft ihre Aktentasche an sich. Während sie raustrippelt, hat die Klasse sie schon vergessen.

»Das Heft mehr nach rechts«, murmele ich. Sabine schiebt Portes Lateinheft vorsichtig in meine Richtung, damit ich besser auf dem Schoß, und für Porte unsichtbar, abschreiben kann: »Caesar führte seine Truppen auf den nahen Hügel...«

»Es heißt ›auf den nächsten Hügel‹«, murmele ich.

»Du läßt Doro ja doch abschreiben!« Porte will sofort ihr Heft zurück.

»Nur noch den letzten Satz!« fleht Sabine.

»Nee!«

Das ist Portes kleine Rache, weil sie sich in unserer Klasse immer als Außenseiterin fühlt. Porte ist Halbwaise, ihr Vater bei Stalingrad gefallen, und ihre Mutter macht bei der Kripo reine. Da hat die Tochter nur eine Chance, um aufzufallen: Sie muß dagegen sein.

IX

»Morjen, Leute!«

Karnowski wiegt sich ins Klassenzimmer. Fett, klein, weißhaarig, nett. Nett aber nur auf den ersten Blick. Nach drei Jahren Latein bei Dr. Karnowski wissen wir: Er kann auf nette Art stinkgemein sein. Wer in Latein nicht spurt, wird mit Karnowskis Lebensweisheiten auf Trab gebracht.

»Se kennen doch die Geschichte vom kleinen Fritz?« fragt Karnowski schrecklich sanft, wenn jemand nicht gelernt hat. »Was? Se kennen die Geschichte immer noch nicht? Also: ›Faß nicht an die heiße Herdplatte, Fritzchen‹, sagt Fritzchens Mutter, ›sonst verbrennste dir die Finger!‹ – Aber was macht das dumme Fritzchen? – Nu muß es gerade an den heißen Herd fassen und verbrennt sich die Pfoten... Sehn Se, meine Damen...«

Karnowskis kleine, im Fett fast ertrunkene Augen strahlen uns an: »So was nennt man Erfahrungen machen! Und auch ihr müßt erst mal die Hausaufgaben vergessen, um die Erfahrung zu machen, daß man dann einen Eintrag ins Klassenbuch bekommt!«

Tieftrauriger Blick über die Klasse: »Die Menschen sind ja sooo dumm! Lauter dumme, kleine Fritzchen!«

Doch heute scheint Karnowski mopsfidel.

»Ausjeschlafen, Leute?«

Es ist gleich zehn Uhr vormittags. Trotzdem lachen wir dankbar.

»Du«, flüstert Sabine, »was ist denn eigentlich mit deiner Oma?«

»Sabine!« ruft Karnowski beunruhigend heiter. »Erzählen Sie uns doch allen, was Sie mit Ihrer Nachbarin zu flüstern haben! Hat Sie Karl-Heinz beim Rendezvous versetzt?«

Die Klasse kichert. Mit »Karl-Heinz« und »Rendezvous« würdigt Karnowski mindestens einmal pro Lateinstunde unsere Pubertät.

»Ich höre, Sabine!« strahlt Karnowski und formt seine dicken Altmännerhände zu einem Trichter am Ohr. Die Klasse brüllt vor Lachen.

»Ruhe!«

Von einer Sekunde zur anderen Schluß mit der sanften Tour.

»Hefte auf den Tisch! Wir schreiben eine Arbeit!«

Wir sind zweiundzwanzig beinahe erwachsene Mädchen zwischen fünfzehn und siebzehn. Zweiundzwanzig gegen diesen kleinen, alten Mann. Trotzdem wagt keine von uns den geringsten Protest.

Karnowski verteilt schon die Übersetzungszettel: Ovid! Auch das noch!

Sabine wird grau wie draußen der Januarhimmel, und ich müßte dringend aufs Klo.

»Beeilung, Leute! Ihr habt nur noch zweiundvierzig Minuten Zeit!«

Karnowski sinkt auf seinen Stuhl vor dem Lehrerpult und sieht wieder furchtbar fröhlich aus.

X

Der Blonde, der Frieder heißt, lehnt mit seinem dunkelgrünen Sportrad an der kahlen Linde vor unserer Schule. Ich hoffe, daß der Blonde mitten in der Hundescheiße steht, die es hier reichlich gibt. Aber im Winter bringt das nicht viel, da wird die Scheiße bei Frost gleich hart.

»Na also«! sagt Porte, als sie den Blonden sieht.

Ihr Hochmut, der nach der Vier für ihren »Berlin«-Aufsatz kurz dahin war, erholt sich wieder.

Bei mir passiert genau das Gegenteil: Bis eben war ich noch ganz oben (»Ich mußte Doro, trotz der vielen Kommafehler, diesmal doch ›Im ganzen gut‹ für diesen Aufsatz geben«, hat Harry Nilp, unser Deutschlehrer, gesagt) – und jetzt bin ich im Keller.

»Ach, da ist ja Frieder«, sagt Sabine, das liebe, dumme Kind. »Hoffentlich wartet der bloß nicht auf mich!«

»Bestimmt nicht«, sagt Porte.

Frieder hat eine gestreifte Pudelmütze auf den blonden Haaren und winkt. Sein Winken könnte jeder von uns gelten.

»Komm«, sagt Sabine und zerrt mich aus Frieders Einflugschneise. Neben ihm steht Ralf, der mit nackten roten Ohren nach Karla bibbert.

»Tag«, sagt Porte lässig zu Frieder und stellt ihre Schultasche auf seinem Gepäckträger ab.

Frieder zuckelt mit seinen hellen Augen zu mir hin und sieht aus, als ob er gleich gähnen wird.

»Hallo, Mata Hari! Wo ist denn deine Tarnkappe?«

Ich mache mein aufsässiges Gesicht.

»Da, wo kleine Jungs nicht reindürfen«, sage ich rostig.

Zugegeben, eine dämliche Antwort. Trotzdem kapiere ich nicht, weshalb Ralf Frieder in die Rippen boxt und dreckig lacht.

Auch Porte kapiert nichts. Sie versucht einen Zwischenblick. So zwischen Ablehnung (für mich) und Anmache (für Frieder). Der Blick mißlingt.

»Ich kann heute nicht«, sagt Frieder zu Porte. »Wir haben Probe.«

»Was für 'ne Probe? Und wir wollten doch sowieso erst Sonnabend ...«

»Laienspiel«, sagt Frieder und sieht mich an, als ob er nur zu mir spricht, »in der Kirche.«

»In der Kirche?«

Porte kaut mit ihren kleinen weißen Zähnen auf ihrer dünnen Unterlippe rum. Sie kapiert gar nichts mehr.

»Komm endlich!« sagt Sabine zu mir und schiebt los. Obwohl ich mich nur schwer von Porte und Frieder trennen kann, renne ich hinterher.

»Was hat Frieder mit Mata Hari und Tarnkappe gemeint, Doro?«

»Kein' Schimmer! Vielleicht meine blöde Sonne vom Fasching am Sonnabend ...«

»Die sah doch gut aus!«

»Die sah schrecklich aus!«

»Und warum Mata Hari?« Sabine versucht, mit mir im

gleichen Schritt zu gehen. »Das war doch mal 'ne Spionin oder was ...«

»Keine Ahnung! Der Kerl spinnt doch!«

Sabine bleibt stehen: »Woher kennst du Frieder überhaupt?«

In ihrer Stimme geistert ein kleines Weinen.

»Kurz bevor ich abgedampft bin ... am Sonnabend ... da hat er mich angequatscht... Mensch, ich denke, du kannst den Kerl nicht verknusen, Sabine?«

Sie sagt nichts und läuft weiter.

»Mein Gott, wenn du schon hochgehst, weil ich mit diesem Frieder bloß mal zwei Worte ...«

»Ich geh' doch nicht hoch! Ich find's nur gemein, wenn auf einmal sogar du ...«, jetzt heult sie wirklich fast, »... nur noch für Jungs Interesse hast!«

Wir starren uns an.

»Was ist denn los, Sabine?«

Sie schluckt.

»Wir gehen wahrscheinlich weg... weg aus Berlin, Doro!«

»Wer geht weg?«

»Wir! Mein Vater, meine Mutter und ich! Mein Vater kriegt 'ne Stelle bei seiner alten Firma in Augsburg ...«

»Und das sagst du mir erst jetzt?«

»Is' ja noch nicht hundertprozentig! Aber wenn du dann so hinter meinem Rücken mit Frieder ...«

Ich stelle meine Schultasche ab und lege meinen Arm um Sabines Schulter: »Ich mach' doch nichts hinter deinem Rücken, bestimmt nicht!«

»Natürlich nicht!« Sabine schnieft. »Sonst wärst du ja auch nicht meine beste Freundin, oder?«

Auf das alberne »oder« gehe ich gar nicht erst ein. Seit

ihr Vater aus Rußland zurück ist, redet sie dauernd solch komisches Zeug. Einerseits soll alles so bleiben, wie es ist. Und andererseits...

»Hier! Nimm mein Taschentuch!« sage ich zu Sabine. Während sie schnaubt, gucke ich zur anderen Straßenseite rüber, wo Porte neben Frieder, der an allem schuld ist, stolziert. Zwischen beiden rollt das dunkelgrüne Sportrad, von Frieder mit drei Fingern lässig geschoben. Es können auch vier Finger sein, aber das kann ich nicht erkennen ohne Brille. Dafür sehe ich, daß Porte den Kopf ganz hoch trägt und wieder den Schritt hat, mit dem sie rückwärts Tritte austeilen kann.

Dabei fällt mir ein, daß Portes Oma schon seit fünf Jahren tot ist.

XI

Aus unserem Wohnzimmer stampft der »Bolero«. Von Ravel. Mein zwölfjähriger Bruder Eberhard, genannt Ebbe – weil bei ihm wegen Drops und Sahnebonbons meistens Ebbe beim Taschengeld herrscht –, ist wild auf Ravels »Bolero«. Die Platte hat schon einen Knacks davon, im letzten Drittel. Aber das fällt immer erst nach einer Weile auf, weil sich beim »Bolero« die Melodie sowieso dauernd wiederholt. Meine Mutter, die noch lieber hört, wenn Willi Forst »Ich kenn ein kleines Wegerl im Helenental« singt, hat verboten, daß Ebbe den »Bolero« spielt. Die Platte war ein Geschenk zu ihrem Vierzigsten von Onkel Paule, ihrem Bruder. Meine Mutter kann also nicht zu Hause sein.

»Hilde, wo ist Mutti?«

Hilde rührt am Küchenherd Königsberger Klops mit Kapern. Igittigitt!

»Hilde!«

Hört sie nichts, weil der »Bolero« bis an den Kochtopf dröhnt?

»Jott, Doro!«

Endlich ist sie aufgewacht.

»Sach doch mal dem Kleenen, er soll de Musike leiser machen! Man kann ja jar nich mehr denken!«

Hilde will denken, na so was!

»Wo ist Mutti, Hilde?«

»Brüll mir nich so an, ja! Deine Mutti is noch bei deine Oma. Schlaganfall. Se muß woll ins Krankenhaus.«

Nun wird selbst mir der »Bolero« zu laut.

»Leiser!« brülle ich in Richtung Wohnzimmer.

Nichts wird leiser.

»Was ist genau ein Schlaganfall, Hilde?«

Sie hört auf, im Topf zu rühren.

»Also… da kriegste 'n Schlag. Im Koppe, jloobe ick.«

»Ist das schlimm?«

»Ick hoffe doch nich, Dorochen! Weeßte, deine Oma, det war doch nu wirklich 'ne liebe Frau!«

I s t, Hilde! Meine Großmutter ist eine liebe Frau! Ein Kloß schiebt sich in meinen Hals.

Hilde knallt den Deckel auf den Topf.

»Sag Ebbe, er soll essen kommen! Und er soll Schluß machen mit de Musike!«

Im Wohnzimmer schalte ich wortlos den Plattenspieler aus. Die Platte dreht sich trotzdem weiter. Ganz leise stampft jetzt der »Bolero«.

»Blöde Ziege! Rechts! Rechts ist der Knopf, wo's ausgeht!«

Mein Bruder Ebbe liegt in meinem Lieblingssessel, dem großen, weinroten, und hat beide Beine über eine Lehne geschwungen. Die Katze liegt auf seinem Bauch.

Nicht mal den Kopf hat der Mistkerl gehoben bei meinem Eintritt. Ich reiße ihm ein Comic-Heft aus der Hand: »Superman«. Ein maskierter Mann mit bullrigen Muskeln fliegt im weiten Cape über die Wolkenkratzer von New York. New York finde ich toll, überhaupt Amerika. Vorigen Sommer habe ich mich für den Schüleraustausch nach drüben beworben. Aber »nothing«. Ich war zu mies in Englisch.

»Gib sofort das Heft wieder!«

Mein Bruder rast hinter mir her. Aber ich bin schneller, stürze in mein Zimmer und schließe mich ein. Ebbe schlägt mit Füßen und Fäusten gegen die Glastür. Ich lache mich kaputt und blättre seelenruhig in »Superman«. Natürlich hat mein Vater wieder »Piepe Doofkopp« über die Sprechblasen geschrieben. Er findet Comics eklig.

»Da geht die ganze Phantasie flöten«, sagt mein Vater, der uns manchmal aus Fontanes »Wanderungen durch die Mark Brandenburg« oder Kluges »Der Herr Kortüm« vorliest. »Wenn man nur auf bunte Bilder glotzt, auf denen Piepe Doofköppe wie dieser Supermaxe Quatsch mit Soße blubbern, wird man genauso piepedoof wie die.« Nur »Prinz Eisenherz« läßt mein Vater als Comic gelten. Weil man da wenigstens noch was von der König-Artus-Geschichte mitbekäme.

»Mach auf, Doro! Oder ich trete die Tür ein!«

Ebbe tritt nie und nimmer die Tür ein. Unsere Kämpfe gehen zwar immer noch bis zum Äußersten (obwohl meine Mutter sagt: »Mit sechzehn prügelt man sich als Mädchen nicht mehr!«) – sie bleiben aber meistens ohne Folgen. Nur zweimal mußte Ebbe als Täter meiner unübersehbaren Verletzungen herhalten. Dabei war er beim erstenmal gar nicht der Täter, sondern der einzige Mann, den ich wirklich liebe: mein Vater. Der uns nur dann eine knallt, wenn man ihn bei seiner Lieblingsbeschäftigung stört – beim Telefonieren. Und er hat telefoniert, als Ebbe und ich uns wieder mal um den Platz in dem großen, weinroten Sessel im Wohnzimmer prügelten. Ich hatte schon fast gewonnen, da holte mein Vater, mitten im Telefongespräch, zu einer Ohrfeige aus. Ich wollte ausweichen und krachte gegen den Bücherschrank. Als Karnowski mich am nächsten Tag in Latein, widerlich neugierig, wie nur er sein kann, nach der Herkunft meines blauen Auges fragte, konnte ich natürlich nur lügen: »Das war mein wild gewordener Bruder.«

So weit, so gut. Doch schon zwei Wochen später brach ich mir den Arm – diesmal tatsächlich bei einer Prügelei mit Ebbe. Leider brach der Arm links. Ich mußte also die Lateinarbeit, als Rechtshänderin, mitschreiben.

»Wo haben Sie denn Ihre neueste Kriegsverletzung her, Doro?« fragte Karnowski und stierte auf meinen Gipsarm, der neben dem Lateinheft lagerte.

Was hätte ich diesmal antworten sollen? Von meinem wild gewordenen Vater?

So sagte ich zur Abwechslung mal die Wahrheit: »Von meinem wild gewordenen Bruder.« Seitdem hält Karnowski uns Uchtmanns für Wilde.

»Blödmann«! rufe ich aus meinem Zimmer. »Du traust dich ja doch nicht, die Tür einzutreten!«

Mein Bruder antwortet mit einem gräßlichen Schrei, der plötzlich verstummt.

»Tür auf, Doro!« sagt draußen mein Vater.

Ich mache die Tür auf und sehe ihm ins müde Gesicht.

»Ja, Kinder«, sagt er, »eure Großmutter ist heute früh leider…«

Und bevor er ausgeredet hat, weiß ich schon, was heute früh leider mit meiner Oma geschehen ist.

XII

Für dich, Doro!« schreit Hilde. »Telefon!«

Ich sitze im trüben Licht der 20-Watt-Birne einer ausrangierten Bürolampe (ich liebe Genitive, und wenigstens haben wir keine Stromsperren mehr wie vor ein paar Jahren) in meinem Zimmer und lese Louis Bromfields Indien-Roman »Der große Regen«, weil ich nach Indien ausrücken muß von der Beerdigung meiner Großmutter vor ein paar Stunden. Meine Eltern, Ebbe und Onkel Paule sind noch bei meinem Großvater. Ganz furchtbar schimpft der Opapa... Diesen Paech-Brot-Spruch kann ich im Augenblick nicht ertragen, morgens in der Straßenbahn.

»Doro!« brüllt Hilde. »Soll ick wieder ufflejen?«

Die Frau macht mich fertig. Es kann höchstens Sabine sein, die anruft. Wahrscheinlich will sie wissen, wie's auf dem Friedhof war. Oder sie hat auch noch nicht Mathe gemacht. Manchmal machen wir Mathe zusammen am Telefon. Dann ist mein Vater auf hundert, weil ewig einer der beiden »Geschäftsanschlüsse blockiert« ist.

»Ja?«

Meine Stimme ist gnatzig. Im »Großen Regen« hatte sich gerade die schöne, aber kalte Engländerin in den feurigen indischen Arzt verknallt...

»Dorothee Uchtmann?«

Eine männliche Stimme. Jung und irgendwie kurz vorm Gähnen.

»Mhm… ich bin's – Doro!«

»Doro? Das würde ich mir aber nicht gefallen lassen!«

»Wer is'n da überhaupt?«

»Doro – hört sich ja an wie 'n Mittel gegen Schlaflosigkeit!«

Wer ist dieser Blödmann?

»Hier ist Frieder… Frieder Seidel!«

Der Blonde! Der Blonde mit den gelangweilten hellen Augen. Aber der Blonde geht doch mit Porte?

»Tut mir leid, ich kenne keinen Frieder…«

»Mensch, Doro – heute wieder mit Tarnkappe?«

»Ach, sooo«, sage ich, »du bist das, Frieder!«

»Ja, ich bin das, Dorothee.«

Stille. Ich hasse es, wenn keiner redet. Bei der Beerdigung heute auf dem Friedhof in Alt-Tempelhof, wo so viel Schnee lag, daß die Gräber darunter fast verschwanden, haben auch alle geschwiegen und zugefrorene Gesichter gemacht: mein Großvater, Frau Müllermuß, die bei meinen Großeltern im Haushalt geholfen hat, meine Eltern, der Gesangsverein, Zonentante Rita, die Schwester meines Vaters, und sogar mein kleiner Bruder Ebbe. Nur Onkel Paule, der Bruder meiner Mutter, hat geguckt, als ob er jemand ermorden wollte, während der Sarg mit seiner Mutter runtergelassen wurde. Ich hätte ihm dabei nicht zusehen dürfen, aber mir war alles egal, weil ich so bibberte in der Kälte. Am liebsten hätte ich gelacht, wie ich morgens in der Straßenbahn laut in die Köpfe hinter den Zeitungen lachen möchte. Meine Oma hätte mitgelacht, wenn sie noch hätte lachen können.

»Also, Frieder... was willst du?«

Natürlich bin ich's wieder, die mit dem Quatschen anfängt.

»Vielleicht biste etwas überrascht, daß ich dich anrufe, Doro...«

Weiß Gott – das bin ich. Aber ich flöte:

»Nö, warum denn?«

»Du wärst nämlich so der Typ...«

So der Typ – wie wer? Wie Audrey Hepburn als Prinzessin in »Ein Herz und eine Krone« mit langem Hals und Flatterwimpern?

»... wie die Bäuerin in der ›Roggenfuhre‹ von Albrecht Goes.«

»Kenn' ich nicht – Goes!«

»Kennste nicht? Albrecht Goes? So 'n Dichter, eigentlich auch Pfarrer. Die ›Roggenfuhre‹ ist 'n Laienspiel, und wir wollten's eigentlich Ostern in der Kirche...«

»In der Kirche?« Ich bin baff. »Daß jemand wie du in die Kirche geht...«

»Ich muß«, sagt Frieder. Es hört sich schon wieder an, als ob er gleich gähnen will.

»Keiner muß! Ich war schon seit meiner Einsegnung nicht mehr...«

»Du mußt ja auch nicht in die Kirche, Tarnkappe!« Er gibt einen Laut von sich, der Gähnen, aber auch Seufzen sein könnte.

»Ich hab' nur gedacht, weil du so der Typ bist, so direkt, und weil das Mädchen, das die Bäuerin spielen wollte, erst dauernd fehlte und jetzt auch noch die Grippe hat...«

Fast alle haben die Grippe, will ich sagen, bis auf mich und Porte. Warum fragt er nicht seine Porte? Aber weil ich nicht will, daß er auflegt, sage ich bloß:

»Und warum m u ß t du in die Kirche?«

Er gähnt noch immer nicht, wie ich's erwartet hatte, sondern lacht, ganz kurz und trocken:

»Weil mein Alter der Gemeindepfarrer ist!«

Jetzt wird mir alles klar: Frieder Seidel. Der Pfarrer, der mich eingesegnet hat, in der kleinen Kirche am Schlittschuhsee, heißt auch Seidel. Pfarrer Seidel. Massig. Mit schwarzen dicken Augenbrauen und fast weißen Haaren. Im Konfirmandenunterricht trug er meistens Anzüge, die noch vom Mittagessen bekleckert waren. Wir haben immer zu raten versucht, ob er mit Suppe oder Soße gekleckert hatte. Als ich mal das »Vaterunser« nicht richtig auswendig konnte, mußte ich nach der Schule ins Pfarrhaus, um es dort aufzusagen. Die ganze große Pastorenfamilie mit mindestens fünf Kindern saß noch beim Mittagessen. Papa Pfarrer sabberte Suppe neben seine umgebundene Serviette, während ich wütend runterrasselte: »Denn dein ist das Reich und die Kraft und die Herrlichkeit in Ewigkeit...« Der Tisch sah aus wie nach einer Schlacht. Mit Kartoffel- und Gemüseresten. Ich habe abwechselnd auf den Pfarrer und auf den Tisch gestarrt. Ein Blonder mit gelangweilten Augen ist mir dabei entgangen.

»Du Ärmster«, sage ich, »ich würde mich ja umbringen, wenn mein Vater Pfarrer wäre.«

Jetzt gähnt er wirklich: »Man kann sich nicht aussuchen, wen man zum Vater kriegt.«

»Und dein Vater hat mich auch noch eingesegnet!«

»Dein Problem, Tarnkappe!«

Schweigen.

Dann reden wir plötzlich gleichzeitig.

Frieder sagt: »Wenn du also nicht mitmachen willst...«

Und ich sage: »Wenn ich also mitmachen soll ...«

Es wird ein totaler Wörter-Eintopf.

Schließlich müssen wir beide lachen. Hilde schlurft aus der Küche und guckt giftig: Man lacht nicht am Beerdigungstag seiner Großmutter!

»Also«, sagt Frieder beinahe lustig, »nächsten Montag abend, halb acht, beim Vikar. In dem Neubau neben der Kirche, dritter Stock rechts. – Und nimm die Tarnkappe ab, wenn du kommst!«

XIII

Der Vikar ist so klein, daß seine Frau bestimmt keine hohen Absätze tragen darf, falls sie so groß ist wie ich. Obwohl der Vikar höchstens um die Dreißig ist, »fliehen seine Haare die Stirn«, wie meine Mutter den Verlauf einer Halbglatze nennt. Er bettelt mich durch seine Metallbrille aus Hundeaugen an, in die ihm unsere Katze sofort reinfahren würde.

»Bist du Frieders Dorothee?«

Ich mag solches Geduze nicht, und Frieders Dorothee bin ich auch nicht. Wenn es in dem kleinen Flur heller wäre, könnte der Vikar sehen, wie meine Mundwinkel absacken.

»Du kommst aber spät, Dorothee!«

An der Garderobe hängen tatsächlich schon jede Menge Jacken und Mäntel. Darunter steht, hochgestellt, ein Schlitten in einer kleinen Pfütze. Es riecht nach Nässe, abgekochter Milch und Babycreme.

»Ich konnte nicht früher«, sage ich viel zu nett, »ich mußte noch Abendbrot machen für meinen kleinen Bruder.«

»Kleiner Bruder« ist immer gut – auch wenn Ebbe mich erwürgen würde, weil er sich mit zwölf für riesengroß hält. Außerdem geht das den Vikar überhaupt nichts an, daß meine Mutter zu meinem Opa gefahren ist, weil der halb durchdreht ohne meine Oma, und daß ich Abendbrot machen mußte, weil Hilde Ausgang hat. Ebbe sollte zwar den Tisch decken, hat er aber nicht. Bevor ich ihm eine knallen konnte, erschien Onkel Paule, der gerade ein paar Minuten Pause bei seiner Zeitung hatte, die ganz bei uns in der Nähe ist, und wollte mitessen. Zuerst aber wollte er einen Korn, weil er »stinkwütend« wäre. Mein Vater gab ihm einen Korn, obwohl meine Mutter ihm keinen gegeben, sondern gemeckert hätte: »Paule, du trinkst dich um deinen Verstand!« – Sie selber trinkt sich natürlich nie um ihren Verstand und nur an Geburtstagen oder so. Dann aber trinkt sie richtig und singt »Horch, wie der Tauber ruft« oder »Dein ist mein ganzes Herz«. Manchmal sogar nachts auf der Straße, und mein Vater singt schrecklich falsch mit. Ebbe und ich schämen uns furchtbar, wenn wir dabei sind. Aber mein Vater singt mit meiner Mutter trotzdem weiter, Arm in Arm. Das ist sehr peinlich.

»Du kannst deine nasse Jacke über den Schlitten hängen«, sagt der Vikar zu mir, weil an die Garderobe nichts mehr paßt. »Und dann komm rein, Dorothee!«

Während er in einem Zimmer verschwindet, aus dem, rhabarberrhabarber, viele Stimmen brabbeln, gucke ich schnell noch in den Spiegel: Meine Dauerwelle ist so kräuselig, daß ich meinen Anblick zum Kotzen finde.

»Warum haste dir bloß diese Betonlocken machen lassen?« hat Onkel Paule nach dem dritten Korn gefragt und mich angesehen, daß ich mir selber leid tun mußte. Aber mein Vater hat mich gerettet und, wie meine Mutter sagen würde, »ein neues Thema angeschnitten«: Warum Onkel Paule eigentlich so »stinkwütend« sei? Wegen »dem Muff«, hat Onkel Paule geantwortet und vor Wut nicht mal auf den Genitiv geachtet. Der Muff ist Onkel Paules Chefredakteur und schuld daran, daß morgen ein Artikel von Onkel Paule nicht erscheinen darf. »Bloß weil ich was gegen seinen Parteifreund, den Adenauer, geschrieben habe!« hat Onkel Paule geknurrt und sich noch einen Korn eingeschenkt. »Is doch wirklich Quatsch, wat der Kanzler Adenauer sagt: Det 'n Scheitern der Pariser Verträge anjeblich zum wirtschaftlichen Niederjang der Bundesrepublik führen soll!« Onkel Paule meint dagegen, daß die Annahme der Pariser Verträge zum Niedergang der Wiedervereinigung Deutschlands führe – und dazu, daß heute kleine Jungs wie unser armer Ebbe später mal zu den Soldaten müßten. Und das hat Onkel Paule auch geschrieben. Doch weil der Muff, sein Chefredakteur, nicht damit einverstanden war, steht morgen ein ganz anderer Artikel in der Zeitung. Einer vom Muff.

»So ist das eben, Paule«, hat mein Vater gesagt, »wenn man als Linker zu so 'nem konservativen Blatt geht...«

Danach geriet Onkel Paule total aus dem Tritt. Fraß uns den ganzen italienischen Salat und die Schillerlocken weg und stritt sich so laut mit meinem Vater über »links und rechts« und »Sozis und Kozis« und was weiß ich noch alles, daß ich heimlich, still und leise meine Mütze auf meine »Betonlocken« setzen und abdampfen konnte – ohne lange zu verhandeln, wann ich wieder zu Hause sein müßte.

»Dorothee!« ruft der Vikar aus dem Zimmer mit den vielen Stimmen, »kommst du denn nicht?«

Ich fahre mir rasch mit der Zunge über die Lippen, was laut Karla zwei Minuten lang wie Lippenstift aussehen soll, und denke: Wenigstens weiß Porte nicht, daß ich hier heute abend ihren Frieder treffe.

XIV

Ein Raum, in dem man die meisten Leute nicht kennt, kommt mir vor wie ein Teppich, von dem ich das Muster erst nach und nach mitkriege.

Zuerst sehe ich im Wohnzimmer des Vikars nur viel Braun, etwas Weiß und dazwischen kleine Lichter. Dann schälen sich drei niedrige Bücherregale an den Wänden raus. Darauf brennen Kerzen. Auch auf dem Eßtisch in der Ecke brennt eine Kerze. Elektrisches Licht gibt es nur von der Stehlampe am Fenster. Vor den offenen Regalen sitzen mehrere Leute. Jüngere. Alle halten bei meinem Eintritt auf einen Schlag die Klappe.

»Meine Frau«, sagt der Vikar und stellt mich einer jungen Blassen mit zusammengesteckten Haaren vor. Danach gebe ich auch den anderen Leuten im Zimmer die Hand. Auf der Bank am Eßtisch sitzt Frieder. Neben Porte.

»Ja, so trifft man sich«, sagt Porte und verzieht die dünnen Lippen.

Ich lächle eisern zurück. Am liebsten würde ich sofort die Kurve kratzen.

»Da biste ja«, sagt Frieder. Er hat den Arm um Porte gelegt und benimmt sich, als sei alles ganz normal.

»Setz dich doch, Dorothee«, sagt der Vikar.

Ich setze mich neben einen Jungen mit nach hinten gewichsten Haaren und Hornbrille und erkläre, daß ich gleich wieder losmüßte.

»Mein kleiner Bruder«, lüge ich, »ist nämlich ganz allein.«

Porte lacht auf. Sie weiß, wie groß Ebbe ist.

»Tchja, Dorothee«, sagt der Vikar, der sich von meinem Vornamen offenbar nicht trennen kann, »wir wollen natürlich nicht, daß dein kleiner Bruder…«

»Vielleicht sind meine Eltern ja auch schon wieder zurück!« Sekundenlang war mein Blick in Frieders Augen gerutscht.

Ob ich einen Tee wolle, fragt die Vikarsfrau. Bevor ich antworten kann, habe ich schon einen Becher mit Henkel in der Hand. Der Tee schmeckt gesund und scheußlich.

»Danke«, sage ich, »schmeckt toll!«

Frieder grinst und nimmt den Arm von Portes Schulter.

Glücklicherweise kann ich meinen Becher unterm Stuhl abstellen, bevor mir der Vikar das Stück in die Hand drückt, in dem ich mitmachen soll. Es gehe, erzählt er, in dem Laienspiel »Die Roggenfuhre« von Albrecht Goes um einen reich gewordenen Bauern, der den Armen plötzlich nicht mehr, wie üblich, was von seiner letzten Roggenfuhre abgeben wolle.

»Wir sind noch bei der Leseprobe«, erklärt der Vikar, der Regie führt. »Nächstes Mal proben wir dann richtig vor dem Altar.«

Komisch, denke ich, einfach Theater zu spielen und laut zu sprechen vor dem Altar! Ich dachte immer, in der Kirche müßten alle – außer dem Pfarrer natürlich – leise sprechen, zuhören oder beten.

»Lies uns bitte mal den Anfang vor, Dorothee«, sagt der Vikar, »damit wir deine Stimme richtig kennenlernen!«

Ich lese: »Gehorcht! Geschaut! Das Spiel hebt an! Es war einmal ein reicher Mann. O reicher Mann – du bist, du bist, solange Erde Erde ist.«

Ich lese gern und gut vor. Als wir noch »Handarbeit« in der Schule hatten, was ich gehaßt habe, durfte ich manchmal der ganzen Klasse vorlesen. Zum Beispiel: »Das doppelte Lottchen« von Erich Kästner. Die Handarbeitslehrerin hat dafür meine Handarbeit fertiggemacht.

»Sehr schön«, lobt der Vikar.

»Was bedeutet das?« frage ich. »Du bist, du bist, solange Erde Erde ist?« Ebbe und ich sind zum Fragen erzogen. Wenn meine Eltern nicht antworten können, gucken wir gemeinsam ins Lexikon.

»Das heißt: Es wird immer Arme geben und immer Reiche«, sagt der Vikar, »aber manchmal sind die Armen reicher als die Reichen.«

»Und manchmal«, murmelt Frieder, »werden die Armen dann zu Kommunisten.«

Ich halte die Luft an, weil das Wort »Kommunisten« so was wie ein Schimpfwort ist und zum Sohn eines Pfarrers wirklich nicht paßt. Doch da liest schon der Hornbebrillte neben mir weiter: »Allwo ich schaut, allda dich fand, in jedem Stand, in jedem Land…«

Ich gähne unauffällig. Die Wärme und das Kerzenlicht machen schlaff. Gott sei Dank brüllt nebenan ein Baby los. Die Vikarsfrau schrickt hoch und rennt aus dem Zimmer.

»Er kriegt Zähne«, teilt uns der Vikar mit. »Seit einer Woche brüllt der kleine Gangster jede Nacht.«

Wir lachen. Aber ich finde, auch das Wort »Gangster« paßt nicht zu einem Kirchenmann.

»Wir machen Schluß für heute«, sagt der Vikar und horcht, bis das Babygeheul verstummt ist, »lasset uns beten!«

Wir stehen alle auf und falten die Hände. Ich will mich konzentrieren, aber der Ring, den ich von Zonentante Rita zur Einsegnung bekommen habe, drückt, wenn ich die Finger ineinanderstecke. Dabei hat Tante Rita, die Schwester meines Vaters, die in der Zone bei Dresden Zahnärztin ist, extra den großen Stein, einen Turmalin, noch mal kleiner machen lassen, damit er paßt.

»...und vergib uns unsere Schuld...«, murmelt der Vikar und hält die Augen geschlossen. Auch die anderen haben die Augen zugemacht. Selbst Porte.

»...wie wir vergeben unseren Schuldigern...«

Langsam schiebe ich meinen Blick an Porte vorbei.

»...und führe uns nicht in Versuchung...«

Jetzt bin ich bei Frieder gelandet. Er gähnt nicht, sondern guckt mich an. Ich hab's ja gewußt!

XV

So ’n Dreck!

»Paß auf, Doro!« kreischt Sabine, »da hat jemand gek...«

»Gekotzt«, sagt Porte und zerrt ihren Schlitten zur gegenüberliegenden Wand im S-Bahn-Abteil. Wenn Porte »gekotzt« sagt, läßt sie das »k« wie eine Kkkk-ugel aus ihren dünnen Lippen knallen. Das klingt sachlich wie eine Matheaufgabe.

»Hier drüben stinkt’s nicht«, sagt Porte. Wir rücken mit unseren Schlitten zu ihr rüber. Die von Karla und Erika haben vorn hochgezogene Kufen wie Geweihe, was blöde bayerisch aussieht. Mein Schlitten ist gerade wie die meisten Schlitten. Sabine hat gar keinen. Sie fährt bei mir mit.

»Wieviel Ostgeld habt ihr?« fragt Karla. Sie wirkt wie eine Eskimofrau aus Hollywood in ihrem dunkelgrünen Anorak mit der pelzgefütterten Kapuze.

»Zehn Mark«, sagt Erika, »hab’ ich vorhin gegen zwei Mark fuffzig West getauscht.«

Porte lacht hochmütig: »Bloß zehn Mark Ost?«

Sie hat in ihrer Wechselstube elf Mark Ost für zwei Mark fünfzig West bekommen, haha! Natürlich lügt Porte.

»Ich soll lieber nichts im Ostsektor kaufen«, sagt Karla. »Meinem Padre haben sie neulich am Alex das ganze Ostgeld weggenommen, bloß weil er sich beim HO-Imbiß ’ne Hackepeterschrippe kaufen wollte.« Karla nennt ihren Vater »Padre«, weil das italienisch ist wie Karlas Mutter.

Sabine ist blaß geworden: »Ich fahr’ vielleicht doch zurück! Wenn meine Eltern rauskriegen, daß ich mit euch rübergefahren bin, gibt’s bestimmt Krach.«

»Du spinnst«, sage ich, »früher gab’s doch auch keinen Krach.«

Früher – das war, als Sabines Vater noch in russischer Gefangenschaft war –, da hat sie mit ihrer Mutter sogar im Ostsektor gewohnt. Jeden Morgen ist Sabine damals mit der S-Bahn rüber zur Schule in den Westen gefahren. Es war der gleiche Zug wie der jetzt nach Grünau, wo wir in den Müggelbergen rodeln wollen. Die Idee stammt von mir, weil man bei uns auf der Knochenbahn am Kreuzberg kaum noch Schlitten fahren kann vor lauter Leuten.

»Och, Binchen«, sagt Porte wie Zucker, »du bist doch sonst nicht so feige!« Feige nicht, aber stinksauer, wenn man sie »Binchen« nennt.

Köllnische Heide! YOU ARE NOW LEAVING THE AMERICAN SECTOR… Sie verlassen jetzt den amerikanischen Sektor… steht auf den Schildern am S-Bahnsteig.

»Deine letzte Chance, Binchen«, sagt Porte.

»Platz da!« rufen die Zusteigenden und drängeln uns mit unseren Schlitten tief ins Wageninnere. Eine Frau mit vier vollen Einkaufstaschen sinkt neben mir auf den Platz, den ihr ein jüngerer Mann frei gemacht hat. Japsend bindet sie sich ihr Kopftuch ab und bewegt die Lippen.

»Die betet«, flüstert Erika und wirft Schmachtblicke zu dem Mann, der aufgestanden war, »damit sie bei der Kontrolle nicht mit ihren Westeinkäufen geschnappt wird!«

Die Bahn ruckt an. Hinter den schmutzigen, von innen beschlagenen Fenstern flitzen Häuser, Fabriken und eingewinterte Schrebergärten vorbei. Man merkt gar nicht, daß man von West- nach Ost-Berlin fährt.

Baumschulenweg! Erste Station im Ostsektor.

Hier hat Sabine früher gewohnt. Ich kenne den Bahnhof von tausend Besuchen. Sabine guckt bedrippt: »Weißte noch, Doro?«

Natürlich denkt sie genau wie ich an unsere Tee- und Tomatenstullen-Orgien in der kleinen Wohnküche, an unser Gequatsche und Endlos-Gekicher. Jetzt wohnt Sabine im Westsektor, und in den Ostsektor darf sie nur heimlich rüber, weil ihr Vater seit seiner Gefangenschaft am Ural »Beklemmungen« kriegt, wenn er einen Russen schon von weitem sieht.

Zwei Volkspolizisten in graugrünen Uniformen und eine Frau mit Armbinde, auf der was steht, was ich ohne Brille nicht erkennen kann, durchkämmen unser Abteil nach verbotener »Handelsware«. Viele aus dem Ostsektor arbeiten bei uns im Westsektor für Westgeld und kaufen davon ein.

Mehrere Personen müssen aussteigen. Darunter die Frau mit den vier vollen Einkaufstaschen. Zu uns Mädchen haben die Vopos beim Aussteigen dämlich gesagt: »Wollta nich mit uns mal Schlitten fahren?«

Wenigstens Berliner. Sächsische Vopos sind noch dämlicher.

Auf dem Fensterplatz entfaltet ein Mann seine Zeitung. »Freie Wahlen für ganz Deutschland – DDR reicht Westdeutschland die Bruderhand!« labert Karla die Schlagzeile runter, »och Jottchen nee...«

Der Mann blickt hoch und schüttelt den Kopf.

»Von wegen Bruderhand«, sagt Karla und grinst ihn an. »Wir kommen sowieso nicht mehr zusammen! Schon die Margarine schmeckt ja in der Zone ganz anders als bei uns!«

»Quatsch«, sagt Sabine, »woher weißt'n das?«

»Von meiner Tante, und die wohnt im Ostsektor, in Weißensee.«

»Mein Onkel«, sagt Porte, »hat doch noch seinen Schneider in Pankow. Neulich wollte er sich von dem einen Anzug machen lassen. Den Stoff, hat der Schneider gesagt, den kaufen Sie sich aber lieber bei sich im Westsektor! Klar, hat mein Onkel gesagt. Und dann ist er zum Alex gefahren und hat dort im Kaufhaus Oststoff gekauft. Und wißt ihr, was der Schneider zu dem Oststoff gesagt hat? – Mensch, das ist ja prima Westware!«

Wir wiehern.

»Nicht so laut«, sagt Sabine ängstlich, »die Leute gucken schon.«

»Porte«, sagt Erika und fängt mitten im Wort an zu flüstern, »hat er dich eigentlich schon geküßt?«

»Wer? Mein Onkel?«

»Tu doch nicht so blöd!« Erika schmeißt einen Schmachtblick. »Natürlich Frieder!«

»Klar haben wir uns schon geküßt.«

»Und?«

»Und was?«

»Wie küßt er?«

»Leidenschaftlich«, sagt Porte und schürzt die dünnen

Lippen, »wahnsinnig leidenschaftlich! Meistens Zungenkuß.«

Sabine dreht sich weg und starrt durch die dreckigen Scheiben raus auf die vorbeirasenden Häuser, Ruinen und Gärten. Sie geniert sich, daß Porte so übers Küssen redet. Als Karla uns vor einem Jahr unten in dem kleinen dunklen Kabuff neben dem Zeichensaal im Keller unserer Schule vorgemacht hat, wie man mit der Zunge küßt, ist Sabine schon vorher aufs Klo gerannt. Erst wollte ich ihr nach, aber dann war ich doch neugierig.

»Die Zunge nach innen rollen«, hat Karla gesagt, »dann die Lippen, wie beim normalen Kuß, aufeinanderpressen – und zum Schluß beide Zungen aneinanderknallen lassen!«

Wer's nicht kapierte, dem hat sie's von Mund zu Mund gezeigt. Irgendwie kann ich's mir nicht vorstellen, daß Frieder so küßt. Schon gar nicht Porte.

Grünau! Wir müssen aussteigen. Auf dem verschneiten offenen Bahnsteig rennen lauter Leute mit Schlitten und sogar Skiern rum. Bis zu den Rodelbahnen, erklärt uns ein Junge mit schwarzen Ohrenklappen, müßten wir noch eine Weile laufen. Das hat mir auch mein Vater beim Frühstück gesagt, der als Kind oft in den Müggelbergen rodeln war. Meine Mutter fand es »merkwürdig«, daß wir vom Rodeln sprechen konnten, obwohl sich der Gerichtsvollzieher für acht Uhr angemeldet hatte. Bestimmt hat's wieder Streit gegeben, nachdem er weg war und weil nun ein neuer Kuckuck unter einem Möbelstück klebt.

Ich hasse solche Szenen. Bei anderen Eltern gibt's weniger Streit und auch keinen Gerichtsvollzieher. Jedenfalls spricht keine meiner Freundinnen davon. Erikas

Vater, zum Beispiel, der in Westdeutschland wohnt und von dem Erikas Mutter geschieden ist, dem geht es so gut, daß der dauernd ein neues Auto hat. Jetzt hat er einen Borgward. In Dunkelblau, ganz schnieke, sagt Erika. Als Möbelhändler macht er Geschäfte wie verrückt.

»Juchhu!«

Sabine hat sich vorm Bahnhof auf meinen Schlitten geschmissen. Die Schnur in meiner Hand wird straff und kneift.

»Ick liebe dir, ick liebe dich«, krakeelt Sabine, die gar keine Angst mehr im Ostsektor hat, »wie't richtig heeßt, det weeß ick nich!«

XVI

Unten fällt die Sonne in den dunklen gefrorenen See, als ob Vanillesauce auf noch nicht ganz festen Schokoladenpudding tropft. In der Dämmerung werden uns die fremden Jungs hier oben auf dem Hügel weniger fremd.

»Wenn du dich traust«, sagt einer, der uns mit seinen Freunden schon den halben Nachmittag auf der Pelle hockt, zu mir, »kannste auf meinem Rücken runterfahren!«

»Mach's nicht«, sagt Sabine. Ihr Atem kitzelt mich warm am Hals. Meinen Schal habe ich in die seitliche Reißverschlußtasche meines Manchester-Lumberjacks gestopft: Rodeln macht heiß.

Wir fünf Mädchen aus West-Berlin stehen mit den Jungs aus dem Ostsektor am Beginn einer Rodelbahn, wie ich sie noch nie gesehen habe: Sieht aus wie eine Endlos-Rinne aus purem Eis, die runter zum See stürzt.

»Du mußt keine Angst haben«, sagt der Junge, der mir angeboten hat, mich mitzunehmen. Er ist ziemlich groß und trägt Ohrenklappen wie die meisten Leute hier. Mehr kann ich von ihm nicht erkennen in der wachsenden Dunkelheit.

»Ich wette«, stichelt Porte, »Doro hat Schiß!«

Wut knallt mir in den Bauch. Dieselbe Wut, mit der ich in den letzten Sommerferien zwei der drei Kinder von Zonentante Rita verkloppt habe, weil die mich beim Lesen gestört hatten.

»Los!« sage ich und setze mich auf den Rücken des Jungen, der schon bäuchlings auf seinem Schlitten liegt.

»Aber in den Kurven mußt du lenken«, sagt er.

Auch das noch!

»Halt dich ganz fest!«

Ich lege meine Hände an seinen Rücken.

»Fester!«

Meine Beine gehen auseinander. Ich spüre den Leib unter mir. Meine Hände graben sich in den fremden Körper ein.

»Keine Angst«, sagt der Junge. Er hat eine Stimme, die mir gefällt. Ich beuge mich zu seinem Kopf:

»Biste von hier?«

»Ja, aus Grünau. Du nich'?«

»Ich bin vom Mond«, sage ich.

Er lacht.

»Los! Stoß ab!«

Aber so einfach geht das nicht. Zu zweit sind wir zu schwer. Wir kleben richtig fest mit den Kufen im harten Schnee.

»Mensch, warum schiebt uns denn keiner?«

Gekicher.

Ich kriege Angst. Der Himmel über dem See ist dunkelgrau, nur ganz hinten flimmert es golden.

Ein Ruck.

Wir gleiten an. Erst langsam. Dann wird es abschüssiger, schneller.

»Lenken!« brüllt der Junge unter mir.

Vor mir droht die erste Kurve. Eis rechts und links, mindestens anderthalb Meter hoch. Lenke ich mit dem rechten Fuß? Oder besser mit dem linken? Ich lenke mit irgendeinem Fuß.

»Dufte!« brüllt der Junge.

Wir wachsen zusammen, wir haben die Macht, vor uns liegt der See. Rein in den See. Uns kann nichts passieren! Ich singe, aber ich kann mich nicht hören. Der eiskalte Wind glüht an meinem Gesicht. Wir halten auf einer Anhöhe zwischen zwei Kiefern. Zum Schluß ging die Bahn wieder ein Stück bergauf. Ich steige vom Schlitten und versinke im Schnee. Gleich ist der Junge über mir. Ich spüre schon seinen Mund...

»Doro, was ist denn los? Ist dir schlecht?«

Sabine.

Mensch, ich bin ja gar nicht im Schnee versunken, und der Junge ist auch nicht über mir! Ich liege zu Hause in meinem Bett, und Sabine liegt auf dem Ausziehbett neben mir. Sie darf heute bei mir übernachten, weil man uns demnächst sowieso trennen wird. Seit ein paar Tagen steht fest, daß Sabine mit ihren Eltern nach Augsburg zieht.

»Mir ist nicht schlecht«, sage ich. »Ich kann nur nicht ertragen, wenn Ebbe dauernd dazwischenquatscht.«

»Du hast so gestöhnt«, sagt Sabine.

»Wie eine Scheintote«, sagt Ebbe begeistert. Weil uns Hilde manchmal was von einer scheintoten Tante aus dem Dorf im Oderbruch, wo sie geboren ist, erzählt, wenn wir dafür abtrocknen, ist er ganz verrückt auf Scheintote.

»Ruhe!« rufe ich. »Man versteht ja kein Wort bei eurem Gesülze!«

Wir hören nämlich gerade »Die Insulaner«, das RIAS-Funk-Kabarett, das es schon seit der Blockade gibt. Das Radio haben wir aus dem Elternschlafzimmer geholt. Aber nur für Sabine und mich, hat meine Mutter gesagt, bevor sie mit meinem Vater zu meinem Opa gegangen ist. Ebbe, der mit der Katze bei mir am Fußende hockt und alles nachquäkt, was er kennt, müßte längst im eigenen Bett pennen.

»Der Insulaner«, singt Ebbe mit Tatjana Sais, »verliert die Ruhe nich, der Insulaner kennt keen Jetue nich ... der Insulaner hofft unbeirrrrrt...«

Ebbe spuckt, so doll rollt er das »r« mit, »...daß seine Insel wieder Festland wird, ach, wär' das scheeen...«

Schön schon, aber ziemlich unwahrscheinlich, daß aus der Insel Berlin im Zonenmeer mal wieder Festland wird, sagt mein Onkel Paule, der als Journalist immer mehr als andere weiß. Und wenn's nach der Ratifizierung der Pariser Verträge wieder deutsche Soldaten gäbe, könnten wir Berliner sowieso hoffen, bis wir schwarz würden. Obwohl die in Bonn schon schwarz wären, sagt er, und schwarz, das meine er politisch. Schwarz wie Adenauer. Adenauer ist doch kein Neger!

»RIAS Berlin – der Rundfunk im amerikanischen Sektor – eine freie Stimme der freien Welt! Wir bringen Nachrichten...«

»Raus!« sage ich zu Ebbe. »Sonst rufe ich Mutti bei Opa an, weil du bei uns sogar noch Nachrichten gehört hast!«

»Schah Reza Pahlevi«, schnarrt der Nachrichtensprecher, »und seine Gattin Kaiserin Soraya treffen heute am letzten Tag ihres Deutschland-Besuches...«

Aus! Ich habe den Abschaltknopf gedreht. Diese Soraya mit ihren traurigen Augen, die Hilde »sooo leid tut, weil die doch keene Kinder kriegt«, geht mir auf den Wecker.

»Ich hab' raus gesagt, Ebbe!«

Er verzieht sein kleines, süßes Gesicht mit den hochgebogenen Brauen, die er von meinem Großvater geerbt hat, zu einer greulichen Fratze: »Dann sage ich auch, daß du ungarische Salami geklaut hast!«

Das Miststück! Nur eine einzige Scheibe habe ich genommen, weil mehr aufgefallen wäre, seit wir neuerdings nur noch ein Achtel kaufen: »Hauchdünn aufgeschnitten, bitte!« Heute mittag hat meine Mutter gesagt, daß uns Hilde leider demnächst verlassen müsse. Hilde hat geheult. Sie will nicht weg.

»Hau ab!« sage ich zu Ebbe in dem Ton, von dem er weiß, daß es ernst wird. Sofort klettert er von meinem Bett. Die Katze jault auf und rennt vor ihm raus in die Diele.

»Mit deinem Bett krachst du heute nacht zusammen«, droht er düster, bevor er hinterherdampft. Ich knipse die Bürolampe an meinem Bett aus und gähne übertrieben.

»Biste schon müde, Doro?« fragt Sabine enttäuscht. Ja, ich weiß, sie will jetzt noch mit mir quatschen: über ihre Angst vor dem Umzug nach Westdeutschland. Über die neue Schule in Bayern, in der sie bestimmt keine Freundin wie mich finden wird... Ich hätte ja auch Angst, und es ist gemein von mir, wenn ich jetzt nicht mit ihr rede, aber ich versinke schon wieder im Schnee, spüre den Mund des Jungen über mir...

Warum ist da gar kein Junge über mir...? Weil er nie über mir gewesen ist. Der Junge war gleich aufgestanden und hat zugeguckt, wie ich mich aus dem Schnee hochgerappelt habe. Erst als wir zu den anderen zurückgingen, hat er mir erzählt, daß er achtzehn ist und Jürgen heißt und bei der FDJ mitmacht. Und nach dem Abi soll er vielleicht ein Stipendium für Peking kriegen. In Moskau war er schon. Ich habe gesagt, daß ich noch nie im Ausland war, nicht mal in Tirol oder Italien wie manche in meiner Klasse. Ob wir uns nicht mal wiedersehen könnten, hat er gefragt. Ich habe ihm rasch meinen Namen gesagt und die Adresse, aber da waren wir schon bei den anderen, und alle haben gekreischt und durcheinandergequatscht...

»Sabine...?«

Ich strecke meinen Arm unter der Bettdecke vor und berühre ihr Gesicht: »Flennst du etwa?«

Tatsächlich, sie weint.

»Mensch, heul doch nicht, Sabine! Ich besuch' dich auch in Augsburg. Und vielleicht macht Karla sogar noch 'ne Party, bevor du...«

»Du kommst ja doch nicht nach Augsburg!«

Sie schnieft und schluckt den ganzen Tränenrotz runter: »Mir ist sowieso alles egal! Auch Karlas Party. Wird ja doch bloß wieder so 'n doofes Geknutsche mit Jungs!«

Jetzt spinnt sie aber wirklich. Sabine wird immer komischer, seitdem sie wieder einen Vater hat.

XVII

Es riecht nach nassem Holz, das in der Sonne trocknet. Der Waldboden mit dem Laub und den Tannennadeln vom letzten Sommer knirscht unter unseren Füßen.

Jürgen hat mich vom S-Bahnhof Grünau abgeholt. Vor ein paar Tagen lag ein Brief in meinem Zimmer: Von Jürgen Kühn. Was für ein Jürgen?

Erst als ich den Brief las, fiel mir alles wieder ein: der Schnee, die Schlittenfahrt auf Jürgens Rücken. Er hätte meine Adresse nicht vergessen, obwohl damals kein Papier zum Aufschreiben dagewesen wäre. Ob wir uns nicht mal treffen könnten? Es läge zwar kein Schnee mehr auf den Müggelbergen, dafür jetzt, Mitte März, »aber Frühling in der Luft«.

»Bestimmt ein Spion«, hat meine Mutter sofort gesagt, die in fast jedem aus der Zone oder dem Ostsektor gleich einen Spion wittert: »Ich möchte auf gar keinen Fall, daß du zu diesem Jürgen fährst, Doro!«

Aber mein Vater hat gemeint, man dürfe nicht so mißtrauisch gegen die im Ostsektor sein. Schließlich sei ganz Berlin noch immer »die Hauptstadt«, auch wenn »Herrn Adenauer« sein Bonn viel besser zu gefallen scheine.

»Du bist ja größer, als ich dachte«, hat Jürgen gesagt,

als wir über den See mit der Fähre rüber zum Wendenschloß und den Müggelbergen fuhren. »'ne richtige lange Latte biste!«

Wenigstens kein »Storchbein«, habe ich gedacht, wie ich früher wegen meiner langen, dünnen Beine genannt wurde, wenigstens das nicht!

Jetzt stehen Jürgen und ich am Seeufer gegenüber der Tribüne, vor der im Sommer die großen Segelregatten ausgetragen werden. Jürgen sieht auch etwas anders aus, als ich ihn in Erinnerung hatte: stoppelhaarig, großnasig, sommersprossig. Außerdem hat er leicht abstehende Ohren, und der graue Anorak über dem weinroten Rollkragenpulli ist etwas zu kurz. So einer küßt mich nicht, denke ich.

»Ganz schön warm für März«, sage ich.

Eine idiotische Bemerkung! Immer höre ich mir selber zu, wenn ich mit einem Jungen rede. Dabei könnte ich mich viel sicherer fühlen: Gestern hat mich der Hornbebrillte zum zweitenmal vom Laienspiel nach Hause gebracht und diesmal beim Abschied versucht, mir auf die Pelle zu rücken. Frieder hat gegafft, als wir losschoben, und aufgehört, mit Porte zu sülzen. Nächstes Mal lasse ich ihn ran, den Hornbebrillten, obwohl ich mir nichts aus ihm mache.

»Warst du noch mal rodeln im Winter?« fragt Jürgen. Er bückt sich und läßt einen Stein flach übers Wasser hüpfen.

»Nee, war ich nicht.«

Der Schnee war ja nichts mehr. Erst dreckig, dann matschig, dann weg.

»Wir haben zuwenig Rodelbahnen«, sage ich, »bei uns im Westsektor.«

Jürgen lacht.

»Von Magdeburg aus liegt dein Westsektor genauso im Osten wie mein Ostsektor!«

Und von Bonn aus liegt ganz Berlin im Osten – ich hab's ja gewußt, daß das heute noch politisch wird!

Vorhin bei Kaffee und Napfkuchen in der weißen Villa mit Jürgens Mutter, die schon graue Haare hat und hier im Ostsektor irgendwas bei einer »Akademie der Wissenschaften« macht, bin ich auch gleich gelöchert worden: Ob man bei uns im Westen nicht wisse, daß mit den Pariser Verträgen eine Nicht-Wiedervereinigung geradezu beabsichtigt sei? Und das mit der Teilung sei ja alles schon bei der Währungsreform losgegangen, wo man die Deutschen in zwei Kategorien geteilt habe – in die Reichen mit der Westkohle und die Armen mit dem Ostgeld...

Mein Gott, was sollte ich dazu sagen? Onkel Paule, meine Eltern und Zonentante Rita haben sich ja auch dauernd wegen Politik in der Wolle. Aber ich will nur die Hälfte davon verstehen. Politik ist so langweilig.

»Fährste denn nun nach Peking zum Studieren?« frage ich Jürgen. Und denke: Sing-ping-ping... Vielleicht habe ich mich überhaupt nur deshalb mit Jürgen getroffen, weil ich Peking so spannend finde, und tausend kleine Chinesen, die nach schönen Konkubinen dürsten, in meinem Kopf schnattern, seit ich Pearl S. Bucks Roman »Die gute Erde« gelesen habe.

»Im Augenblick ist das mit meinem Stipendium für Peking nicht so ganz sicher, weil mein Vater...«

Schon hält er wieder die Klappe. Was ist mit seinem Vater? Sein Vater ist Professor für Jura an der Ost-Berliner Humboldt-Uni, hat Jürgen erzählt. Nach der Parkettboden-Villa mit den goldenen Spiegeln im Treppenhaus und den lackierten weißen Möbeln im Wohnzimmer zu schließen, geht's ihm damit nicht schlecht.

»Was ist denn los mit deinem Vater, Jürgen?«

»Nichts, überhaupt nichts. Das klappt schon noch mit Peking.«

»Und wie war's, als du in Moskau warst?«

Immer will ich wissen, wie's im Ausland ist. Auf Ausland bin ich genauso gierig wie auf eine ganze Nacht lang aufbleiben.

»Moskau ist 'ne Riesenstadt«, sagt Jürgen. »Ich bin da die ersten zwei Jahre zur Schule gegangen. Meine Eltern haben im Krieg in Moskau gelebt.«

»Dann seid ihr wohl Kommunisten?«

Jürgen bleibt stehen und guckt mich verdattert an.

»Ja, was haste denn gedacht, Doro?«

Doro hat fast gar nichts gedacht. Nur: Netter Junge, der Jürgen heißt und zufällig im Ostsektor wohnt.

»Haste 'n Freund, Doro?«

Hab' ich einen? Den Hornbebrillten, der seinen Arm um meine Schultern legen will, wenn wir bei den Laienspielproben hinterm Altar auf unseren Auftritt warten? Oder ist Frieder, der gähnt und Porte gehört, mein Freund? Weil mein Herz rattert und mein Mund quasselt, wenn ich in Frieders gelangweilte helle Augen blicke?

»Klar, hab' ich 'n Freund!«

»Seht ihr euch oft?«

»Nein... nicht so oft.«

»Dann besuchste mich also mal wieder?«

Spaziergänger trödeln an uns vorbei. Die Sonne steht verschleiert und tief am blaßblauen Vorfrühlingshimmel. Ein Hund rennt in den See und sofort wieder raus.

»Du kannst ja auch mal zu mir rüberkommen in den Westsektor«, sage ich. »Wo wir doch in West-Berlin von Magdeburg aus genauso im Osten liegen wie ihr in Ost-Berlin...«

Er schüttelt seinen Stoppelkopf: Nee, glaube er nicht, daß er demnächst zu mir in den »Ami-Sektor« rüberkönne.

»Schade«, sage ich, »denn eben nicht!«

XVIII

Er sei besoffen, sagt der Mann auf der Bühne. Und Jude sei er übrigens auch.

Frieder, genau eine Parkettreihe vor mir, hat sich vorgebeugt, wie einer, der nicht richtig verstehen kann. Dadurch sitzt Porte, die an Frieders Schulter wie Alleskleber klebt, auf einmal ganz schief.

Ich könnte mich schieflachen über Porte. Aber das Wort »Jude« macht mir das Lachen kaputt.

Er sehe auch ein bißchen jüdisch aus, sagt der Schauspieler, der in dem Theaterstück einen Verteidiger spielt. Jüdisch wie seine Mutter sehe er aus, die eine kleine, grauhaarige, fette Jüdin sei...

Ich weiß zu wenig über Juden. Ich weiß, daß sie verfolgt wurden wie das Schiff, unsere jüdische Geschichtslehrerin. Ich weiß, daß die Juden sich vor den Nazis verstecken mußten, zum Beispiel in Amsterdam wie Anne Frank, die darüber in ihrem »Tagebuch« geschrieben hat. Ich habe auch davon gehört, daß viele Juden in Konzentrationslagern umgekommen sind. In »Gaskammern«. Aber wie viele und warum und wie – das hat mir noch keiner gesagt. Die meisten Erwachsenen sagen ja nur: Sie hätten »fast nichts« gewußt. Wie viel weniger ist eigentlich »fast nichts« als »fast alles«?

Natürlich, sagt in diesem Augenblick der Mann, der den besoffenen jüdischen Verteidiger spielt, zu den anderen Schauspielern auf der Bühne, hätten auch sie alle eine Mutter. Aber eben keine jüdische. Und deshalb wäre es für seine Mutter auch besonders schlecht, wenn am Ende doch noch die Nazis diesen Krieg gewinnen sollten…

Im Krieg, im Zweiten Weltkrieg, spielt nämlich das amerikanische Stück »Die Meuterei auf der Caine«, das wir heute abend im Theater sehen: Sabine neben mir und Porte, eine Reihe vor uns, neben Frieder. Wir vier sitzen auf Plätzen, die es für uns Schüler im Westsektor verbilligt vom Theater der Schulen gibt. Nur Porte sitzt noch billiger. Frieder, so hat sie zwischen zwei Herva-Mosel-Schlückchen in der Pause geprahlt, hat ihr den Eintritt bezahlt.

Mir wollte erst keiner die Theaterkarte bezahlen, und mein Taschengeld war wieder mal alle. Aber dann hat mein Vater die paar Mark rausgerückt, und ich war froh. Nicht wegen Frieder, von dem ich ja gar nicht wußte, daß er mit Porte kommen sollte, sondern weil ich das Theater so liebe. Ich liebe es, wenn im Zuschauerraum langsam das Licht ausgeht, wenn keiner mehr hustet, wenn es warm wird vom Atem so vieler Leute und ich mir trotzdem in der stillen Dunkelheit einbilden kann: Gleich geht der Vorhang hoch – allein für mich!

Doch heute abend hat sich der Vorhang für mindestens zwei gehoben. Frieder sitzt genau vor mir und sieht und hört alles mit.

Die Deutschen, sagt jetzt der Mann, der den betrunkenen Verteidiger spielt, zu uns beiden, die Deutschen genierten sich überhaupt nicht mit den Juden…

Frieder ist auf seinem Klappsessel noch weiter vorgerutscht. Ungefähr zwanzig Zentimeter sitzt er jetzt auf Abstand zu Porte.

Die Deutschen, schreit der Verteidiger und schwenkt dazu eine angebrochene Sektflasche, hielten die Juden für Ungeziefer. Die Deutschen kochten sogar Seife aus Juden...

Von »Seife aus Juden« wußte ich bisher nichts. Auch in dem Roman »Die Caine war ihr Schicksal«, den der Amerikaner Herman Wouk über die gleiche Geschichte vor seinem Theaterstück geschrieben hat, steht darüber kein Wort. Onkel Paule hat mir den Roman, der in Hollywood gerade verfilmt worden ist, zu Weihnachten geschenkt. Aber weil das Buch fast achthundert Seiten hat, konnte selbst »Schnell-Leserin« Doro (»zu schnell«, findet mein Vater) noch nicht viel mehr als die Hälfte lesen. So wußte ich nur, bevor sich der Vorhang hob, daß es in Wouks Stück um einen Kapitän namens Queeg auf einem amerikanischen Kriegsschiff namens »Caine« geht und daß dieser Queeg so ekelhaft ist, daß seine Mannschaft – mitten im Krieg – erst gegen ihn meutert und ihn dann seines Amtes enthebt. Was natürlich verboten ist. Der Erste Offizier der »Caine« soll dafür vors Kriegsgericht. Ihm droht die Höchststrafe: fünfzehn Jahre Zuchthaus.

Heute abend im Theater wird nur gespielt, was ich noch nicht gelesen habe: die Gerichtsverhandlung – und danach die Jubelparty. Denn der Erste Offizier ist freigesprochen worden. Weil sein Verteidiger beweisen konnte, daß der Kapitän, der während der Verhandlung ständig konfus mit ein paar Stahlkugeln in der Hand geklickt hatte, nicht ganz dicht ist. Und dieser (jüdische) Verteidiger ist der Mann, der eben von »Seife aus Juden« gesprochen hat...

Wenn er sich's allerdings genau überlege, sagt der Verteidiger nun und wirkt beinahe nüchtern, habe er gegen den Kapitän Queeg ein schlechtes Gewissen. Schließlich sei es dieser alte, verrückte Queeg gewesen, der schon seit Kriegsbeginn seinen Kopf gegen die Nazis hingehalten habe, dem man's vielleicht zu verdanken hätte, daß der Krieg noch nicht in New York angelangt sei, bei ihm und seiner alten jüdischen Mutter...

Ich war erst sechs, als der Krieg zu Ende ging, und kann deshalb nicht mitreden. Aber noch immer wird mir flau, wenn nur eine Fabriksirene zu heulen beginnt. Und noch immer träume ich, so alle vier Wochen, von dem Nachmittag, an dem mir meine Mutter eine Strickjacke im Warenhaus kaufen wollte und wir statt dessen in einem riesigen Luftschutzkeller gelandet sind. Vor allem von dem Anblick der Straßen träume ich, als wir nach Stunden wieder raus aus dem Bunker durften. Ich träume, wie alles um uns brannte, die Häuser wie Bauklötzer in sich zusammenstürzten und wie ich, aus Angst, daß mich ein Stein treffen könnte, die Arme über meinem Kopf verschränkt habe. Aber heute abend im Theater kommt sie mir plötzlich übertrieben vor, meine geträumte Angst.

Er habe, sagt der jüdische Verteidiger, übrigens früher mal einen Onkel und eine Tante in Polen gehabt. Aber die seien nun leider auch schon zu Seife...

Frieder, genau eine Reihe vor mir, zuckt hoch, daß er mir ganz den Verteidiger verdeckt und ich zur Seite rücken muß, dicht an Sabine ran. Doch jetzt sehe ich den Verteidiger immerhin halb.

Und manchmal nachts, sagt der jüdische Verteidiger, wache er auf und habe Schiß, daß den Nazis irgendwann mal die Seife ausgehen könne! Und daß sie dann rüberkämen, nach Amerika, um auch noch ihn und seine kleine, fette, grauhaarige jüdische Mutter...

XIX

Wer mich am Sonntagmorgen vor zehn aus dem Bett zu holen wagt, den hasse ich. Nur mein Vater wagt es, mich am Sonntagmorgen aus dem Bett zu holen.

Das geht so:

Ich liege vergraben unter der Decke und sichte, noch schön verpennt, die Woche, die hinter mir liegt. Daraus spinne ich mir dann meine »Waswärewenngeschichte«. Was wäre, wenn Frieder mich gestern abend nach dem Theater...

Aber fangen wir doch ausnahmsweise mal ganz anders an! Nicht, was wäre, wenn, sondern, was w a r gestern abend, als Frieder in der Garderobe plötzlich sagte: »Na, Doro, woll'n wir noch zum Ku'damm rüber?«

Es war, daß seine Frage eine Unverschämtheit war. Weil er doch mit Porte ins Theater gegangen ist – aber was wäre wenn gewesen? Wenn ich »ja« gesagt hätte?

Leider kam ich gar nicht dazu, »ja« zu sagen, weil Porte da schon wieder mit Sabine vom Klo zurück war und erklärte, sofort nach Hause zu müssen. Sofort!!!

Wir stiegen also »sofort« alle in den 19er Bus, der auch sofort gekommen war und der bis Flughafen Tempelhof fährt. Aber oben setzte sich Frieder nicht neben Porte, sondern vorn auf die erste Bank neben mich. In Wahrheit: Das ergab sich eben so, weil nur neben mir noch ein Platz frei war.

Porte spielte trotzdem hinter uns die Beleidigte. Oder wollte ich nur, daß sie die Beleidigte spielt?

Doch irgendwas stimmte tatsächlich nicht zwischen ihr und Frieder. Porte war knatschig. Ich aber wollte nur Frieders Arm an meinem spüren, mit ihm über das Theaterstück quatschen, verhindern, daß Frieder auch nur eine Sekunde gähnt mit hellen, gelangweilten Augen...

»Doro?!«

Wer wagt es, mich zu stören?

»Riech doch mal, Doro, was ich für 'ne scheene Brühe gemacht habe?«

Mein Vater! Ich rieche Knochen und Knoblauch. Dampf schlägt mir an die Stirn. Ich ziehe meine Hand hoch, die mich unten so wohlig gestreichelt hatte. Es ist Sonntag morgen und bestimmt erst sechs Uhr früh!

»Schon halb elf, Tochter! Willste nicht aufstehen und wenigstens sonntags mal mit deinem Vater frühstükken?«

Dann ist es höchstens acht. Oder ganz kurz danach. Ich liebe meinen Vater. Aber am Sonntagsmorgen, da hasse ich ihn.

»Nur heute«, beginne ich mit geschlossenen Augen zu schreien, »nur am Sonntag könntest du mich mal ausschlafen lassen...!«

Aber er ist schon aus meinem Zimmer, um meine Mutter und Ebbe und vielleicht sogar Hilde aufzuschrecken, die natürlich alle widerstandsfähiger sein werden als ich.

Irgendwas tappt über meine Bettdecke.

»Mulle?«

O Gott, auch noch die Katze!

Sie wittert die Tasse mit Brühe, die mein Vater neben meinem Bett zurückgelassen hat. Gleich wird das Vieh an der Brühe sein.

»Mulle, hau ab!«

Stöhnend winde ich mich hoch, bringe die Brühe in Sicherheit und scheuche die Katze aus dem Raum. Auf meinem Wecker ist es zehn Minuten vor neun. Ich glaube, ich sterbe!

Aber ich muß meinen Tod verschieben. Mein Vater hat im Eßzimmer schon den Frühstückstisch gedeckt. Mit zu vielen Tassen und zuwenig Tellern und der von ihm selbst gekochten Frühstücksbrühe und der Leberwurst, die meine Mutter bestimmt erst zum Abendbrot rausrücken wollte. Ich muß das Opfer bringen! Für einen Menschen, der »wenigstens sonntags mal« mit einem Mitglied seiner Familie frühstücken möchte.

Die Familie bin ich.

Meine Mutter schläft natürlich weiter. Mein Bruder auch. Keiner hat es am Sonntagmorgen so schwer wie ich.

»Du bist gemein«, sage ich zu meinem Vater, »ich hätte noch hundert Jahre schlafen können!«

Er läßt die Sonntagszeitung sinken und lacht aus seinen sommerhimmelblauen Augen.

»Nimm 'n Schluck von der Brühe, Doro! Die macht dich munter!«

Brühe zum Frühstück! Gibt's nur bei uns. Weil mein Vater so gern Brühe kocht, aus allem, was gerade da ist. Dadurch schmeckt diese Brühe immer wieder anders. Schrecklich anders. Heute schmeckt sie nach Muskat.

»Hast du da etwa Muskat drangemacht?«

Er nickt und legt den Finger an den Mund.

Nein, ich will seine Brühe nicht! Aber es gibt ja noch Marmelade, Schrippen, Butter (nicht Margarine wie neuerdings während der Woche aus Sparsamkeitsgründen) – und außerdem den Zipfel Leberwurst auf dem kleinen Holzbrett-Schweinchen. Mein Vater und ich lieben Leberwurst und Butter drunter und hassen Marmelade zum Frühstück. Ich liebe meinen Vater.

Er starrt wieder in die Zeitung und sagt: »Jetzt fangen die drüben auch noch an!«

»Wer fängt mit was an?«

»Die Bonzen in Pankow, die Kozis! Die wollen jetzt genauso Soldaten wie die in Bonn.«

»Gibt's dann wieder Krieg?«

Er blickt hoch.

»Hoffentlich nicht, Doro!«

»Was heißt hoffentlich?« frage ich und beiße in meine Leberwurstschrippe. Leberwurst macht sich gut gegen Angst vor Krieg.

»Ich hoffe«, sagt mein Vater, »daß die beiden Supermächte – die Russen und die Amis – nicht noch mal heißen Krieg machen mit Hilfe der Deutschen auf beiden Seiten. Dann schon lieber Kalter Krieg wie jetzt. Gib mir mal die Leberwurst!«

Wenn wir so weiteressen, ist nichts mehr von der Leberwurst vorhanden, wenn der Rest der Familie am Frühstückstisch auftaucht.

»In dem Theaterstück gestern«, sage ich kauend, »war auch Krieg. Und was, was ich nicht kapiert habe.«

»Was du nicht kapiert hast?« wiederholt mein Vater und streicht sich die Leberwurst dick auf die Schrippe.

»Ja«, sage ich, »ich habe den Satz deshalb extra heute nacht noch mal nachgelesen, in dem Roman ›Die Caine war ihr Schicksal‹, den ich Weihnachten von Onkel Paule gekriegt habe. Weil das Stück, das ich gestern gesehen habe, nach dem Roman geschrieben worden ist…«

»Was für ein Stück?« fragt mein Vater und beißt in seine Leberwurstschrippe.

»›Die Meuterei auf der Caine‹ – und darin war ein Satz, den hat der Verteidiger gesagt, der die Offiziere verteidigt hatte, die gegen den Kapitän Queeg gemeutert hatten, weil der so schrecklich war. Aber dann war dieser Verteidiger am Schluß des Stückes plötzlich für diesen Queeg und hat einen Satz gesagt…«

»Aha«, sagt mein Vater und schielt in seine Zeitung, »und was war das für ein Satz?«

»Er wäre nun doch für Queeg, sagte der Verteidiger, der übrigens Jude war, weil der Kapitän als Soldat im Krieg verhindert hätte, daß die Deutschen bis nach New York gekommen sind, wo sie vielleicht noch mehr Seife gemacht hätten. Die Deutschen hätten nämlich Seife gemacht – aus Juden…«

Mein Vater hört auf zu kauen. Gafft mich an und dann raus auf unsere Terrasse, die erst im letzten Sommer wieder vom Bombenkrater zur Terrasse geworden war. Er gafft die grün angehauchten Akazien an, die auf der anderen Straßenseite die Ruinen von zwei ehemaligen Villen halb verdecken.

»Weißte, Doro…«, sagt mein Vater endlich, »es wird behauptet, daß aus den Knochen von den vergasten KZ-Häftlingen Seife gemacht worden ist…«

»Seife?«

Ich habe keinen Hunger mehr: »Seife aus Menschenknochen? Das glaubste doch selber nicht!«

»Ich möchte es eigentlich nicht glauben.«

Wir starren uns an.

»Und gegen so was habt ihr nicht protestiert – damals bei den Nazis?«

Diese Frage habe ich meinen Eltern schon manchmal gestellt. Und immer wieder kriege ich die gleiche Antwort:

»Wir haben es nicht gewußt, Doro!«

»Und wenn du's gewußt hättest?«

Auch diese Frage stelle ich immer wieder. Mein Vater ist ja nicht feige. Er gilt sogar als »tollkühn« in der Familie. Als Onkel Rudi, der Mann, von dem Zonentante Rita getrennt lebt und der Zahnarzt ist wie sie, im Krieg irgendwo tief in Rußland Zähne zog, soll mein Vater durch alle feindlichen Linien gefahren sein, bloß um seinem Schwager Wodka und Medikamente zu bringen.

»Ich weiß nicht, was ich gemacht hätte, wenn ich alles von den KZs gewußt hätte«, sagt mein Vater.

Und was hätte Doro gemacht? Alles wäre erst gar nicht so schlimm geworden, ist ja klar...

»Ihr seid so laut!«

Ebbe quengelt in der Eßzimmertür. Mein Bruder trägt einen gekürzten Schlafanzug meines Vaters und sieht zum Mitleidkriegen aus.

»Ich will Kakao zum Frühstück«, jault er, »und die schöne Himbeermarmelade von Oma!«

Oma ist tot, Ebbe! Er will einfach nicht kapieren, daß jetzt Schluß ist mit der Himbeermarmelade von den Sträuchern aus dem Schrebergarten hinterm Rathaus Tempelhof. Opa macht keine Marmelade.

»Zieh sofort deinen Bademantel an, Ebbe«, sagt mein Vater, »und deine Latschen! Du kriegst ja ganz kalte Füße!«

»Ich will aber im Bett frühstücken! Mit Mutti im Bett! Mutti will auch im Bett frühstücken!«

Natürlich! Er darf wieder mit meiner Mutter im Bett frühstücken und kriegt auch noch Kakao und den letzten Rest von Omas Himbeermarmelade, während ich nur... mein Blick rutscht auf das Holzbrett-Schweinchen:

Na, wenigstens habe ich jetzt wieder Appetit auf Leberwurst.

XX

Der Hornbebrillte kann einem alles verderben! Jetzt legt er auch noch seinen Arm um mich. Ich hasse es, im Arm von jemand zu laufen. Auch wenn es spätabends auf der Straße kaum mehr einer sieht. Es ist einfach unbequem! Schon weil der Hornbebrillte größer ist als ich. Dauernd schlenkert man gegen seine harte Hüfte. Schieb doch den Arm von dem Kerl weg, Doro!

Aber das faßt er natürlich gleich als Annäherungsversuch auf.

»Mhmmm... kleine Doro! Du hast ja Charme...!«

Von wegen klein – ich bin einen Meter siebzig groß!

Nun ist er auch noch stehengeblieben und hat beide Arme um mich gewürgt. Er will mich küssen, doch seine Hornbrille stört. Hastig grapscht er das Ding von der Nase.

Na ja... er küßt nicht mal schlecht! Zungenkuß. Mein erster. Ein interessantes Gefühl...

Bis ich kapiere, wer mich küßt – der Hornbebrillte. Und nicht Frieder!

Sofort mache ich mich los und renne weiter. Nur noch zwei Laternen bis zu unserem Haus. Hätte ich mich lieber einhaken sollen? Nach einem Zungenkuß paßt Einhaken ganz gut.

Ich bleibe stehen und hake mich bei dem Hornbebrillten ein.

»Meinste, ich hab' Wiener oder Berliner Charme?« Über Wiener Charme weiß ich Bescheid, weil mein Opa in Wien eine kurze Liebe gehabt haben soll, weswegen meine Oma meinte, der sei verlogen, der Wiener Charme.

»Berliner Charme«, sagt der Hornbebrillte prompt. Und während er weitersülzt, fällt mir wieder ein, warum er mir heute abend alles verdorben hat. Dabei fing es so gut an.

Porte ist krank. Schon heute früh in der Straßenbahn sah sie aus wie weißer Käse. In Französisch hat sie dann gekotzt und durfte nach Hause gehen. Karla sagt zwar, Porte tut nur so. Aber wer kotzt, ist, glaube ich, wirklich krank.

Abends kam sie dann auch nicht zum Laienspiel. Ich war so froh, daß Porte krank ist, auch wenn man über so was nicht froh sein darf. Wer sich freut, daß einer krank ist, droht Hilde, wird selber krank. Aber Hilde kann jetzt bald woanders drohen, weil sie sich – aus Kostengründen, sagt meine Mutter – eine Stelle in einem neuen Haushalt suchen muß.

Ich war also froh, daß Porte krank ist, und habe nur noch mit Frieder hinterm Altar gequatscht. Frieder hat keinmal gegähnt, bis der Vikar gemeckert hat: Wir zwei würden die ganzen Proben stören!

Deshalb sind wir, als wir eine Weile nicht dran waren, in den Gemeinderaum gegangen, wo sonst Konfirmandenunterricht ist oder Kaffeeklatsch für alte Leute.

Frieder kennt sich ja aus in der Kirche, wo sein Vater sonntags die Predigt hält. Aber er geht trotzdem nur hin, sagt er, wenn er muß.

»Denk bloß nicht, daß Pfarrer besser als andere Menschen sind, Doro! Auf der letzten Synode haben sie einen Pfarrer bloß deshalb abgewählt, weil er was dagegen gesagt hat, daß es in Westdeutschland bald wieder Soldaten geben soll.« Ich wollte nicht glauben, was Frieder sagt.

»Du glaubst eben noch, was gut ist, ist gut, Doro! Dabei ist überhaupt nichts richtig gut!«

»Und überhaupt nichts richtig schlecht«, sagte ich logisch.

Da hat Frieder wieder seinen müden Blick gekriegt: »Richtig schlecht ist das meiste, Kleine! Und schrecklich langweilig! Aber das verstehste noch nicht.«

Die »Kleine« hätte ich, wenigstens von Frieder, ja noch hingenommen – aber daß ich nichts verstehen sollte... Wie gegen meinen Bruder Ebbe ging ich auf Frieder los. Mit Kratzen und Beißen.

Frieder lachte nur und wehrte sich überhaupt nicht. Bis meine Fingernägel Spuren auf seinem Handrücken hinterließen. Da hielt er mich fest.

Das fand ich nicht gut – und dann plötzlich doch. Er hatte mich so herrlich in seiner Hand, bis der Hornbebrillte in den Gemeinderaum stürzte und alles verdarb.

Der Vikar, sagte er und glotzte uns an, suche nach uns schon ewig. Wir wären jetzt dran als Bauersfrau und Bauersmann in dem Laienspiel »Die Roggenfuhre«.

»Ihr nehmt das nicht ernst«, sagte der Vikar traurig zu uns, als wir wieder hinterm Altar auftauchten. Er trug eine Baskenmütze auf seinen paar Haaren, weil's seiner Halbglatze in der ungeheizten Kirche zu kalt war.

Nein, ich nahm gar nichts ernst. Mir war klar, daß ich heute von Frieder nach Hause gebracht werden würde –

aber da hat der Hornbebrillte dann zum zweitenmal dazwischengepfuscht.

Als wir mit den Proben fertig waren, ist er sofort mit meinem braunen Manchester-Lumberjack gekommen, an dem Sabine so gern schnüffelt, weil's so schön stoffig nach Kaufhaus riecht, und hat erklärt: »Ich bring' dich nach Hause, Doro!«

Und da hat Frieder natürlich gleich gegähnt, als ob er sowieso nie daran gedacht hätte, daß er mich... und so bringt mich also jetzt der Hornbebrillte nach Hause.

»Nächstes Mal«, sagt er und hat seine Hornbrille noch nicht wieder aufgesetzt, »komm' ich leider nicht zum Laienspiel. Weil ich nach Hannover soll. Ich krieg' dort vielleicht 'ne Lehrstelle bei einer Bank.«

Dafür könnte ich ihn gleich noch einmal küssen, den Hornbebrillten. Aber nur auf die Backe. Und während ich's tue, vor unserer Haustür, denke ich: Hoffentlich ist Porte noch nächstes Mal krank!

Ich denke es, auch wenn es Sünde ist.

XXI

Meine Mutter, glaube ich, war niemals so jung wie ich. Obwohl sie, wenn sie mal abends mit meinem Vater weggeht, toll aussehen kann wie Maria Schell oder Winnie Markus. Oder wie Greta Garbo in »Königin Christine«.

Natürlich glaubt meine Mutter selber, daß sie total jung gewesen ist. Sie hat mir auch von ihren Jungs »vor« meinem Vater erzählt. Besonders von einem, der sie – huch! – im Segelboot auf dem Wannsee geküßt hat. Das Boot hat gewackelt, aber ins Wasser ist keiner gefallen. Doch was man außer küssen noch mit einem Mann machen kann, davon spricht sie wie unser Kinderarzt, wenn er einem in den Hals guckt: »Damit muß man gaaaanz vorsichtig sein! Am besten du wartest damit, bis du den Richtigen triffst, Doro! Und ein Kind sollte man n u r mit dem Mann haben, den man auch wirklich liebt. So wie ich deinen Vater...«

Das heißt: Machst du mit einem Mann mehr als küssen, kann sofort ein Baby passieren!

Was hat meine Mutter eigentlich mit meinem Vater gemacht, drei Jahre bevor ich geboren wurde?

Als ich zwölf war, kurz bevor ich meine Tage bekam, hat sie mir alles gezeigt, in Büchern und in einer Ausstellung im Gesundheitsamt – wie das funktioniert »mit der Paarung von Mann und Frau«. Wie das Kind in der Mutter wächst und wo's rauskommt. Alles war so furchtbar ordentlich und peinlich und in Farbe gezeichnet, daß ich mir meine eigenen Eltern bei einer solchen »Paarung« gar nicht erst vorstellen wollte. Benutzen die etwa auch diese Gummidinger, oder hören sie auf, wenn's am schönsten ist, wie Karla erzählt hat, die als frühreife Halbitalienerin und durch ihren Freund Ralf viel mehr weiß als wir anderen Mädchen in der Klasse? Jedenfalls denke ich noch heute einfach weg, wenn morgens die Schlafzimmertür meiner Eltern verschlossen ist und man, wenn man will, meine Mutter leise kichern hören kann.

Heute nachmittag aber steht die Schlafzimmertür weit offen. Und meine Mutter liegt nicht, sondern sitzt auf ihrem Bett und kichert auch nicht. Sie schreit: »So geht das nicht weiter, Doro!«

Sie schreit natürlich nur, weil sie niemals so jung war wie ich. Schon mit sechzehn muß sie wie heute mit vierzig gewesen sein!

»Jeden Abend kommst du später nach Hause!« schreit sie. »Gestern war's schon halb elf! Wenn du meine Großzügigkeit weiter so ausnutzt...«

Ich hasse es, wenn meine Mutter schreit. Gleichzeitig aber lullt mich ihr Schreien ein. Kann ich denn dafür, daß der Hornbebrillte gestern abend immer weiter vor unserer Haustür geknutscht hat? »Wo wir uns doch nächste Woche vielleicht nicht sehen«, hat er gesagt.

»Also, ich geh' dann auch nicht ins Kino«, murmelt meine Kusine Babs, die neben mir am Kleiderschrank steht. Was soll das Gesülze! Sie geht doch sowieso nur, wenn ich gehe, weil sie sich ohne mich gar nicht in ein

Kino im Westsektor traut. Babs kommt aus der Zone. Zonentante Rita, die ihre Mutter und die Schwester meines Vaters ist, hat Babs heute früh bei uns »abgegeben«, bevor sie wieder rüber in den Ostsektor zur Kieferncirurgie in der Charité gesaust ist. Tante Rita kann einfach mit ihrem Auto so hin und her über die Grenze, weil sie als Zahnärztin drüben auch »Bonzen« behandelt und mit Sonderpassierschein durch alle Kontrollen darf. Wenn ich mit meiner Tante rüber in ihr Zonennest bei Dresden fahre, muß ich mich bei den Kontrollen hinter Berlin entweder auf den Fußboden legen, oder Tante Rita sagt, ich wäre ihre Tochter Babs. Im Auto sitzend gehe ich noch glatt als Vierzehnjährige durch.

»Hör – bitte – zu, was ich dir sage!« schreit meine Mutter. Sie sagt beinahe immer »bitte« – sogar wenn sie schreit.

Aber wer hier zuhören muß, das ist die arme Babs. Krach kennt sie zwar auch von zu Hause. Aber Tante Rita schreit oder redet nicht so endlos. Sie knallt ihren drei Kindern lieber schnell mal eine. Und obwohl man zehn Minuten später noch ihre Hand auf der Backe spürt, hat sie die Ohrfeige schon vergessen.

Meine Mutter ist gegen Prügeln. Kinder sollen begreifen, warum man auf sie »böse« ist. Ich will nichts begreifen, ich will eine geknallt kriegen und dann ganz schnell mit Babs in »Vom Winde verweht« gehen. Ich habe den Film schon dreimal gesehen. Aber für Clark Gable als Rhett Butler gehe ich auch zum viertenmal hin. Leider ist es schon kurz nach drei. Bis wir im Kino sind, hat Rhett Butler Scarlett O'Hara längst gezeigt, wie ein Mann mit einer Frau umgehen muß, und sie zum erstenmal verlassen...

»Und morgen«, schreit meine Mutter, »gibt's auch noch Zeugnisse! Ich möchte fast wetten, daß dir das genauso egal ist, Doro!«

Babs, die total platt zugeguckt hat, wie meine Mutter unter ihrem Kopfkissen nach einem Taschentuch kramt und keins findet, will sich aus dem Schlafzimmer schleichen.

»Bleib – bitte – hier, Babs!« schreit meine Mutter. »Du kannst ruhig dabeisein, wenn sich deine Kusine so furchtbar benimmt!«

Das reicht.

»Ich benehme mich nicht furchtbar«, schreie ich zurück, »du bist furchtbar! Kein Mädchen in meiner Klasse muß vor elf zu Hause sein! Nur ich!«

Das war ein Fehler. Wer ihre Erziehung kritisiert, muß lange büßen. Jetzt werden wir wahrscheinlich nur noch das Wiedersehen zwischen Rhett und Scarlett schaffen, wenn Rhett Scarlett auf der Treppe einfach küßt, obwohl Scarlett sich wehrt wie unsere Katze, wenn ihr ein Hund an die Kehle will…

»Die anderen Mädchen in deiner Klasse«, schreit meine Mutter, »interessieren mich nicht! Dein Vater und ich erziehen dich so, wie *wir* das für richtig halten!«

Sie erzieht mich, nur sie!

»Ist ja nicht wahr«, beginne ich, »Papa ist viel großzügiger als du!«

Das war Fehler Nummer zwei! Wenn ich meinen Vater in den Himmel hebe, ist sie in ihrer Ehre als Frau gekränkt. Jetzt werden wir vielleicht gerade noch das Feuer von Atlanta schaffen: Wenn Scarlett O'Hara, von Rhett Butler verlassen, auf dem Hügel von Tara steht und runter auf die brennende Stadt stiert…

»Dein Vater, Doro«, sagt meine Mutter und hat plötzlich eine harte, leise Stimme, »entscheidet bei der Erziehung unserer Kinder genauso wie ich.«

Sie lügt. Er gibt ihr nur deshalb recht, weil er meistens an was anderes denkt: an die Firma, die Schulden, an das Buch, das er gerade liest – oder an Herrn Sowieso, den er rasch noch mal wegen irgendwelcher »Heizungsventile« anrufen müßte. Er reißt dann seine sommerhimmelblauen Augen auf und sieht gleichzeitig meiner Mutter und sich selber zu. Und wenn das meine Mutter schließlich merkt und jammert: »Du hörst mir ja gar nicht zu, Richard« – dann wackelt er nur mit seinen leicht abstehenden Ohren, und schon kommt sie total aus dem Konzept... am besten, Doro, du gibst jetzt nach! Schon wegen Rhett Butler und Babs.

»Es tut mir leid, Mutti«, sage ich. Einfach rein in ihr Geschrei.

»Das hört sich aber nicht so an, als ob es dir leid tut, Doro!«

Sie ist schlau, meine Mutter.

»Doch, es tut mir ganz bestimmt leid!«

Und ich griene sie vorsichtig an, ich verlogenes Stück.

»Lach nicht!« sagt meine Mutter todernst. »Und falls ich deine Entschuldigung annehmen sollte, dann nur wegen deiner Kusine Babs. Und nur, falls du es wirklich ehrlich meinst!«

»Wirklich«, sage ich und griene weiter, »ehrlich!«

Wenn sie jetzt gleich mitgrient, dann schaffen wir es vielleicht noch. Wenigstens bis zu der Stelle, wo Rhett Butler Scarlett O'Hara auf der Treppe küßt.

XXII

Porte wohnt nicht weit weg von unserem Haus, das in der kleinen Straße am Kreuzberg klebt. Aber ich war noch nie bei Porte. Porte feiert nie ihren Geburtstag mit ihren Schulfreundinnen, und Schularbeiten kann man auch nicht bei ihr machen. Sie sagt nicht mal: »Meine Mutter verbietet das.« Sie tut einfach so, als sei ihr Zuhause Luft – und wir, wir in der Klasse, mischen uns da nicht ein. Wir lassen ihr diese Tour.

Porte sieht immer aus wie aus dem Ei gepellt. Sauber gewickelte Locken, stramm gebügelte Bluse, Glockenrock mit breitem Gummigürtel, den sie um ihre Wespentaille knallt. Porte hat höchstens viermal was zum Wechseln, darunter ein grün-rotes Dirndl. Keine in unserer Klasse trägt heute noch Dirndl. Doch wenn Porte mit ihrer gestärkten Schürze aufmarschiert, sagen wir nichts. Der Blick aus ihren graugrünen Augen – haust du mir eine, dann haue ich doppelt zurück – vermasselt uns alles.

Nein, ich war noch nie bei Porte. Aber heute muß ich hin. Ich soll Porte ihr Zeugnis bringen, hat Harry gesagt. Ich hasse Harry Nilp: Er hat mir in Deutsch nur »gut« gegeben. Karla hat »sehr gut«. Was Porte hat, weiß ich nicht. Ihr Zeugnis steckt in einem zugeklebten Umschlag.

»Sie wohnen doch in Heidruns Nähe, Doro? Können

Sie ihr nicht das Zeugnis bringen? Keiner weiß ja, ob Heidrun noch mal zur Schule kommt...«

Ich hatte gerade ablehnen und wegen Deutsch »gut« mit Harry rumstänkern wollen – als ich das »ob« mitbekam. »Ob« Porte wieder zur Schule kommt?

»Wieso ob? Wer sagt denn, daß Porte...?«

»Fragen Sie mich nicht, Doro!« sagte Harry und senkte halb die Augenlider. »Fragen Sie doch Heidrun!«

Fragen wir doch Heidrun!

Und weil meine Kusine Babs vor der Schule stand, als ich rauskam, war mir gleich besser. Zu zweit geht sich's leichter zu jemandem wie Porte.

»So langweilig allein bei euch zu Hause«, sagt Babs, »da dachte ich, ich hole dich ab.«

Babs ist gerade vierzehn und kleiner als ich, aber sie hört zu, wenn ich was erzähle. Ich hab's gern, wenn man mir zuhört.

Heute aber muß ich erst mal zuhören. Babs quatscht wie verrückt von Rhett Butler und daß sie, wenn sie nächstes Mal wieder bei uns im Westsektor ist, unbedingt noch den Anfang von »Vom Winde verweht« im Kino sehen müsse.

Kurz vor dem Polizeipräsidium Fidicin-/Ecke Friesenstraße bleibt ihr endlich die Spucke weg: »Mensch, Doro, was is'n da los?«

Ja, was denn? Eine Eckkneipe total demoliert, die Scheiben zerschmissen, die Tür eingetreten.

Davor ein älterer Polizist.

»Na, Meechens, wat wollt ihr denn hier?«

Ich bin platt. Wir sind nur fünf Minuten von unserem Haus mit der wieder hergerichteten Terrasse, der Eiche im Garten und dem wilden Wein vor den Bürofenstern entfernt und sind schon ganz woanders. Jedes dritte Haus ist hier noch eine Kriegsruine. In manchen Fenstern Pappe statt Glasscheiben, kaum noch Putz an den Fassaden. Pfützen und Trümmer in den Hausfluren. Und Leute, die uns angucken, als wollten sie uns an die Gurgel, bloß weil wir etwas besser angezogen sind als sie.

»War das 'n Überfall?« frage ich den Polizisten vor der demolierten Kneipe. So fragen die von der Kripo auch immer in den RIAS-Radio-Krimis »Es geschah in Berlin«.

»So wat Ähnlichet. Der Wirt hat nich jeblecht, und da haben die Brüder vom Sparverein wieder zujeschlagen. Na, wenn da nich balde wat passiert…«

Er verdreht seine Augen, »…denn kriejen wa hier in Berlin noch Zustände wie in Chicago!«

Ich weiß nicht, was das für Zustände in Chicago sind. Aber über die Sparvereine, die hier in Kreuzberg die Kneipen mit sogenannten Schutzgebühren erpressen, weiß ich Bescheid. Onkel Paule, der bei der Zeitung ist, hat darüber schon mehrmals geschrieben. Bis zu hundert Mark monatlich müssen die Wirte an diese Ganovenklubs, die es schon seit Jahrzehnten in Berlin gibt, blechen, damit ihre Lokale und Gäste heil bleiben.

»Sind denn auch Gäste verprügelt worden?«

»Keene Ahnung! Mußte drüben bei de Kripo im Präsidium nachfragen, Frolleinchen! Die war'n vor mir da.«

»Haben die vom Sparverein denn gar keine Angst, wo die Polente so in der Nähe ist?«

»Die haben vor nie nischt Angst!«

Der Polizist senkt die Stimme: »Nich mal vor olle Kressmann!«

Willi Kressmann, »Texas-Willi« wegen seiner Vorliebe

für den wilden amerikanischen Westen genannt, ist unser Bürgermeister in Kreuzberg. Wenn das mit den Überfällen auf die Kneipen nicht aufhöre, hat er neulich gedroht, wolle er die Adressen aller Sparvereine an den Litfaßsäulen veröffentlichen. Weil die Polizei offenbar nichts gegen die Gangster unternehmen könne. Oder wolle, hat Onkel Paule gesagt.

»Ich geh' lieber nach Hause«, sagt meine Kusine, die ängstliche Kuh. Ich zerre sie weiter.

»Nur noch eine Straße, Babs!«

Dafür hängt sie sich bei mir ein wie zum Abschleppen.

»Hier sieht's ja schlimmer aus als bei uns in der Zone, wo die armen Leute wohnen!«

»Bei uns im Westen gibt's eben auch arme Leute!«

»Kennst du denn welche, Doro?«

Klar, kenne ich arme Leute. Jedenfalls ziemlich arme. Hilde, die bei uns noch immer im Haushalt hilft, ist bestimmt nicht reich. Und der Mann mit der Beinprothese vom Krieg, der bei uns manchmal die Werkstatt aufräumt, der hat auch nicht viel. Aber so richtig arme Leute, solche, die fast nichts zu essen haben – nee, die kenne ich eigentlich nicht.

»Natürlich«, sage ich zu Babs, »sind die Leute bei euch in der Zone noch ärmer als hier bei uns.«

Scheint nicht der Fall zu sein. Meine Kusine starrt so entsetzt auf das alte, nur notdürftig hergerichtete Haus, in dem Porte wohnen soll, als habe sie so viel Elend noch nie gesehen.

»Muß ich da etwa mit rein?«

»Kannst ja unten bleiben!«

Sie mustert die beiden kleinen Jungs in kurzen Hosen und zerlöcherten, langen Strümpfen, von Strumpfhaltern kaum gehalten, die ein ballähnliches Ding haarscharf an unseren Köpfen vorbeischießen:

»Nee, da komm ich schon lieber mit.«

Porte wohnt im zweiten Hinterhof rechts, drei Treppen hoch. Das verrät uns eine Frau, die im ersten Stock über einem Kissen aus dem Fenster hängt.

»Wenn übahaupt bei denen eener uffmacht!«

Es macht keiner auf.

Ich ziehe erneut an dem Klingelgriff aus verblichenem Messing, neben dem zwischen mehreren Namen auf einem Pappschild »Porte« steht.

Nichts rührt sich.

»Porte«, brülle ich durch den Briefschlitz, »mach endlich auf, ich weiß, daß du da bist!«

Nichts.

»Komm, wir gehen«, sagt Babs.

Ich könnte Portes Zeugnis natürlich einfach durchstecken. Aber ich habe Karla, Sabine und Erika fest versprochen, rauszukriegen, warum Harry angedeutet hat, daß Porte eventuell nicht mehr zur Schule kommt. Schon wegen Frieder will ich das rauskriegen. Denn falls Porte wegzieht...

Ein Geräusch. Ein klitzeleises Geräusch. Wie eine Feder, wenn die atmen könnte.

»Mach auf, Heidrun! Ich bin's, Doro!«

Ein Laut, als ob sich ein Schlüssel dreht. Die Tür geht kaum merklich auf. Ich presse meinen Fuß in den Schlitz. Aber eine Kette hinter der Tür verhindert jede weitere Öffnung. Jetzt kann ich immerhin zehn Zentimeter Porte sehen. Waagerecht. Senkrecht sehe ich Porte total. Sie ist, wie immer, tipptopp angezogen und wirkt überhaupt nicht krank.

»Du bist ja gar nicht krank, Porte!«

»Was wollt ihr?«

»Das ist meine Kusine«, sage ich dämlich, »sie kommt von drüben, aus der russischen Zone. Wir wollten dir bloß dein Zeugnis…«

»Gib her!« sagt Porte böse.

Hinter ihr im Korridor dampft es seifig aus einer offenen Tür.

»Karla läßt dich grüßen«, sage ich, »und Sabine und Erika auch.«

»Danke«, sagt Porte. Es klingt, als spucke sie auf alle Grüße.

»Und wann kommst du wieder zur Schule?«

»Tschüs«, sagt Porte und will die Wohnungstür schließen. Geht aber nicht, weil ich immer noch meinen Fuß dazwischen habe.

»Harry wollte auch wissen, wann du wiederkommst«, lüge ich.

»Tschüs«, sagt Porte noch einmal und tritt auf meinen Fuß.

»Porte!« rufe ich empört. »Mensch, Heidrun, was ist denn los?«

»Nichts ist los! Nur daß ich nicht wieder zur Schule komme! Ich hab 'ne Lehrstelle bei Siemens. Im Büro.«

»Aber du willst doch Ärztin werden, denke ich! Und dafür brauchst du doch Abitur!«

»Abitur«, sagt Porte verächtlich, und tatsächlich – sie spuckt. »Ach was! Abitur ist nur was für Mädchen wie dich!«

XXIII

Bockwurst, Doro?« fragt mein Vater vor der Würstchenbude an der Glienicker Brücke.

Bockwurst kommt bei mir gleich nach Gänseschmalz mit Stinkerkäse auf Schusterjungs. Aber wenn ich jetzt zugebe, daß ich verrückt nach Bockwurst bin, kann ich nicht mehr die Beleidigte spielen, die es haßt, daß sie vier Monate vor dem siebzehnten Geburtstag noch mit zum Familienausflug muß. Dann schon lieber mit Sabine ins Kino. Aber nicht in den »Förster vom Silberwald«, in den Sabine will (»tolle Naturaufnahmen«, schwärmt Sabines Mutter, die dafür den größten Kitsch sehen kann); ich weiß überhaupt nicht, was ich will.

»Die Kinder können doch zusammen eine Bockwurst essen, Richard«, sagt meine Mutter. Gott, ist sie knickrig! Seitdem sie im Büro von Onkel Paules Zeitung tippt, spinnt sie bei jedem Groschen, der nicht in den Haushalt fließt. Auch Hilde soll sich endlich eine neue Stellung suchen, sagt sie. Weil es »Luxus« wäre, in »Notzeiten« eine Haushaltshilfe zu haben. Hilde hat sich schon bei zwei neuen Familien vorgestellt. Doch bei denen soll sie sogar sonntags allein in der Küche essen. Bei uns nur in der Woche, was ich auch nicht richtig finde. Aber Hilde meint: »Da hab ick endlich mal Ruhe vor euch.«

»Ich will keine Bockwurst!« nölt Ebbe. Er ist fast so nölig wie ich, weil er schon wieder erkältet ist und trotz der warmen Aprilsonne eine Wollmütze tragen muß. »Ich will Drops!«

Ebbe will immer Drops. Ekelhaft.

»Wat is?« fragt der Mann in der Würstchenbude ungeduldig. »Drops oder Bock?«

Er hat eine eingeschlagene Nase wie ein Boxer und einen herzlosen Blick.

»Irjendwann«, sagt eine Frau hinter mir, »wollte ick ja heute noch nach Schildhorn – aba hier muß man woll bis nach Weihnachten stehen!«

»Ich will keine Bockwurst«, sage ich rasch. Ich will nach Hause und weiter Hemingways »Haben und Nichthaben« lesen. Bei den amerikanischen Schriftstellern wird nicht so gesülzt wie in deutschen Familien. Da bleibt man schön lässig, selbst wenn's um Tod oder Liebe geht. Ich wäre auch gern so lässig, aber oft bin ich selber so krampfig wie solche Ausflüge. Ich hasse Familienausflüge. Früher waren wenigstens noch Geschäftsfreunde meines Vaters mit ihren manchmal interessanten Kindern dabei. Aber damit ist Schluß, seitdem zu uns der Gerichtsvollzieher kommt, da ist man nicht mehr interessant für Geschäftsfreunde … Doch noch strampelt sich mein Vater ja ab, der »ewige Optimist« (sagt meine Mutter), mit seiner Heizungsfirma und hofft auf einen Kredit aus Bonn, mit dem er die Firma retten und was Neues beim Heizen ausprobieren könnte. Und noch darf ich, im Gegensatz zu Porte, ja weiter zur Schule gehen und Abi machen, weil ich das brauche, wenn ich zur Zeitung wie mein Onkel Paule will. (»Leider«, sagt meine Mutter, wenn ihr Bruder mal wieder angesäuselt bei uns aufkreuzt, »verführt die Zeitung zu Alkohol. Vielleicht solltest du dir alles doch noch mal überlegen, Doro!«) Meine Mutter hat auch Abitur und wollte mal Journalistin werden. Aber als sie meinen Vater traf, wollte sie nur noch ihn.

»Na, schön«, sagt meine Mutter und gönnt dem blöden Bockwurst-Fritzen ihr herrliches »Im-Mann-den-Beschützerinstinkt-wecken-Lächeln«, »dann kriegen eben beide Kinder nichts.«

Ebbe heult auf.

»Nur weil die doofe Ziege keine Bockwurst will!« Er ist selber doof. Was hat das eine mit dem anderen zu tun? Außerdem w i l l ich ja eine Bockwurst.

»Wenn ich keine Drops kriege«, heult Ebbe, »mach' ich die olle Mütze ab!«

Meine Mutter gibt auf.

»Also gut. Aber falls du heute nacht wieder Ohrenschmerzen hast...«

»Ich hab' keine Ohrenschmerzen!«

Er reißt Mütze und Schal ab und rast los.

»Ebbe!« schreit meine Mutter. »Laß doch wenigstens den Schal...«

Aber er hört nichts mehr. Er ist schon fast am Havelufer unterhalb des Glienicker Schlosses.

Mein Vater schnappt sich Ebbes Schal und läuft hinterher. Weil er O-Beine hat, könnte man denken, daß er schwankt. Oder daß die Erde schwankt. Jetzt ist er bei Ebbe angelangt. Mein Bruder windet sich vor dem Schal wie ein Aal. Aber dann zeigt mein Vater auf das Segelboot, das ganz still im spiegelglatten Wasser steht – und auch Ebbe steht still. Das Boot kann ich selbst ohne Brille gut erkennen, aber die Heilandskirche am anderen

Ufer in Sacrow sehe ich von hier aus nicht. Dafür weiß ich von meinem Vater, daß der Architekt Persius die rote Kirche Mitte des vorigen Jahrhunderts gebaut hat. Und daß von ihrem Glockenturm aus zum erstenmal drahtlos gefunkt werden konnte. Ob man da heute noch funkt? Die Sacrower Kirche steht ja schon in der Zone.

»Ich gehe rüber zur Brücke«, sagt meine Mutter. Ihre Mitteilung ist ein Friedensangebot. Wenn du mitkommst, Doro, heißt das, bin ich bereit, zu vergessen, wie schlecht du dich den ganzen Tag benommen hast.

»Hmmm…«, maule ich unentschlossen. Eigentlich würde ich lieber zu Ebbe und meinem Vater gehen. Ich gönne Ebbe meinen Vater nicht.

»Komm schon mit«, sagt meine Mutter. Sie hat bestimmt einen Kater von gestern, weil sie so launisch ist.

»Hör bloß, wie die im Wohnzimmer saufen!« hat mich Babs mitten in der Nacht vom Klappsofa neben meinem Bett geweckt. Nicht nur gesoffen haben die im Wohnzimmer, sondern auch noch laut gesungen.

»Du bist die Rose, die Rose vom Wörthersee«, haben meine Mutter und Zonentante Rita gesungen. »Ladiladiladiläh…«

»Und um sechs will die Alte schon mit mir los«, hat Babs geknurrt. »Nicht mit mir!«

Tante Rita und Babs sind natürlich erst um neun zurück in die Zone gefahren. Und die ganze Wohnung roch noch zum Frühstück nach Alkohol und nach Tante Rita.

YOU ARE LEAVING THE AMERICAN SECTOR AT CENTER OF BRIDGE steht auf dem Schild vor der Glienicker Brücke, die von der Potsdamer Seite Brücke der Einheit genannt wird. Vor ein paar Jahren waren wir hier im

Westsektor mit denen drüben in der Ostzone noch so einig, daß wir einfach über die Eisenbrücke rüberlaufen und dahinter mit der Straßenbahn weiter nach Potsdam rein fahren konnten. Zum Schloß Sanssouci, wo ich mit den Filzlatschen, die man drin anziehen mußte, auf dem glatten Parkett hingeknallt bin und mir das Knie aufgeschlagen habe. Und danach, mit einem Taschentuch meiner Mutter um die Wunde, waren wir bei Verwandten meiner väterlichen Oma, die 1945 bei einem Bombenangriff auf Berlin gestorben ist.

Zuerst fanden wir das Haus, in dem meine Großmutter aufgewachsen ist, allerdings nicht. Es war schon dämmerig, und die Straßen, durch die sich endlos ein schmaler Kanal zog, waren kaum von Laternen erleuchtet. Später saßen wir mit Leuten, die ich noch nie gesehen hatte, zwischen dunkelbraunen, glatten Möbeln im kleinen Wohnzimmer eines alten Eckhauses. Es gab schrecklich süße Brause, von der Ebbe nicht genug kriegen konnte, und geräucherten Aal, weil unsere fremden Verwandten Fischer waren. Ich überfraß mich an dem Aal.

Als wir gingen, habe ich heimlich in den Kanal gekotzt. Aber ich erinnere mich trotzdem an den Abendhimmel mit dem goldroten Schimmer, der sich im Wasser gespiegelt hat.

»Warum fahren wir nicht mal wieder rüber nach Potsdam, Mutti?«

Meine Mutter lehnt sich neben mir über das eiserne Brückengeländer und kräuselt ihre Oberlippe, was sie immer macht, wenn sie nachdenkt. Sie sieht mit ihren hellen, angelockten Haaren, Ebbes und Opas geschwungenen Brauen und der geraden, noch nicht zu großen Nase viel schöner aus als ich. Selbst heute, wo ich meine blöden Dauerwellen mit einem schwarzen Samtband zum Pferdeschwanz gebunden und mir einen Pony in die Stirn gekämmt habe. Das Band sähe »nett« aus, hat meine Mutter erklärt. Bloß der Pony nicht.

»Ich würde gern mal wieder nach Potsdam«, sagt sie endlich, »aber man kann ja nicht mehr so einfach rüber. Man braucht jetzt ein Attest von kranken Verwandten, hat Tante Rita erzählt. Auch mit ihrer Sondererlaubnis ist das wohl nicht mehr so leicht wie früher. Ich hoffe ja bloß, daß alles klappt, wenn du im Sommer in den Ferien wieder rüber zu Tante Rita fährst…«

Sie redet und redet, meine Mutter. Gut, ich habe sie was gefragt – aber deshalb kann ich ihr doch nicht ewig zuhören, wenn sie über ganz was anderes quatscht. Erwachsene denken immer, alles wäre so wichtig, was sie quatschen. Auch der Vikar hat gequatscht und gequatscht beim letzten Laienspiel, zu dem weder Porte noch der Hornbebrillte gekommen waren. Aber weil der Vikar endlos quatschte, konnte ich mit Frieder nicht lachen und flüstern. Nur »Tag« und »tschüs« haben wir zueinander gesagt, bevor ich allein nach Hause gegangen bin. Ich hasse den Vikar.

»Hast du Papa schon mal gehaßt?« frage ich meine Mutter, um ihr Gequatsche zu stoppen. Sie guckt ganz baff und dann zu meinem Vater und Ebbe, die drüben am Ufer Schilfstangen aus dem Wasser zerren und todsicher dabei nasse Füße kriegen.

»Nein«, sagt sie und seufzt.

XXIV

Die Fenster in den Häusern, von denen der Stuck runterrieselt und das vierte oder fünfte Stockwerk meistens noch zerbombt ist, gefallen mir überhaupt nicht. Ich meine die Fenster mit den zwei kleinen Scheiben oben und den zwei langen darunter, hinter denen oft hohe, dunkle Zimmer mit bunten, schmutzigen Tapeten sind. In solche alten Häuser mit solchen Fenstern, finde ich, paßt man nicht, wenn man heute lebt.

Viel passender finde ich das quadratische Haus in Lankwitz, in dem Sabine wohnt. Darin gibt es niedrigere Zimmer mit hellen Tapeten hinter breiten, höchstens ein- oder zweimal unterteilten Fenstern. Komischerweise soll das Haus, in dem außer Sabines Leuten noch ein arbeitsloser Schauspieler wohnt, schon um 1930 gebaut worden sein. Aber es kommt mir viel moderner vor. Zu dem Haus gehört ein unordentlicher Garten mit einem Schwimmbad, in dem statt Wasser das Laub vom letzten Herbst quaatscht, wenn man drin rumtigert.

Der Mann, dem das Grundstück gehört, lebt in New York. »Falls Sie im Pool baden wollen«, hat er an Sabines Mutter geschrieben, noch bevor Sabines Vater aus der russischen Gefangenschaft kam, »müssen Sie den Abfluß auf Ihre Kosten in Ordnung bringen lassen.«

»Jüdischer Knicker«, hat Sabines Mutter gemeckert und sich gleich darauf auf die Lippen gebissen. Sabine und ich haben trotzdem nach dem Abfluß gesucht und ihn in einer Ecke des Beckens unter einem Haufen abgeplatzter senfbrauner Kacheln auch wirklich gefunden. Er war aber so verstopft, daß wir die Kacheln wieder draufgeschmissen haben.

»Lach mal!« ruft Sabine vom Rand des Schwimmbeckens. »Du sollst lachen, Doro!«

Sie will mich »zur Erinnerung« vor dem Haus mit der Foto-Box knipsen, die sie von ihrem Patenonkel zur Einsegnung bekommen hat. Ihr Vater hat ihr noch den Film eingelegt, bevor er mit Sabines Mutter nach Schöneberg gefahren ist, um sich das neue Auto abzuholen: einen Volkswagen.

Ich lache zu Sabine rüber, obwohl ich es hasse, für ein Foto zu lachen. Man denkt später immer, man sei damals beim Fotografieren in Bombenstimmung gewesen. Dabei fühlen wir uns heute total belämmert. Schon in zwei Tagen zieht Sabine mit ihren Eltern nach Augsburg, wo ihr Vater bei seiner alten Firma wieder als Prokurist arbeiten soll. Überall in den hellen Räumen stapeln sich Kisten und Koffer zwischen den tiefen Sesseln und Möbeln aus Tannenholz. Ich bin traurig, daß Sabine wegzieht, und ich sehe schon, wie ich mich in der großen Pause an Karla, Erika oder irgendwelche anderen dämlichen Weiber aus meiner Klasse ranschmeißen muß, damit ich nicht allein auf dem Schulhof rumstehe. Allein rumstehen in der Pause ist peinlich. Die mag keiner, mit der will keiner gehen – so sieht das aus. Bis jetzt bin ich ja immer mit Sabine gegangen, eingehakt. Und auch wenn ich ihr neuerdings nichts mehr erzählt habe von Frieder und dem Geknutsche mit dem Hornbebrillten zum Beispiel, habe ich doch richtig Schiß vor einem Leben ohne Sabine. Vielleicht haben wir uns auch deshalb in letzter Zeit weniger verstanden, weil man im Augenblick merkt, daß Sabine ein Jahr jünger ist als ich.

»Und?« frage ich Sabine später in der Küche, wo wir auf Stahlrohrstühlen, wie beim Zahnarzt, sitzen und Schwarzbrotstullen mit Saure-Gurken-Scheiben essen. »Hört dir dein Vater jetzt manchmal zu?«

»Nee, er redet und redet wie aufgedreht. Von seiner Einzelhaft in dem Lager hinterm Ural und dem schrecklichen Essen, wenn's überhaupt was gab, und so. Und wenn er mal mit dem Reden aufhört, geht er spazieren oder ins Bett. Meine Mutter sagt, sie kapiert's ja! Er hätte eben so viele Jahre keinen gehabt, mit dem er reden konnte…«

»Und du?«

»Na ja – ich kapier's auch. Aber weißte, ich würde ihn so gern mal streicheln. Oder bloß mal auf seinem Schoß sitzen…«

»Und wenn du dich einfach raufsetzt?«

»Dann merkt man doch gleich, daß er das nicht will! Verstehst du, er schiebt mich nicht richtig weg, aber…«

»Nee«, sage ich, »verstehe ich nicht!« Ich kann mich dauernd auf den Schoß meines Vaters setzen, obwohl ich schon drei Zentimeter größer bin als er. Er liebt das und lacht und wackelt dabei mit den Ohren.

»Kannste auch nicht verstehen«, sagt Sabine und schiebt die dicke blonde Haarsträhne, die ihr immer ins Gesicht fällt, hinters Ohr, »weil du eben einen Vater hast, der nicht so lange in russischer Gefangenschaft war.«

Mein Vater war überhaupt nicht in Gefangenschaft.

Nicht mal in englischer oder amerikanischer, wo's besser als in russischer gewesen sein soll. Mein Vater hat sich 1945, kurz vor Kriegsende, mit einem selbstfabrizierten Urlaubsschein von Polen aus zu uns an die Havel durchgeschlagen, wo meine Mutter mit dem winzigen Ebbe und mir auf einem Wohnschiff hauste, weil wir in Berlin ausgebombt waren. Als die Russen kamen, hat sich mein Vater im Schiffsklo versteckt, und meine Mutter hat bei den Soldaten saubermachen müssen. Und irgendwann ist dabei was passiert, was sie mir erst erzählen will, wenn ich achtzehn bin.

Später ist mein Vater dann die vielen Kilometer zu unserem halb niedergebrannten Haus nach Berlin geradelt, wo ihm ein Russe sein Fahrrad wegnahm. Doch mein Vater, der niemals Schiß hat, bis auf damals im Schiffsklo, ist dem Russen nachgegangen und hat, als der in einer Bäckerei verschwunden war, sich sein Fahrrad einfach zurückgeklaut...

»Mensch, Doro, ich hab' ja noch was«, sagt Sabine.

Sie steht auf und holt aus der Speisekammer eine dreiviertelvolle Weinflasche.

»Das ist doch Alkohol«, protestiere ich.

»Nur ein Glas für dich und mich«, sagt Sabine, »zum Abschied.«

»Ich komm' aber zum Bahnhof!«

»Trotzdem – und vielleicht fahren wir ja auch schon ganz früh am Morgen...«

Sie gießt die goldene Flüssigkeit in zwei richtige Weingläser mit Stiel, und mir wird ganz feierlich. Zu Hause durfte ich bisher nur zu Weihnachten Wein trinken. Oder als ich eingesegnet wurde. Da hatten wir beide einen Zacken, Sabine und ich. Mein Vetter Dieter, der

Ältere von Zonentante Rita, war auch da und hat Augen gemacht, aber mehr auf Sabine.

»Prost, Sabine!«

»Prost, Doro! Und daß du ganz bald nach Augsburg kommst!«

Wir stoßen an und kriegen verschwiemelte Augen. Nie mehr werde ich eine Freundin haben so wie Sabine!

XXV

Ich brauche keine Gnade«, leiert Karla, »ich will Gerechtigkeit. Meine Ehre …«

Sie stoppt. Erika, die auch im neuen Schuljahr neben Karla sitzt, muß Karla unterbrechen, weil sie die Minna liest in Lessings Lustspiel »Minna von Barnhelm«.

Doch »Minna« pennt. Erikas Kopf mit dem dunkelroten Pferdeschwanz hängt tief zwischen eingezogenen Schultern über dem kleinen Reclamheft, weil es im Klassenzimmer zum Einpennen warm ist von der Maisonne hinter den geschlossenen Fenstern, die der Schulhausmeister zugenagelt hat, nachdem zwei Öffnungsgriffe abgefallen waren.

»Minna!« ruft Harry Nilp, unser Deutschlehrer, und zieht an Erikas Pferdeschwanz. »Ihr Typ ist gefragt!«

Die Klasse wacht auf und kichert.

Erika zuckt zusammen: »Ich …«

Sie sucht die richtige Textstelle und findet die falsche: »Ich … muß Ihnen ins Wort fallen, Herr Major …«

»Sie sind schon gefallen«, sagt Harry ironisch, »wir sind Seite 79 oben: Die Ehre …«

»Ach Gott«, sagt Erika-Minna erschrocken, setzt sich gerade hin und liest: »Die Ehre eines Mannes wie Sie …«

Der Mann ist Karla.

»Nein, nein, mein Fräulein«, unterbricht Karla als Major von Tellheim, »Sie werden von allen Dingen recht gut urteilen können, nur hierüber nicht. Die Ehre ist nicht die Stimme unseres Gewissens, nicht das Zeugnis weniger Rechtschaffnen...«

»Nein, nein«, unterbricht Erika als Minna, »ich weiß wohl. – Die Ehre ist – die Ehre.«

»Punkt«, sagt Harry und grinst bis zum fernen Haaransatz, »was meint wohl Lessing damit, meine Lieben? Was soll das sein: die Ehre?«

Die Klasse stöhnt. Auf der Herrenarmbanduhr, die ich von meinen Großeltern zum sechzehnten Geburtstag bekommen habe, sind es noch sechs Minuten bis zur Pause.

»Nun?« grinst Harry. »Halten die Damen nichts von der Ehre?«

Es gibt Wörter, die ich hasse: Sanftmut, Entzücken, Scham, Inbrunst, Frohlocken, Heuchler, Erquickung oder – Ehre. Das sind Wörter von vorvorgestern! Mir ist es peinlich, wenn ich solche Wörter höre. Außerdem hasse ich alle Wörter, die mit Ehre zusammenhängen: ehrenfest, ehrenhaft, ehrenvoll, Ehrabschneider, letzte Ehre, auf dem Feld der Ehre, für Ehre und Vaterland, auf Ehre und Gewissen, Ehrenkreuz, Ehrenrettung, ehrenrührig, Ehrentag, Ehrenwort, ehrlich, ehrlos, ehrwürdig. (»Denk an deine Ehre, wenn du dich mit einem Mann einläßt, Doro!« – Heißt das, meine Ehre ist futsch, Mutti, falls mich Frieder küßt? Oder sonst was tut?)

»Doro«, sagt Harry, »was halten Sie von der Ehre?«

Der Schuft! Als ob er meine Gedanken gerochen hat!

»Also...«, sage ich und lege, was man nur bei Harry darf, ein Bein über den leeren Stuhl, auf dem bis gestern noch Sabine saß, »ich finde Ehre widerlich.«

Erika kichert. Sie kichert immer, wenn es nichts zu kichern gibt. Seit »Nesthäkchen«, glaube ich, hat sie kein Buch mehr richtig gelesen.

»Interessant, Doro«, sagt Harry und setzt sich auf meine Tischkante, »Sie finden Ehre also widerlich...«

»Na ja, vielleicht nicht total«, sage ich.

Wir sitzen uns jetzt gegenüber. Harry sitzt ein paar Zentimeter höher als ich. Es ist fast wie zu Hause am Eßtisch, wenn die Familie langsam in einen richtig schönen Streit trudelt. Denn Harry liegt schon hinter halbgeschlossenen Lidern auf der Lauer.

»Und Tellheims Ehre gegenüber Minna finden Sie natürlich auch widerlich, was, Doro?«

Nicht so schnell, Harry! Minna von Barnhelms Tellheim, der ganz geknickt ist, weil der Krieg ihn zum Krüppel gemacht und der Staat ihn aus seinen Diensten entlassen hat – dieser Tellheim muß natürlich so 'ne Art gekränkte Ehre haben! Eine, die aber meistens nichts nützt. Wie, zum Beispiel, bei den Kontrollen an den Zonengrenzen zwischen Berlin und Westdeutschland. Da pfeift doch jeder Vopo, der vielleicht gerade in diesem Augenblick Sabine filzt, auf unsere Ehre. Sabine und ihre Mutter sind nämlich doch nicht mit dem Zug gefahren, sondern mit dem Umzugswagen. Sabines Vater ist mit dem neuen Auto los. Ich möchte mal wissen, wie ehrenvoll der mit seiner Wut auf alles, was nach Kommunismus riecht, durch die Kontrollen gekommen ist!

»So, nu mal raus aus'm Auto und ausräumen! Na, was hamma den da? Ne Zeidung! Zeidungen aus West-Berlin dürfen nicht in die Deutsche Demogradische Republik eingeführt werden! Ooch nich durch, wissen Sä doch! Wissen Sä nich? Die Zeidung muß ich einbehalden...«

Danach das endlose Warten vor und in den Baracken, um die Straßengebühren und noch viel mehr zu bezahlen – nein, das ist nicht ehrenvoll! Eher ehrlos. Und das dauert, bis Sabine und ihre Mutter und ihr Vater endlich durch die letzte Kontrolle sind und die »Zyne«, wie manche die Zone nennen, hinter sich haben...

Willy Brandt, unser Präsident vom Berliner Abgeordnetenhaus, hat im Radio gesagt, daß zehn Jahre nach Kriegsende die Deutschen in Ost und West endlich wieder zusammengefügt werden müßten. Aber mein Vater hat dazu »kalter Kaffee« gesagt. Solange die Amis und Russen mit ihren immer schrecklicheren Waffen genug daran verdienten, daß sie gegeneinander sind, könnte »Willy« noch soviel von »zusammenfügen« quatschen – wir würden doch weiter an der Zonengrenze warten müssen, wo mein Vater meistens kurz vorm Platzen ist, weil solch ein Warten gegen seine Ehre geht. Um sich zu beruhigen, legt er sich dann meistens mit einem der Vopos an, und meine Mutter zittert sich halb tot. »Was ham Se eigentlich hinten in Ihrem Anhänger?« hat mal ein Vopo meinen Vater gefragt. »Ein U-Boot«, hat mein Vater geantwortet. »Ich sehe kein U-Boot«, hat der Vopo gesagt. Darauf mein Vater: »Dann tauchen Se doch mal!« An diesem Tag wurden wir aus der Endlos-Autoreihe rausgewinkt, und mein Vater mußte zur »Leib-Kontrolle«. Als er nach Stunden wiederkam, hat er ein bißchen kaputt gelacht: »Alles wie bei uns im Westen! Lauter Bonzen und Bürokraten!«

»Bloß nicht hetzen, Doro«, murmelt Harry und senkt seine Augenlider bis zum Anschlag, »wir warten gern bis heute abend auf Ihre Antwort.«

»Die Ehre«, sage ich erschrocken und nehme mein

Bein von Sabines ehemaligem Stuhl, »ist was ganz Persönliches. Ehre hat nichts mit Reichtum oder so zu tun, wie Tellheim glaubt. Jeder hat seine eigene Ehre – oder auch nicht.«

Harry lüpft überrascht die Lider: »Und das heißt? Bezogen auf Minna von Barnhelm, Doro?«

Es klingelt.

Sofort reißt Karla, die vorn sitzt, die Tür auf, damit es im Klassenzimmer kühler wird.

»Ruhe!« ruft Harry. »Machen Sie die Tür wieder zu, Karla! Wir sind noch nicht mit der Stunde fertig!«

Er erhebt sich von meiner Tischkante und grinst sein altes, müdes Harry-Grinsen: »Schreiben Sie mir bitte einen kleinen Aufsatz, meine Damen, Thema: Minna von Barnhelm und die Ehre! – Erika… haben Sie was gesagt?«

»Wir haben doch schon so viel auf!« jammert Erika und wirft Harry Schmachtblicke zu.

»Und morgen schreiben wir auch noch Mathe!«

Nicht unklug von Erika. Harry ist mit unserem Mathelehrer dick befreundet, der mich »rätselhaft« findet, weil ich bei Freund Harry in Deutsch eine Menge und bei ihm in Mathe fast gar nichts weiß. Dafür lese ich zur Zeit in Mathe heimlich unterm Tisch Hemingways »In einem anderen Land«…

»Ihr habt genug Zeit für Minnas Ehre, Herrschaften«, sagt Harry, während er vorn am Lehrertisch seine Tasche packt. »Ihr habt sogar Zeit bis Montag. Die nächste Deutschstunde fällt aus. Ich will meine Frau von der Klinik abholen. Wir haben ein Mädchen.«

Er geht zur Tür und grinst, als ob er sich wirklich freut.

»Meine Damen – habe die Ehre!«

XXVI

Der kürzeste Weg zwischen zwei Punkten ist die Gerade. Der kürzeste Weg zwischen unserem Haus und der Straße, wo mein Opa jetzt ohne meine Oma lebt, ist der Tempelhofer Damm.

Über die Mussehlstraße, an der Kirche vorbei, durch den Sowiesoweg, in dem Frieder im Pfarrhaus wohnt, das wäre ein Umweg.

»Fahr den Te-Damm hoch, bitte, Doro!« sagt meine Mutter mit ihrer schrecklichen Höflichkeit. »Da ist ein Radweg. Ich hab' immer Angst bei den vielen Autos! Und paß auf, daß dir nicht die Sülze vom Gepäckträger fällt! Am besten, wir binden die Schüssel mit Strippe fest...«

»Ich will mit zu Opa!« nölt Ebbe.

»Nur wenn Doro mit der Straßenbahn fährt!«

Es ist später Freitagnachmittag. Meine Mutter rührt am Küchenherd Kartoffelsuppe für morgen mittag an. Neben dem Topf steht die ausgekratzte Butterdose. Mit heißem Wasser gefüllt. Das Wasser mit den sechs oder sieben Fettaugen vom Butterrest wird später zur Suppe gekippt. Nichts darf umkommen bei uns!

»Ich fahre mit dem Rad«, sage ich und grinse Hilde an, die am Küchentisch sitzt und Pfefferminztee trinkt. Sie hat Lockenwickler in ihren graugelben Haaren, weil sie nachher ihren Bruder am Prenzlauer Berg im Ostsektor besuchen will.

Hilde grinst nicht zurück.

»Dann mache ich dir auch das Buch unter deiner Matratze kaputt!« schreit mein Bruder.

»Kinder«, sagt meine Mutter und kippt das Butterwasser in die Suppe, »nehmt, bitte, ein bißchen Rücksicht auf mich!«

Sie sieht wirklich kaputt aus, obwohl sie heute nicht so lange wie sonst im Redaktionssekretariat von Onkel Paules Zeitung gearbeitet hat. Onkel Paule hat seine Schwester nämlich mit einer Schüssel Schweinskopfsülze nach Hause geschickt. Die Sülze stammt von einer Leserin: »Als kleiner Dank«, weil Onkel Paule so »knackig« gegen die hohen Fleischpreise geschrieben hätte. Aber mein Vater sagt, Onkel Paule hätte nur als linker Spinner geschrieben, der nicht kapiere, daß nicht die Fleischer für die hohen Preise verantwortlich seien, sondern die Berliner Insel-Lage mit den teuren Transportgebühren durch die Zone. Aber die Sülze fand mein Vater, als er vorhin kurz mal aus dem Büro von der anderen Seite unseres Hauses rüberkam, trotzdem toll. Fast so toll wie früher die von meiner Oma und bestimmt auch besser als die »Schnitzel«, die's bei uns am Sonntag gab: Kuheuter, in Scheiben geschnitten und paniert. So was bekam sonst bloß unsere Katze. Unpaniert.

Jedenfalls soll ich jetzt die Hälfte der Sülze, die fast wie die früher von meiner Oma schmeckt, zu meinem Opa bringen. Wahrscheinlich weil alle glauben, daß mein Opa am meisten die Sülze vermißt, seit meine Oma nicht mehr lebt.

»Was für ein Buch unter deiner Matratze«, fragt mich

meine Mutter, während sie den Topf mit der Sülze in mehrere Lagen von Onkel Paules Zeitung packt, »will dir Ebbe kaputtmachen, Doro?«

»Gar keins«, sage ich und gebe meinem Bruder einen Tritt, »ich habe überhaupt kein Buch unter meiner Matratze.«

Natürlich habe ich eins: ein Buch mit einem nackten Paar auf dem Einband. Karla hat den Roman mit dem Titel »Gier nach Liebe« in einer Kiste im Keller entdeckt, als sie Einmachkirschen holen mußte. In dem Roman wälzen sich dauernd nackte Männer und Frauen zwischen weißen Seidendecken und dunkelroten Samtvorhängen. Zuerst wurde mir ganz komisch, wenn ich las, wie »der Mann in die Frau eindrang« oder »die Frau vor Lust schrie, während ihre Brüste bebten«. Später gewöhnt man sich dran, und es wird ziemlich langweilig.

»Klar hat sie ein Buch!« schreit Ebbe und tritt mich zurück. »Eins, das kein Mensch sehen...«

Ich ersticke seine Worte mit einem Schlag, der aber leider nur seine Schulter streift, weil das Miststück hinter meine Mutter flüchten konnte.

»Aufhören!« ruft meine Mutter. »Benimm dich doch – bitte – nicht wie ein kleines Kind, Doro!«

Ich? Ich benehme mich wie ein kleines Kind? – Ebbe spürt, daß er im Vorteil ist, und streckt mir die Zunge raus.

»Bald siebzehn und spielt noch varrickt wie 'ne Horde Affen«, brabbelt Hilde und stellt ihre Teetasse ins Abwaschbecken. »Na, ick jeh denn mal, Chefin!«

»Ach, Hilde, wenn Sie vielleicht – bitte – noch den Mülleimer runterbringen könnten?«

»Den Mülleimer kann doch Doro... ick hab schon seit Mittag Feierabend!«

»Ich muß mein Rad tragen«, sage ich, »und die Sülze! Ebbe kann den Mülleimer ...«

»Gut«, sagt meine Mutter mit ihrer leisen, kleinen Stimme, mit der sie alles erreicht, »dann werde ich eben den Mülleimer runtertragen.«

»Natürlich«, sage ich, »trage *ich* den Mülleimer runter! Immer ich! Aber dann fahre ich zu Opa. Ohne Ebbe!«

»Doro soll mich mitnehmen! Ich will mit zu Opa!«

Er will nur mit, weil er als »Opas lieber Junge« vielleicht wieder Geld kriegt. »Omas liebes Mädchen« bekam nur Küßchen und den Strumpf für die Handarbeitsstunde fertiggestrickt. Kein Geld. Geld gibt's nur von Opa. Und deshalb werde ich nicht über den Tempelhofer Damm zu meinem Großvater fahren, sondern durch die Mussehlstraße, an der Kirche vorbei ...

»Doro fährt allein«, bestimmt meine Mutter und stellt die verpackte Schüssel mit der Sülze in eine Einkaufstasche. »Das wird sonst zu spät für dich, Ebbe!«

Bevor er wieder aufheulen kann und sie sich's anders überlegt, bin ich mit der Sülze ab durch die Küchentür.

»Nimm doch den Mülleimer mit!« höre ich meine Mutter schreien.

Ich hab' nichts gehört ...

XXVII

In den Schrebergärten an der Mussehlstraße gießen die Leute todernst ihre Beete.

»Vom richtigen Gießen«, sagt mein Opa, der seinen Garten in der Kolonie hinterm Tempelhofer Rathaus hat, »hängt die halbe Ernte ab. Erdbeeren brauchen mehr Wasser als Tomaten. Am besten ist Regenwasser.«

Aber es regnet nicht.

Es ist zu trocken für das Frühjahr, sagt Hilde. Dann wird der Sommer nichts. Hilde versteht was vom Wetter. Gewitter spürt sie schon zwei Stunden vorher im großen Zeh, und im Oderbruch, wo sie geboren ist, hat sie sogar schon eine Blitzleiche gesehen.

Die Geschichte von der Blitzleiche, die angekokelt auf einem abgemähten Feld lag, erzählt Hilde immer, wenn viel Abwasch ist. Für die Blitzleiche hilft selbst Ebbe ohne Geschrei beim Abtrocknen. Hilde erzählt die Geschichte jedesmal anders, obwohl sie bei dem Blitzschlag gar nicht dabei war. Sondern erst hinterher, als die Leiche – ein polnischer Landarbeiter – gefunden wurde. Wenn besonders viel Abwasch ist, sieht die Leiche besonders gräßlich aus.

Heute gibt es keine Spur von Blitz und Gewitter. Der Himmel ist klar, fast veilchenblau, weil die Sonne schon ziemlich tief über der kleinen Kirche hängt, in der wir montags weiter mit dem Vikar »Die Roggenfuhre« proben. Die Premiere ist jetzt auf den Herbst verschoben, weil das Stück gut in die Erntezeit paßt und der Vikar demnächst zum Seminar nach Westdeutschland muß. Außerdem ist der Pfarrer, Frieders Vater, gegen das Stück und gegen den Vikar. Der Vikar soll, sagt der Pfarrer – hat Frieder erzählt –, doch gleich zurück in die Zone, wo er herkommt, wenn er die Bergpredigt für »Urkommunismus« hält.

»Doro? Tag, Doro! Biste das wirklich?«

Mensch, wär' das komisch, wenn ich Frieder ausgerechnet vor dem Pfarrhaus treffen würde!

»Du mußt in die Höppnerstraße, Doro? Ja, warum fährste denn da nicht den Te-Damm hoch? Ist doch viel kürzer…«

Ich fahre nicht den Tempelhofer Damm hoch, weil ich dich treffen will, blöder Kerl! Weil ich hoffe, daß du nicht gerade mit Porte im Kino bist oder sonstwo! Nur deshalb zuckele ich hier auf meinem weinroten Jugendrad, das viel zu klein für meine langen Beine ist, über den Sandweg an der Laubenkolonie in der Mussehlstraße vorbei und tue so, als ob ich nicht merke, wie die Leute in den Gärten mich angaffen und auslachen, weil ich ständig nachgucken muß, ob die Tasche mit der Sülze noch auf dem Gepäckträger steht.

Nur ein paar Männer mit offenen Hemden oder Hosenträgern über der nackten Brust, die unter abgeblühten Obstbäumen sitzen und Zeitung lesen, gaffen nicht. Sie lesen wahrscheinlich, was auch in Onkel Paules Zeitung steht: »Viererkonferenz im Berliner Kontrollrat ohne Ergebnis«.

Damit, hat Onkel Paule in seinem Kommentar geschrieben, wäre der Schlußpunkt unter die Bemühungen um Wiedervereinigung nach dem Volksaufstand am 17. Juni 1953 in Ost-Berlin gesetzt und der Kalte Krieg zementiert. Meine Mutter hat gesagt, das gibt bestimmt wieder Ärger, wenn der Muff, Onkel Paules Chefredakteur, aus dem Urlaub zurück ist. Aber ich habe von Onkel Paules Kommentar sowieso nur die Hälfte kapiert. Nachts im Bett, wenn ich nicht einschlafen kann, denke ich, man müßte sich einfach in den RIAS schmuggeln und dann aus allen Radios rufen: »Ich will keinen Krieg! Keinen heißen und keinen kalten! Überhaupt keinen! Kapiert das endlich!« Und alle wären baff, daß endlich jemand sagt, was jeder denkt…

Nur Frieder würde vielleicht wieder gähnen und sagen: »Spinnst du, Doro! – Außerdem muß ich gleich weg, jemand von der Arbeit abholen. Du weißt schon, wen!«

Es ist ungerecht, daß ich solch eine Wut auf Porte habe. Porte darf nicht mehr zur Schule gehen, weil ihr Vater im Krieg gefallen ist und ihre Mutter bei der Kripo reine macht. Porte geht's schlecht und mir geht's gut – auch wenn mein Vater demnächst pleite gehen sollte. Aber Porte hat Frieder.

Auf der breiten Treppe vor der Kirche sitzt jemand, der aufspringt, als er mich heranradeln sieht.

»Wo warste denn gestern, Doro? Wir wollten doch ins Kino! Ich hab' ewig auf dich vorm ›Rivoli‹ gewartet!«

Der Hornbebrillte und leider nicht Frieder. Aber interessant: Vorm »Rivoli« in der Bergmannstraße hat er gewartet! Und ich stand vorm »Korso«. Am Flughafen. Auf jeden Fall glaubt er, daß ich ihn versetzt habe. Ist ja dufte!

»Ich durfte nicht«, sage ich. »Ich mußte mein Zimmer aufräumen.«

Das ist keine richtige Lüge. Mein Zimmer sieht immer so aus, als ob ich es aufräumen müßte.

»Und du hast ja wohl leider kein Telefon«, sage ich, als ob es mir wirklich leid tut. Denn der Hornbebrillte, bei dem's mit der Lehrstelle in Hannover noch immer nicht geklappt hat, ist zwar beinahe doof – aber wenn er mich küßt, kann ich mir einbilden, daß mich ein anderer küßt.

»Wo willste denn hin mit dem Rad und der Tasche?« fragt mich der Hornbebrillte und fummelt an meinem Gepäckträger rum.

»Ich bring' was zu meinem Opa.«

Von der Sülze sage ich nichts – »Opa« ist ja schon blöde genug. Gott sei Dank hat der Hornbebrillte sein Rad nicht dabei, weil er mich sonst »ja sooo gern« begleiten würde.

»Aber du kommst doch nächste Woche zum Laienspiel?« ruft er mir hinterher.

Natürlich komme ich, aber nicht, weil der Hornbebrillte kommt.

XXVIII

In Frieders Straße blüht schon der Rotdorn. Kleine Büschel mit rosaroten Blüten zwischen dunkelgrünen Blättern. Ich liebe Rotdorn. Aber man darf ihn nicht lieben. Mein Großvater sagt, blühender Rotdorn stinkt, wenn man die Zweige vom Baum abreißt und in die Vase stellt.

Doch vor dem Pfarrhaus wächst kein Rotdorn, sondern eine Kastanie, die mit ihren großen Blättern plump und feierlich aussieht wie der Pfarrer. Das Haus, in dem Frieder wohnt, ist breiter, aber genauso ockerfarben verputzt wie die Nachbarhäuser. Die Leute, die hier leben, nennen ihre Gegend noch immer »Siedlung«, obwohl es schon über dreißig Jahre her ist, seitdem die ockerfarbenen Häuser gebaut worden sind. Für Familien, hat Frieder erzählt, mit wenig Geld. Im Krieg schlugen hier, trotz der Nähe des Flughafens, auch weniger Bomben als beabsichtigt ein. Das war, hat Frieder gesagt, gerecht.

Die Tür zum Pfarrhaus steht offen. Von innen zetert eine Frauenstimme, wie auch meine Mutter zetert, wenn sie fuchtig ist. Neben der Haustür steht eine dieser alten, weißen Holzbänke, die ich »tempelhoferisch« nenne. Natürlich hat mein Großvater genau so eine alte, weiße Bank in seinem Schrebergarten. Zu solchen Bänken, finde ich, passen große, dünne Frauen mit kleinen, goldenen Brillen und kurzen, gewellten Haaren und gelben Bernsteinketten um den Hals.

Meine Großmutter trug zu ihrer gelben Kette immer ihre graue »Jorrjett«-Bluse, und wenn ich nach Hause mußte, hat sie meinen Kopf an die Bluse und die dicken Perlen gedrückt und gesagt: »Auf Wiedersehen, mein Herz!« Das klang so richtig tempelhoferisch. Dabei kam meine Oma aus Stade.

Aber auf der Bank vor dem Pfarrhaus sitzt keine große, dünne Frau. Ein Typ steht davor und wendet mir den Rücken zu.

Ich drücke auf meine Fahrradklingel, und der Typ fährt herum:

»Doro?«

Frieders helle Augen sind vor Überraschung gar nicht gelangweilt. Statt seiner Hand hält er mir einen schwarzen Männerschuh und eine Bürste entgegen:

»Was machst d u denn hier, Tarnkappe?«

Ich steige vom Rad und hasse ihn, weil er mich wie damals beim Schulfasching, als ich die doofe Sonne auf dem Kopf trug, wieder »Tarnkappe« nennt. Aber ich bin nicht mehr so doof wie damals. Ich habe im Lexikon nachgeguckt und mich erinnert, wer eine Tarnkappe trug: Siegfried in der Nibelungensage. Unter der Tarnkappe hat Siegfried mit Kriemhild gekämpft und konnte sie besiegen, weil er unsichtbar war. Kriemhild aber, die dachte, Siegfried wäre Gunter, hat Gunter geheiratet. Erst als ihr langsam dämmerte, daß Siegfried unter der Tarnkappe gesteckt hatte, wurde sie total nervös und...

»Du mußt mal genau hingucken«, sage ich zu Frieder, »vielleicht stecke gar nicht ich, sondern eine andere unter der Tarnkappe!«

»Sondern?«

Porte – möchte ich sagen. Und daß Porte vielleicht auch nicht Porte ist, sondern eigentlich doch Doro, weil ja Frieder und Doro … Mensch, Doro, hör auf mit dem Quatsch!

»Na«, sage ich, gemeiner als ich will, »mußt wohl die Schuhe von deinem Vater putzen?«

Er vergißt die Tarnkappe und grinst ertappt: »Ich putze leidenschaftlich gern Schuhe!«

»Auch die vom Pfarrer?«

Er kann seinen Vater nicht ausstehen, das weiß ich doch.

Schon fährt er mit der Bürste über den Männerschuh und spuckt aufs Leder.

»Die vom Pfarrer … die putze ich mit Rattengift.«

Er macht kalte Augen und lauscht auf die zeternde Frauenstimme im Haus.

»So was kannste doch nicht sagen«, sage ich prompt, »wenn dich jemand hört, zum Beispiel deine Mutter!«

»Na und?«

»Außerdem habe ich mich von deinem Vater einsegnen lassen …«

»Wegen den Geschenken, Tarnkappe! Nur wegen den Geschenken haste dich von meinem Alten einsegnen lassen!«

Er spuckt erneut auf den Schuh des Pfarrers und fährt mit der Bürste rüber.

»Wegen d e r Geschenke, Frieder! Genitiv!«

»Von mir aus.«

Er kommt mit der Bürste ans Kinn, was einen schwarzen Schuhcremestrich hinterläßt.

»Wo willste überhaupt hin mit der Einkaufstasche auf dem Gepäckträger, Tarnkappe?«

»Zu jemand, den du nicht kennst.«

Es paßt schon wieder nicht, daß ich zu meinem Opa will. Auch die Sülze paßt nicht.

»Wir sollten vielleicht mal zusammen ins Kino, Doro«, sagt Frieder unvermittelt und faßt an meinen Lenker. »Im ›Marabu‹ läuft der neue Film mit John Wayne...«

»Du kannst doch nicht einfach mit mir...«

Ich spreche nicht weiter, weil ich nicht will, daß er etwas nicht kann mit mir.

»Was kann ich nicht mit dir?«

»Ich dachte... na, ich dachte, Porte ist doch deine Freundin?«

»Und deshalb können wir nicht zusammen ins Kino?« Grinsend läßt er meinen Lenker los.

Natürlich können wir, möchte ich sagen. Aber ich sage schon wieder nichts. Als meine Eltern noch nicht verheiratet waren, hat eine Freundin meiner Mutter versucht, sich an meinen Vater ranzuschmeißen. »So was nennt man Verrat«, sagt meine Mutter bis heute. Und mit der Freundin hat sie damals sofort Schluß gemacht.

»Nein«, sage ich, »deshalb können wir nicht zusammen ins Kino gehen.«

»Und wenn Porte nicht mehr meine Freundin ist?«

»Ist sie denn nicht mehr deine Freundin?«

»Ist sie's, oder ist sie's nicht? Ach, die dumme kleine Tarnkappe!«

Das geht zu weit. Ich will auf ihn los, ihm die kalten, lachenden Augen auskratzen. Aber dann würde mein Fahrrad umstürzen und die Sülze auch. Ich steige auf mein Rad und fahre davon.

»Tschüs!« ruft mir Frieder nach. »Tschüs, Tarnkappe!«

XXIX

Hinterher weiß man ja immer ganz genau, was man hätte sagen sollen. Zum Beispiel: »Klar könnten wir zusammen ins Kino, Frieder! Ich hab' nur schon so viele Verabredungen, weißte...«

Nein, das wäre zu dicke! Ich hätte einfach gähnen sollen wie er: »Mal sehen... falls ich irgendwann Zeit habe...«

Gott, würde ich gern mit Frieder ins Kino gehen! John Wayne wäre nicht schlecht, obwohl ich Marlon Brando besser finde. Männlicher. Wie Clark Gable als Rhett Butler in »Vom Winde verweht«. Aber im »Marabu« in der Bergmannstraße ist eigentlich ganz egal, was für ein Film läuft. Weil man ins »Marabu« nur geht, um zu knutschen oder um Schweißhändchen zu halten. »Flohkiste für Sesselpuper« nennt mein Vater das kleine Kino, in dem er selbst schon als »Jüngling« geknutscht hat. Und bestimmt nicht nur mit meiner Mutter.

Nachmittags sitzen meistens nicht mehr als zwei oder drei Knutsch-Pärchen im »Marabu«, und Frieder würde vielleicht auch meine Hand nehmen oder den Arm um mich legen und meinen Kopf zu sich hin drehen...

Mensch, jetzt bin ich zu weit gefahren! Genau vorbei am Haus, in dem mein Großvater wohnt. In diesem Teil der »Siedlung« sind die Häuser höher, dreistöckig, mit überdachten, dunklen Balkonen davor. Nur die Fassaden sind genauso ockerfarben verputzt wie das Pfarrhaus. Aber manche Häuser haben hier Einschüsse vom Krieg, einige sind sogar Ruinen.

»Na, Dorochen, mal wieder bei Opan?«

Die »Portjesche« liegt neugierig und starkbusig parterre rechts im Fenster.

»Ja«, sage ich. Was soll ich sonst sagen?

Im Treppenhaus hängt wie immer der Geruch von dreimal aufgekochtem Eintopf. Ich hasse Eintopf. Riecht wie olle, eingeweichte Strümpfe. In den Flurfenstern stehen Blumentöpfe mit langen, staubigen grün-weißen Blättern. Hinter den schlecht geputzten Scheiben sieht man Gärten und gleich danach die Schienen der S-Bahn.

Mein Großvater wohnt im dritten Stock. Links: Siebler. Das Messingschild mit dem Namen blinkt neben der hellgrün gestrichenen Tür. Tritt die Füße ab, Doro, mein Herz! Damit Oma nicht umsonst saubergemacht hat...

»Was bringst du denn Schönes, Doro?«

»Sülze, Opa.«

Mein Großvater wirkt komisch verlegen, während ich die Sülze in der Küche auspacke.

»Von Onkel Paule«, sage ich, »und sie schmeckt fast wie die von Oma, soll ich dir von deinem Sohn bestellen.«

»Dann wollen wir doch gleich mal kosten«, sagt mein Großvater hastig und geht mit dem Zeigefinger in die Sülze. So was würde er sonst nie tun – selbst als pensionierter Buchhalter ist er noch ein wahnsinnig korrekter Mann.

Die Wohnzimmertür geht auf.

»Ach, Doro... wie nett!«

Die Mußen. Mit einer Stimme wie ein Fahrstuhl, der bei meinem Anblick runterfährt.

»Wir essen gerade Abendbrot, dein Opa und ich. Willste mitessen?«

Die Mußen heißt eigentlich Müllermuß. Frau Müllermuß hat manchmal bei meinen Großeltern im Haushalt geholfen und die ganze letzte Zeit, als es meiner Oma schon ziemlich schlecht ging, sogar in dem kleinen Zimmer neben dem Klo gewohnt. Heute abend sieht die Mußen nicht so aus, als ob sie im Haushalt geholfen hat: im engen, weinroten Rollkragenpulli und mit einer nagelneuen Hochsteckfrisur. Die Mußen ist mindestens zwanzig Jahre jünger als mein Opa und wirkt, wie meine Oma gesagt hätte, »mopsfidel«.

»Nun komm schon rein, Doro!« zwitschert die Mußen, weil ich nicht antworte, und nimmt mir die Sülze ab. Auf dem Abendbrottisch im Wohnzimmer stehen Weingläser und eine angebrochene Flasche »Oppenheimer Krötenbrunn«. Das kann ich ohne Brille erkennen, weil ich die Flasche und das Etikett von zu Hause kenne. »Oppenheimer Krötenbrunn« gibt es bei uns nur zu Weihnachten oder zu Erwachsenengeburtstagen.

»Haste Geburtstag, Mußen?« frage ich, obwohl ich genau weiß, daß sie erst im September Geburtstag hat.

»Erst September«, sagt die Mußen, ohne rot zu werden, und gießt sich und meinem Opa frischen Wein in die Gläser. Da frage ich lieber nicht mehr weiter. Soll sie doch mit meinem Großvater Wein trinken, wann sie will! Meine Mutter kriegt natürlich die Motten, wenn ich ihr erzähle, daß ihr Vater und die Mußen an einem ganz normalen Wochentag miteinander Wein getrunken haben…

»Pikant!« flötet die Mußen, nachdem sie ein Pipselchen

von der Sülze gekostet hat, »meinste ... meinen Sie nicht auch, Herr Siebler?«

»Ja, sehr ordentlich«, sagt mein Großvater und sieht die Mußen ausdauernd an. Die Sülze, glaube ich, ist ihm ganz egal.

»Arbeitest du denn wieder hier, Mußen?« frage ich.

»Vorübergehend«, sagt mein Großvater. »Bis Frau Müllermuß eine neue Stelle gefunden hat.«

Er schwindelt. Die Mußen findet doch sofort eine neue Stellung. Trotz der Arbeitslosigkeit im Westsektor. Weil die Mußen tüchtig und lustig ist und ihr Sohn, der keinen Vater hat und deshalb bei Mußens Mutter in Spandau lebt, auch keinen Menschen stört.

»Haste Durst?« fragt mich die Mußen.

»Ja«, sage ich und gucke gierig die Weinflasche an.

»In der Speisekammer ist Kirschsaft«, sagt mein Opa. Meistens liebe ich ja seinen Saft, der von den Schattenmorellen aus dem Schrebergarten hinterm Rathaus Tempelhof stammt. Aber heute macht mich sein Saft zum Kind. Arme, kleine Tarnkappe ...

»Eigentlich habe ich doch keinen Durst«, sage ich. »Außerdem muß ich gleich wieder weg.«

Weil kein Protest kommt (meine Großmutter hätte sofort protestiert), stehe ich auf und stoße gegen das klotzige, dunkle Büffet mit den geschnitzten Rosen an den Türen, das viel zu groß für das kleine Wohnzimmer ist. Vor dem Aufsatz, in dem die Kristallgläser und Römer klirren, wenn die S-Bahn vorbeifährt, stapeln sich dicke Hefte mit bunten Bildern auf den Einbänden, die wie Witze gezeichnet sind. Solche Hefte habe ich in der Wohnung meiner Großeltern noch nie gesehen. Im Herrenzimmer, dem größten Raum der Wohnung, stehen im

Glasschrank die Werke von Goethe, Schiller, Hauff und Gustav Freytag in mattblauen und dunkelroten Einbänden mit goldenen Buchstaben. Die passen zu meinem Großvater, wenn er dort drei- oder viermal im Jahr nach dem Essen eine seiner dicken Zigarren raucht und Zeitung liest. Dann sitzt er im Lehnstuhl hinter dem leeren Schreibtisch oder in einem der lindgrün bezogenen Sessel, und wenn sich genug Asche vor der Zigarre gebildet hat, schnippt er sie ab in den schwarzen Aschbecher mit dem langen Silberbein und dem Knauf, auf den mein Bruder Ebbe und ich so gern drücken, weil sich dann die beiden Silberscheiben öffnen und die Asche unter sich begraben.

»Wer liest denn so was?« frage ich und halte eines der dicken, bunten Hefte auf dem Buffet hoch.

»Das liest sich lustig«, sagt mein Opa. »Hat Frau Müllermuß mitgebracht. Wenn du willst, kannst du dir eins von den Büchern borgen!«

Bücher! Hat mein Großvater vergessen, was Bücher sind?

»Dein Opa«, platzt die Mußen raus, »will sich demnächst vielleicht 'n Fernseher kaufen!«

Ich bin platt.

»Was für 'n Ding?«

»Wie Kino«, sagt die Mußen, »aber zu Hause.«

»Ich geh' lieber ins Kino«, sage ich.

Nur ein Mädchen in meiner Klasse hat einen Fernsehapparat. Aber das Bild ist dauernd weg, sagt sie, oder unscharf. Ich glaube, Fernsehen – das setzt sich nicht durch.

»Frau Müllermuß«, erklärt mein Opa, »kennt nämlich einen Radiohändler…«

Er verstummt, weil er mir nichts erklären muß und weil draußen die S-Bahn vorbeirattert und die Gläser im Büffetaufsatz klirren.

»Der Radio-Schorsch in Steglitz«, schreit die Mußen, »der versteht was vom Fernsehen!«

Ich kapiere nicht, warum sie mir das alles so genau erzählen. Heute ist ein verkorkster Tag. Auch mein Gequatsche mit Frieder war verkorkst. Ich quetsche mich am Buffet vorbei, rüber zur Chaiselongue, auf der meine Großmutter ihr Mittagsschläfchen schnurchelte, als sie noch lebte. Darüber hängt das kleine Bild an der Wand, das ich so geheimnisvoll fand, als ich jünger war. Das Bild ist eine richtige, winzige Puppenstube mit richtigen, geschnitzten Puppen-Bauernmöbeln drin. Die Tür zur Stube ist einen Spalt geöffnet, so daß man denken könnte: Jeden Augenblick muß jemand reinkommen in das Zauberzimmer...

»Gruß aus Südtirol« steht unten auf dem Rahmen. Das Puppenstuben-Bild ist ein Andenken von der Hochzeitsreise meiner Großeltern. Schon deshalb habe ich's nie gekriegt.

Ich tippe mit dem Finger an die geschnitzten Möbel. Auf dem winzigen Tisch liegt Staub. Tausend Jahre ist das her, seit meine Oma und mein Opa auf Hochzeitsreise waren, tausend Jahre und der heutige Tag.

XXX

Karlas Neger ist nackt und steht in einem Boot. Er ist nackt bis zu der Stelle, an der das Foto endet. Natürlich endet es genau dort, wo es interessant wird.

»Caesar«, liest Karla, »ad Portum Itium cum legionibus pervenit… Caesar kam mit den Soldaten zum Stadttor von Itium… ibi cognoscit… wo er… Mensch, jetzt bist du aber mal dran, Erika!«

»Doro ist dran«, malmt Erika. Sie malmt auf einem Kaugummi rum.

»Doro, du bist dran! – Doro?!«

»Karnowski«, sage ich, »schreibt morgen sowieso kein Latein bei der Hitze.«

Es sind mindestens dreißig Grad in Karlas sogenannter Bude, die durch den vorgerückten Schrank im Elternschlafzimmer entstanden ist. Man kommt halb um vor Wärme, selbst wenn man, wie ich, auf dem Brett im offenen Fenster sitzt. Unten schleichen die Leute wie Schlafwandler über den Attilaplatz. Eine Frau hat ihren Regenschirm gegen die Sonne aufgespannt.

»Bestimmt haben wir morgen hitzefrei«, sage ich und schiele wieder zu dem nackten Neger, den Karla aus einer Illustrierten ausgeschnitten und an die schmale Innenseite zwischen die Doppelfenster geklebt hat. So können nur sie oder ihre italienische Mutter (beim Fensterputzen?) den Neger sehen. Aber vielleicht muß Karla die Fenster selber putzen. In ihrer Bude hinter dem Kleiderschrank, den ihr Vater so weit vorgeschoben hat, daß Platz für Bett, Tisch, Stuhl und ein großes, altes Radio auf dem Fußboden geworden ist.

»Natürlich schreiben wir morgen Latein«, sagt Karla und schüttelt ihre neuen kurzen Haare, die ihr blaßbraunes Gesicht mit den dunklen Augen noch erwachsener machen, »Karnowski, der Schuft, schreibt jedesmal kurz vor den Sommerferien!«

Daß Karla Karnowski »Schuft« nennt, ist aus ihrer Sicht übertrieben. Ihr kann die Lateinarbeit doch sowieso nichts. Karla ist prima in Latein, schon weil sie mit ihrer Mutter dauernd Italienisch quatscht, was Karnowski für die Fortsetzung von Latein hält. Mir ist das zwar unklar mit der Fortsetzung, weil sich Italienisch wie jammern und jubeln und Latein wie hüsteln und meckern anhört – aber ich stehe ja auch fast »Fünf« in Latein. Wie in Mathe. Da stehe ich allerdings klar »Fünf«. Ich hasse Latein und Mathe, weil man da dauernd Regeln lernen muß, um was zu kapieren. Regeln sind wie Befehle: Nur wer sie auswendig kann und sie befolgt, bei dem flutscht alles wie geschmiert. Die Zahlen kriegen einen Sinn, genauso wie die lateinischen Satzkonstruktionen, in denen das wichtigste Wort immer total versteckt oder irgendwo am Schluß steht. Karla sagt, das wäre doch »alles logisch«. Ich weiß, wenn ich wollte, käme ich auch hinter die »Logik« von Mathe und Latein. Aber ich will nicht.

»Quatsch, daß wir Caesar übersetzen«, sagt Erika. »Wir schreiben sowieso Catull oder Ovid. Am besten, ich kauf' mir 'ne Klatsche und schreibe ab.«

Sie liegt Kaugummi malmend auf Karlas geblümter Bettdecke und protzt mit ihren braungebrannten, etwas zu kurzen Beinen unterm bis zu den weißen Schlüpfern hochgerutschten Karorock. Durch ihren enganliegenden rosa Pulli kann man ihren BH mit den gepolsterten Schalen erkennen. Auch er ist leicht verrutscht.

»Los, Doro«, sagt Karla, »entweder du übersetzt jetzt – oder wir hören auf!«

»Au ja!« schreit Erika. »Aufhören!« Sie robbt sich zu Karlas Radio auf dem Fußboden, das immer Ewigkeiten braucht, bis es lostönt. »Gleich kommt ›Frolic‹! Ich muß doch meinen Djorji hören!«

»Djorji« heißt richtig George Hudak. Meine halbe Klasse kriecht ins Radio, wenn er nachmittags um fünf im amerikanischen Soldatensender A.F.N. die Musiksendung »Frolic at five« ansagt: »This is A.F.N.... the American Forces Network! This is A.F.N. Berlin!«

»Djorji« sagt »Börlin« statt Berlin – und das mit einem Triumphgeheul, das uns gefällt. Sonst geht mir persönlich allerdings »Djorjis« pausenloses Gesülze – »let's make music – music in the air!« –, das sich immer anhört, als ob alles, aber auch wirklich alles, in Butter wäre, leicht auf den Keks. Ich lese lieber, aber das sage ich nicht. Denn wer nicht wenigstens drei Songs von der amerikanischen Hitparade auswendig mitsingen kann und nicht glasig guckt, wenn Les Paul, Mary Ford, Perry Como oder so ein neuer Typ, der Elvis Presley heißt, röhrt, ist total von gestern.

»Rechts«, sagt Karla zu Erika, »ganz rechts ist A.F.N.«

Erika nuddelt an Karlas Radio weiter nach rechts, bis sich zwischen Heulen und Rattern ein Nachrichtensprecher durchsetzt.

»...daß die Fortsetzung der Frontstadt-Politik West-Berlins, eine gegen das Herz der Deutschen Demokratischen Republik gerichtete Lanzenspitze...«

»Dreh weiter!« kreischt Karla, »ich kann diese Zonenheinis nicht hören!«

»Klingt doch sexy«, sagt Erika und dreht weiter. »So männlich!«

Der nackte Neger auf Karlas Illustriertenfoto zwischen den Doppelfenstern ist männlicher. Nicht sexy. Sexy sind blondgefärbte Frauen mit dicken, spitzen Brüsten. Der Neger hat einen männlichen Körper wie Karlas Freund Ralf. Seine dunkle Haut glänzt. Wahrscheinlich schwitzt der Neger in der afrikanischen Sonne. Unterhalb seines Bauches scheint er besonders zu schwitzen. Ich würde zu gern sehen, wie es unterhalb des Fotos weitergeht: schlabbrig wie bei meinem Vater, wenn er morgens nackt ins Badezimmer rast? Oder knackig wie bei Michelangelos »David«-Skulptur, die uns die Orsinska, unsere Zeichenlehrerin, die selber bildhauert, in einem Kunstbuch gezeigt hat?

»...zur Normalisierung der Lage«, quasselt die Stimme des Zonen-Nachrichtensprechers wieder aus Karlas Radio, »schlägt die Regierung der Deutschen Demokratischen Republik Gespräche zwischen Vertretern beider Seiten...«

»Das war mein Padre, der Schuft«, sagt Karla, die ihren Vater »Padre« nennt, und rollt ihre dunklen italienischen Augen, »mein Padre hat mir wieder den A.F.N. verstellt!«

»Meine Mutter ist auch total gegen A.F.N.«, mault Erika und zieht den Kaugummi zu einer Endlos-Strippe aus ihren hellrosa bemalten Lippen.

»A.F.N. ist Negermusik, sagt meine Mutter. Und dabei

ist Djorji gar kein Neger! Ach, ich sterbe, wenn ich jetzt nicht meinen Djorji hören kann!«

»Warum heiratest du ihn denn nicht gleich, deinen Djorji!« sage ich.

»Wenn er mich nehmen würde«, sie schmeißt einen Schmachtblick, »sofort!«

Sie rollt die Kaugummistrippe wieder zu einer Kugel und sieht sie nachdenklich an. Erika ist ganz verrückt aufs Heiraten, vielleicht weil ihre Eltern schon so lange geschieden sind. Erikas Vater lebt neu verheiratet als Möbelhändler in Siegen und ihre Mutter allein mit einem Brillengroßhandel in Britz.

»Ich heirate frühestens mit dreißig«, sage ich und spüre den Blick des Negers, »wenn überhaupt. Ich bin doch nicht blöd, krieg' tausend Kinder und steh' nur noch in der Küche rum!«

»Du weißt eben nicht, was Liebe ist, Doro!«

Erika macht ein Gesicht, als ob sie es weiß. »Du bist zu kalt. Sagt doch jeder.«

»Wer sagt das?«

Sie kichert.

»Einfach jeder. Porte, Frieder... Eiskalt bist du. Überhaupt keine Frau!«

»Zankt euch nicht«, stöhnt Karla, die inzwischen selber am Radio dreht. »Sagt mir lieber, wo der blöde A.F.N. ist!«

»Du hast doch Frieder überhaupt nicht gesehen«, sage ich zu Erika.

»Frieder u n d Porte, meinste wohl!«

Sie stopft sich ihren Kaugummi erneut in ihre Quasselklappe.

»Und wann – wann hast du Frieder und Porte gesehen?«

Ich könnte Erika erwürgen. Nein, ich kann es!

»Sonnabend. In der ›Schale‹.«

»In was für 'ner Schale?«

»In der ›Eierschale‹! Gott, Doro, tu doch nicht so blöd! In dem Jazzkeller am Breitenbachplatz!«

»Und da war Frieder? Mit Porte? Und Frieder hat gesagt, daß ich eiskalt...«

»Frieder *oder* Porte... Mensch, ist doch egal, Doro! Porte hatte übrigens ein tolles neues Kleid an. Von ihrem ersten Selbstverdienten. Gelb mit schwarzen Punkten und drei Petticoats drunter. Und ich hab' einen Jungen kennengelernt! Einen ganz tollen Jungen! Kevin! Einen Ami. Und am Wochenende, wenn wir Ferien haben...«

»Ich will wissen, wer genau gesagt hat, daß ich eiskalt...«

»Memories are...« Dean Martin. Butterweich. Er singt, wie George Hudak quatscht.

»Memories are made of this...« Karla hat endlich den A.F.N. in ihrem Radio gefunden.

»Kommt, wir tanzen!« ruft Karla.

»Och, bei der Hitze?«

Aber Karla hat Erika schon vom Bett hochgezerrt. Ihre nackten Füße in den dunkelroten Sandalen, die an den Fesseln geschnürt sind, hüpfen wild, obwohl kaum Platz zum Tanzen ist.

Erika holt den Kaugummi endgültig aus dem Mund und klebt ihn im Vorbeitanzen an den Kleiderschrank. Sie ist zwar zu dusselig zum Zanken, aber beim Tanzen läßt sie sich prima führen.

»Wenn Sie sich nur mal führen lassen würden, Doro!« hat der naßgekämmte Tanzlehrer gejammert, als ich beim Vortanzen in der Tanzstunde dauernd zwischen seinen Füßen klemmte. »Dann ginge das mit dem Tanzen von ganz allein!«

Es ging eben nicht, aber ich war platt, wie toll er den Konjunktiv anwenden konnte.

»Memories are...«, grölen Karla und Erika mit Dean Martin, »...made of this!«

Bei jedem »this« streckt Erika ihr Kinn raus. Sie klebt an Karla und bewegt sich wunderbar richtig mit ihr.

Längst haben beide vergessen, daß ich noch auf dem Fensterbrett sitze. Erika läßt sich drehen und wirft Schmachtblicke zu irgendwelchen Männern, die bloß sie selber sieht.

Dafür hat Karla ihre Augen mit den gebogenen schwarzen Wimpern fest geschlossen. Nur ihr Mund steht offen, als ob er was sagen wolle.

Ich glaube, Karla tanzt gar nicht mit Erika. Sie tanzt mit dem Neger.

XXXI

Siebzehn, senkrecht... deutscher Fußballer... vier Buchstaben! Der vierte Buchstabe ist ein »n«. Rahn?

Guck nicht hoch, Doro! Auch wenn es kitzelt, wie dich die beiden Jungs anglotzen.

Ich muß so tun, als wäre ich ganz hin vom Kreuzworträtsel in dieser »Sächsischen Zeitung«, die schon im Gepäcknetz lag, als ich in Dresden zugestiegen bin... Klar ist das Rahn, der mit den vier Buchstaben! Da muß man doch gar nicht erst lange überlegen, ob das Rahn ist! Rahn hat das 3 : 2 in Bern geschossen, als wir Deutschen – und das waren »wir« im Westen, nicht die hier in der Ostzone – voriges Jahr Fußballweltmeister geworden sind. Mannomann! Unser Radio ist fast geplatzt, als Reporter Zimmermann gebrüllt hat: »Tor, Tor, Tor!!! Deutschland ist Weltmeister!!!« Fritz Walter hat gestürmt, und Toni Turek stand im Tor, aber dann kam Rahn, Helmut Rahn... weißte das nicht mehr? Doofe Doro!

Ich höre richtig, wie sich die Stimme meines Bruders Ebbe vor lauter Besserwissen überkiekst. Im Takt – wie dieser Bummelzug über die ausgeleierten Schienen zu der kleinen Stadt am Rande des Erzgebirges rattert, in der Tante Rita mit ihren drei Kindern wohnt: Doo – fe Do – ro, doo-fe Do-ro...

»Fährsde ooch zum Erndeeinsatz?«

Ich kriege eine Kopfbewegung zwischen Nicken und Verneinung hin, während ich »R« und »A« und »H« in Großbuchstaben auf die drei freien Felder bis zum »N«, siebzehn, senkrecht, schreibe.

»Also – fährsde?«

»Nee«, sage ich.

»Und wo fährsde hin?«

Gott, ist der Typ mit der sächsischen Gummistimme aufdringlich! Schmaler Mund, längliches Gesicht mit frechen Augen. Vielleicht achtzehn oder neunzehn Jahre alt. Jedenfalls älter als der Junge neben ihm auf der Holzbank mir gegenüber. Beide tragen kurze Hosen und knallblaue Hemden mit Wappen am Ärmel, auf denen die Sonne aufgeht. Über der Sonne steht »FDJ«. Ich quatsch' doch mit keinem, der in der FDJ, der Partei-Jugend-Organisation der Zone, ist: der »Freien Deutschen Jugend«...

»So frei wie 'ne eingesperrte Meise«, hat der Hornbebrillte getönt, als ich Frieder und ihm bei der letzten Laienspielprobe vor den Ferien erzählt habe, daß ich wieder zu Tante Rita in die Zone fahre, wie beinahe in jedem Sommer, »die von der FDJ dürfen höchstens mal raus, wenn irgendwo Weltjugendfestspiele sind.«

Der Hornbebrillte weiß Bescheid. Er kommt aus der Zone, aus Neuruppin, und mußte selbst mal kurz in die FDJ. Aber dann sollte sein Vater, der Uhrmacher ist, auch noch in die Partei. Wovon der Uhrmacher nichts hielt, weil er für die Kirche ist und sogar in Neuruppin schon im Kirchenvorstand gewesen war. Und deshalb ist er dann auch mit seiner Frau und seinem hornbebrillten Sohn vor zwei Jahren nach West-Berlin abgehauen, wo er in der Kirche von Frieders Vater schon wieder im Vorstand sitzt.

»Immer dieselben«, hat Frieder gähnend gesagt, bevor er viel früher ging. Zu immer derselben.

»Ich fahr' zu Verwandten«, sage ich zu dem Älteren im Blauhemd. Der Wind, der durch das halb heruntergezogene Zugfenster weht, zerwühlt ihm die braunen, welligen Haare.

»Und deshalb mußde nich zum Erndeeinsatz?«

»Nee«, sage ich, »muß ich nicht.«

Ich weiß nämlich schon seit vorigem Jahr, was ein »Ernteeinsatz« bedeutet, weil damals auch mein Cousin Dieter zum erstenmal mit anderen jungen Leuten von der Oberschule bei der Ernte auf den Feldern mithelfen mußte, weil zu viele der erwachsenen Arbeitskräfte zu uns in den Westen abgehauen waren. Mein Cousin Dieter hat gesagt, der wäre gar nicht so schlecht, so ein Ernteeinsatz. Man bekäme prima zu essen, lernte tolle Typen kennen und würde dabei noch brauner als am Meer. Ich kenne mich nicht aus mit Feldern und Ernte, weil's bei uns in Berlin so gut wie keine Felder gibt. Außer in Marienfelde, wo Ebbe jetzt in den »Ferienspielen« ist und wo die Zelte zwischen Weizen und Gerste stehen.

»Gomisch«, sagt das ältere Blauhemd zu dem jüngeren, »daß das Meechen nicht zum Erndeeinsatz muß…«

»Weil ich schon war«, lüge ich, weil ich nicht zugeben will, daß ich aus West-Berlin bin und überhaupt nie zum Ernteeinsatz muß. Schon in dem knackevollen Schnellzug vom Bahnhof im Ostsektor nach Dresden, wo ich auf meinem Koffer im Gang sitzen mußte, wollte ich nichts zugeben, als mich die Zonenleute, die neben mir hockten, dauernd gelöchert haben: Woher ich denn käme und wohin ich denn wolle? Aber als es dann nach einer Kontrolle doch rauskam, daß ich aus dem Westen bin und trotzdem Sommerferien in der Zone machen will, hat mich ein Kerl mit tätowiertem Anker auf dem Unterarm regelrecht ausgelacht: »So blöde möcht' ich auch mal sein!«

Da hatte ich gleich wieder Schiß, daß ich das mit den Sommerferien überhaupt verraten hatte, weil man für Ferien gar nicht in die Zone fahren darf. Tante Rita mußte diesmal extra ein Telegramm schicken, um für mich die Erlaubnis zur »Einreise« zu kriegen. In dem Telegramm stand: »Babs schwer erkrankt! Doro sofort kommen!«

Natürlich ist meine Kusine Babs überhaupt nicht schwer erkrankt, sondern mopsfidel. Was meine Mutter auch nicht in Ordnung fand: »So beschwört man eine Krankheit doch erst richtig rauf!«

Aber mein Vater hat gesagt: »Wie hätte Doro sonst zu Rita fahren können!« Er findet es toll, daß seine Schwester das Telegramm einfach getürkt hat. Mit Hilfe eines Attests von einem Arzt, den sie gut kennt. Denn nur wer in der Zone ein ärztliches Attest vorlegt, in dem steht, daß jemand von der Ostfamilie – also Babs – schwer krank ist oder tot, darf solch ein Telegramm losschicken, damit einer von der Westverwandtschaft – also ich – rüberkommen kann. Mit Hilfe des Telegramms kriegt man dann einen »Passierschein«. Dreimal mußte ich rüber in den Ostsektor, bis ich den ganzen Kram zusammenhatte, und dreimal bin ich heute bis Dresden kontrolliert worden. Aber den Roman »Vom Winde verweht«, den ich für Babs heimlich aus der Stadtbücherei mitgenommen habe, hat bei der Koffer-Durchfilze keiner in dem Paket mit den Monatsbinden gefunden…

»Und wo warsde beim Erndeeinsatz?«

Ich sehe an den frechen Augen des Älteren im Blauhemd, daß der mir kein Wort glaubt.

»In Treuenbrietzen«, sage ich, weil das in der Nähe von Berlin ist und er bestimmt keine Ahnung hat, daß es dort mehr Kiefern gibt als Hafer und Korn.

»War doch aber gar geen schlechtes Wedder!«

»Wieso?«

»Weilde doch wie weißer Gäse aussiehst!«

»Na und?« sage ich, weil es mir nun reicht. Und danach schmeiße ich mich wieder auf mein Kreuzworträtsel: zwanzig, waagerecht! Noch so ein »deutscher« Fußballer. Der fünfte Buchstabe ist ein »p«. Kannepel? Ebbe, wie heißt der mit »p«? Mein Bruder Ebbe kennt selbst die Spieler von Hertha BSC auswendig. Genau wie Karla. Karla geht sogar manchmal sonntags, wenn ihre italienische Mutter »Siesta« macht, mit ihrem »Padre« nach Wedding auf den Fußballplatz, wo Hertha spielt. Karlas Vater ist für Berlins ältesten Fußballverein, weil er in Wedding Elektriker gelernt hat und dort in der Jugendmannschaft war. Nach dem Spiel, sagt Karla, muß sie dann mit ihrem »Padre« in die Hertha-Kneipe und vor den alten Hertha-Kumpels beweisen, daß sie alle Spielernamen auswendig weiß. Auch wer Stürmer oder Verteidiger ist. Und hinterher kriegt Karla fünf Mark oder mehr von ihrem Vater. Egal, ob Hertha gewonnen hat oder nicht...

»Gönnen wir denn niche midraden?«

Der Typ gibt nicht auf.

»Zwölf, waagerecht«, sage ich, »verdienter Arbeiter des Volkes! Acht Buchstaben...«

Der Jüngere im Blauhemd tippt sich an die Stirn und wiehert los.

»Hennecke«, sagt der Ältere.

Von diesem Hennecke habe ich auch schon gehört. Aber komischerweise lachen die Leute in der Zone meistens, wenn man den Namen nennt. Verdient Hennecke nicht, daß er »verdient« ist?

»Laß doch das bleede Rädsel!« sagt der Ältere und hält mir eine Tüte Bonbons hin. Die Bonbons riechen genauso künstlich süßlich wie unsere Bonbons und vertreiben mit ihrem Duft sekundenlang den Geruch nach Klebstoff und angekokelten Autoreifen in dem langen Waggon mit den vielen Holzbänken, auf denen jetzt nur noch die beiden Blauhemden und ich sitzen.

Ich nehme mir einen Bonbon, obwohl ich Süßigkeiten hasse. Das Bonbonpapier werfe ich zum Fenster raus, weil der Zug so bummelt, daß es nicht zurückflattern kann.

Wir fahren an einem Dorf vorbei. Die Häuser vor der Krakellinie des Erzgebirges sehen aus wie die in Ebbes alten Kinderbüchern. Klein und weiß, mit Blumen vor den Fenstern. Die Häuser gefallen mir. Auch die beiden Blauhemden sind eigentlich ganz nett. Genauso nett wie manche, die nett sind bei uns...

XXXII

Jemand kraucht zu mir ins Bett.

»Ich kann nicht pennen, Doro!«

Babs.

Der Mond knallt wie ein Scheinwerfer ins Kinderzimmer und macht das Schlafen flach. Auch Knubbel, meine jüngste Kusine, die im Bett drüben schnurchelt, wirft sich dauernd von einer Seite zur anderen.

»Soll ich dir den Rücken krabbeln, Doro?«

Jaaaa, danke! Rückenkrabbeln ist eine Spezialität von Babs. Nur ihr älterer Bruder, mein Cousin Dieter, kann noch besser krabbeln. Wenn Dieter mit seinen nicht abgekauten Fingernägeln über meinen Rücken streicht, kriege ich das komische Gefühl zwischen den Beinen.

»Tiefer! Mehr links, Babs! Aaaah, ist das guuuut…«

Aber Dieter krabbelt mir nicht mehr den Rücken. Weil er plötzlich gemerkt hat, daß er ein Jahr älter ist als ich und jetzt einen Stock tiefer in Tante Ritas Haus seine eigene Bude hat.

Gleich auf dem Bahnhof hat mir Babs erzählt, daß Dieter neuerdings eine Freundin hat. Sie heißt Renate, und Dieter soll »spinnen«, seit er sie kennt.

»Wenn du dieser Renate ›Vom Winde verweht‹ pumpst«, murmele ich, »bring' ich dich um, Babs!«

Sofort hört sie auf, meinen Rücken zu krabbeln.

»Wen soll ich umbringen?«

»Ich bring' dich um, wenn du irgendwem ›Vom Winde verweht‹ pumpst...«

Sie kichert: »Und Dieters Renate wollte es so gern lesen.«

»Tiefer!« sage ich. »Mehr rechts ... außerdem darf man Bücher aus 'ner Weststadtbücherei gar nicht mit in die Ostzone nehmen!«

»Natürlich nicht«, sagt Babs und streicht wieder über meinen Rücken. »Du findst Renate wohl blöde, was?«

Mein Gott, ich durfte sie ja erst einmal sehen! Als sie Dieter gestern zum FDJ-Abend abgeholt und mein Cousin erst mal rumgetobt hat, weil er sein blaues FDJ-Hemd nicht finden konnte. Da hat diese Renate, eine Braunblondgescheckte mit Sommersprossen, vor Schiß keinen Mucks gesagt. Und als Dieter sein Hemd endlich im Korb zwischen der schmutzigen Wäsche fand, hat sie gegrient wie meine Schulfreundin Erika. Wie ein Mädchen, das auf dämlich macht, damit die Jungs glauben, daß sie klüger sind.

»Die ist mir doch ganz egal, diese Renate«, sage ich so laut, daß Knubbel in ihrer Ecke aufschnurchelt und sich auf die andere Seite schmeißt.

Babs kichert wieder und säuselt: »Doch in der Nacht, in der Nacht, wenn der Büstenhalter kracht...«

»Wo haste'n das her?«

»...und der Bauch explodiert, kommt das Kind rausmarschiert...«

»Wo du das herhast?«

»Von Renate.«

»Glaub' ich nicht! So was sagt die doch nie!«

»Renate hat's von einem der Fleischerburschen.«

»Wie kommt die denn an Fleischer…«

»Renates Eltern haben doch 'ne Fleischerei! Noch 'ne richtige eigene. Keine Ho…«

Babs sagt immer Ho. Ohne Pause zwischen den beiden Buchstaben. Dabei heißt es HO, was Handelsorganisation bedeutet, wie sich die staatlichen Lebensmittelläden in der Ostzone nennen.

»Und weil die Alte… also, weil meine Mutter dem Alten, also, dem Vater von Renate, doch privat die Zähne macht, hat Dieter Renate kennengelernt. Und jetzt kriegen wir manchmal Fleisch und Wurst hintenrum.«

Widerlich! Ich male mir aus, wie sich Tante Rita ihre lackschwarzen, nach innen gebogenen Haare, die sie seit der Trennung von Onkel Rudi färben muß, hinters Ohr streicht und dann mit dem Bohrer im aufgerissenen Fleischermund rumfuhrwerkt. Das ist gemein von meiner Tante (die ich liebe, seit sie mir im Winter vor acht Jahren ihre kostbaren, fast heilen Nylons zum Drunterziehen unter meine gräßlichen wollenen Kratzstrümpfe gepumpt hat), daß sie Dieter zu einer Freundin verholfen hat!

»Am besten«, sagt Babs und bringt mich aus dem Konzept, weil sie mich schon wieder an der wunderbaren Stelle direkt über dem Po krabbelt, »schmecken die Wiener Würstchen von Renates Vater.«

»Ich bin mehr für Currywurst«, sage ich, weil sie bei Westwaren nicht mitreden kann, »und für Coca-Cola.«

»Kartoffelsalat«, schwärmt Babs unbeeindruckt, »mit Wiener Würstchen von Renates Vater! Dafür würde ich mich glatt von dem ollen Lustgreis in der Badeanstalt knutschen lassen, der immer in so 'ner Dreieckshose rumläuft, bei der man alles sehen kann!«

Dauernd quatscht sie von Knutschen und Essen. Meine kleine Kusine Knubbel, die eigentlich Annette heißt und im Bett in der Ecke hinter der Kommode schnurchelt, weil sie Polypen hat, quatscht wenigstens nur vom Essen. Wahrscheinlich sind deshalb auch alle so klein und knubbelig hier in der Zone. Sogar Dieter ist mindestens einen Zentimeter kleiner als ich. Weil's in der Zone keine Apfelsinen gibt, sagt Tante Rita.

»Ich kann nicht mehr«, brubbelt Babs in meinen Rücken rein.

»Dreh dich um«, sage ich, »jetzt krabbele ich!«

Sie schmeißt sich mit solcher Wucht auf die andere Seite, daß mein Bett rummst wie im vorigen Sommer, kurz bevor es zusammengekracht ist.

Damals lag ich auf dem Bett und las zum erstenmal eins von Tante Ritas leicht unanständigen Büchern, die alle ein Franzose namens Sascha Guitry verfaßt hat. Die Bücher sind aber so schwierig geschrieben, daß man sie zweimal lesen muß, bis man mitkriegt, daß sie unanständig sind. Trotzdem hatte ich nicht gemerkt, wie sich Dieter und Babs ranschlichen – und mir plötzlich die Fußsohlen zu kitzeln begannen. Fußsohlenkitzeln macht mich wahnsinnig. Da kann ich jeden umbringen. Deshalb ist dann auch das Bett zusammengekracht.

»Kratz doch nicht so!« kreischt Babs, »du tust mir ja weh, Doro!«

»Was'n los?«

Knubbel ist aufgewacht und sitzt jammernd in ihrem Bett hinter der Kommode, in der alle Anziehsachen so schrecklich durcheinanderliegen, daß selbst »Fräulein Doro Liederlich« ihr Zeug hier lieber im Koffer läßt.

»Was macht'n ihr beede für'n Grach?« Knubbel sächselt wie verrückt, weil sie schon in Sachsen geboren ist. Dieter und Babs sind noch in Berlin zur Welt gekommen.

»Halt's Maul, blöde Kuh!« sagt Babs. Sie ist dauernd eifersüchtig auf ihre siebenjährige Schwester, weil Knubbel Tante Ritas Liebling ist. Da benimmt sich Tante Rita ganz komisch: Einerseits ist sie so toll als Zahnärztin (mindestens so toll wie Onkel Rudi als Zahnarzt, der jetzt in Chemnitz – oder in »Karl-Marx-Stadt«, wie das in der Zone heißt – seine Praxis hat), daß sich von ihr ein paar von den Berliner Zonenbonzen sogar hier in dem kleinen Nest am Erzgebirge die Zähne machen lassen. Andererseits aber muß sie abends auf dem grünen Sofa vor dem Erkerfenster Knubbel manchmal so doll knuddeln, als ob sie Knubbel mehr braucht als umgekehrt.

Das Erkerfenster im Wohnzimmer finde ich besonders schön. Es besteht aus lauter kleinen Scheiben in geschwungenem Rahmen, ist aber gräßlich schwer zu putzen. Das weiß ich, weil ich das Fenster schon geputzt habe. Tante Rita ist nämlich als »Edelkommunistin«, wie mein Vater seine Schwester nennt, total gegen Haushaltshilfen, wie bei uns – bis jetzt noch – Hilde eine ist. Aus diesem Grund machen wir Kinder, gemeinsam mit Tante Rita, jeden Sonnabend das Haus mit den schön geschwungenen Fenstern selber sauber. Ein Kind wischt auf. Eins kämmt die Teppichfransen. Ein drittes staubt die alten, honiggelben Holzmöbel ab. Und zwischendurch kann man sich in den Glasschränken die kleinen erzgebirgischen Holzfiguren und das Geschirr mit den handgemalten Rosen und den Efeublättern angucken.

Nur ihr eigenes kühles, dämmeriges Zimmer neben dem Hauseingang, in dem unter einem Laken ein Zahnarztstuhl darauf lauert, daß auch ich mal wieder dort gequält werden muß, das macht Tante Rita selber sauber, weil es diesen »Stuhl« ja da gar nicht geben darf. Eigentlich ist es in der Zone nämlich verboten, »privat« zum Zahnarzt zu gehen. Wer Zahnschmerzen hat, soll sich in der Poliklinik behandeln lassen, ebenfalls von Tante Rita. Das kostet nichts. Und manchmal, sagt Tante Rita über sich und ihre Zahnarztkollegen, ist es auch danach.

»Ich gann nich schlafen«, jault Knubbel. Sie hat Polypen, und deshalb hört sich alles bei ihr ganz besonders sächsisch an.

»Bleib doch wach, blöde Kuh!« sagt Babs.

»Ich sag's Muddi, daß ihr so 'n Grach macht...«

»Quatsch nicht«, sagt Babs, »sonst gibt's Dresche!«

Das wirkt. Knubbels Schatten, vom Vollmond an die Wand geworfen, taucht zurück ins Bett.

Stille. Jetzt könnte mich Babs mal wieder krabbeln. An der Kimme über dem Po, wo das Gefühl sitzt, das ich habe, wenn ich mir einbilde, daß mir jemand ganz nahe kommt, der auf einmal gar keine gelangweilten Augen mehr...

»Doro?«

»Herrje! Knubbel – was ist denn noch?«

»Hau ihr doch eine, Doro! Hau Babs eine!«

Babs prustet in mein Kopfkissen. Da bin ich gemein und bohre ihr meinen Zeigefinger tief in den Rücken rein.

»Au!!« schreit Babs. »Gleich bring' ich euch beide um!«

Wir antworten nicht, Knubbel und ich.

»Na, wartet«, sagt Babs – wie Scarlett O'Hara, nachdem Rhett Butler sie sitzengelassen hat. »Morgen ist auch noch ein Tag!«

XXXIII

Das Buch aus Tante Ritas Regal hinterm Schreibtisch im Wohnzimmer ist rot wie die Stoffkirschen, die meine Großmutter gern an ihrer hellgrauen Kostümjacke trug. Bloß nicht reinbeißen! Ich habe mir das stoffkirschenrote Buch trotzdem gegriffen.

»Caroline Schlegel« steht in Schreibschrift auf dem Einband. Von »Schlegel« hat Harry Nilp in Deutsch schon geredet. Von den beiden Brüdern Schlegel: Friedrich und Wilhelm. Einer der beiden Schlegels hat, glaube ich, Shakespeare übersetzt. Aber wer war diese Caroline Schlegel? Und warum hat eine gewisse Toni Rothmund über diese Frau einen Roman geschrieben?

Auf der ersten Seite des stoffkirschenroten Romans steht in verblaßter grauer Tinte: »Unserer lieben Rita zum Geburtstag von ihren Internatsschwestern, Weimar, den 12.02.1930«.

Der 12. Februar 1930 war Tante Ritas siebzehnter Geburtstag. Damals wurde sie genauso alt wie ich jetzt in zwei Wochen.

Eine Seite hinter der Geburtstagswidmung finde ich ein Bild von dieser Caroline Schlegel. Kein Foto. Caroline trägt darauf ein hochgeschnürtes, aber enorm ausgeschnittenes Kleid, aus dem ihr halber Busen knallt. Ihre langen dunklen Locken hängen ihr ziemlich ungekämmt ins Gesicht. In ihren Augen hat sie ein Lächeln, das nicht rauskommen will.

Ich bin inzwischen schon auf Seite sechzehn. Caroline, die mit ihrem Mann Wilhelm Schlegel (aha!) eben ein bißchen Shakespeare (noch mal aha!) vom Englischen ins Deutsche übersetzt hat, rast gerade durch irgendwelche »feuchten Flußniederungen« bei Jena in Thüringen. Sie rast Ende des 18. Jahrhunderts, und zwar durch »verdämmernde Wiesen, die sich neben der raunenden Saale« befinden. Der Roman über diese Caroline, die es also wirklich gegeben hat, ist so geschrieben, wie ich schreibe, wenn ich kurz vorm Schreiben gedacht habe: Jetzt schreibst du aber ganz toll! – Doch dann drehe und wende ich mich bloß in gedrechselten Worten und Sätzen – und lande dicht am Kitsch. Nichts steht so auf dem Papier, wie ich's mir gedacht habe. Als ob man nicht schreiben kann, was man denkt. Ich möchte aber schreiben, was ich denke.

»Caroline Schlegel« ist also etwas kitschig geschrieben. Doch man merkt, daß die Autorin es anders gemeint hat. Bei Hemingway dagegen ist nichts kitschig, scheint alles klar wie Kloßbrühe. Amerikaner, dachte ich zuerst, schreiben, wie sie sich's denken. Ganz einfach und verständlich. Aber wenn man sie eine Weile gelesen hat, kriegt man mit, daß man auch bei ihnen nicht alles kapiert. Ich glaube, Amerikaner verstecken was hinter ihrer Schnodder-Art. Caroline Schlegel in Tante Ritas Buch tut nicht so schnoddrig. Sie denkt sogar ziemlich kompliziert, aber das kapiere ich komischerweise meistens.

»Was sagte Wilhelm heute?« denkt Caroline gerade, während sie an seiner Seite durch die »verdämmernden

Wiesen« rennt. »Ich hätte einen Geist wie ein Mann? Ja, das ist's! Das ist mein Elend! Den Geist eines Mannes in ein Frauenzimmer zu tun, was ist das für ein Unfug von dir, lieber Gott! Nun schau ich alle Männer durch und durch auf den ersten Blick. Seh', wie sie eitel, nichtig und närrisch sind – und die Lust vergeht mir, meinen Kopf an so eine Schulter zu schmiegen…«

Interessant – wenn Caroline bloß nicht »schmiegen« denken würde! Schmiegen liest sich wie Ranschmeißen, aber ohne daß es drückt…

Es ist still in dem Garten hinter Tante Ritas Haus. Ich lese im Liegestuhl zwischen süß duftendem Heu, das mein Cousin Dieter gestern abend mit der Sichel gemäht hat. Knubbel, Babs und ich durften nur stapeln. Weil »Weiber« zu blöd zum Mähen wären! Dieter ist selber blöde – und »eitel und nichtig und närrisch«. Aber er würde es nicht glauben, wenn ich es ihm sagte. Weil ich neuerdings auch zu diesen »Weibern« gehören soll wie seine Schwestern, die nur »Grütze im Kopf« hätten. »Weiber«, das hört sich an wie Kühe, die keiner melken will.

»Post!« ruft Dieter von der Terrassentür. Er hält was in der Hand, das ein Brief sein könnte.

»Von deinem Freund, Süße!«

»Klar, Süßer«, sage ich.

»Dann hol dir doch deinen Liebesbrief!«

»Keine Lust.«

Dabei habe ich schreckliche Lust, mir den Brief zu holen. Ich liebe es, Post in den Ferien zu kriegen. Man hat an mich gedacht, sich hingesetzt, mir geschrieben, den Brief in den Kasten geschmissen, von wo aus er nachts in dunklen Zügen, die auf fast leeren Bahnhöfen hielten, zu mir gekommen ist…

»Wie sie so Arm in Arm vorwärtsschritten«, lese ich weiter, ohne die Worte ganz zu verdauen, weil ich höre, wie sich Dieter von hinten an meinen Liegestuhl schleicht, »spürte Schlegel das Beben ihrer Glieder. Wenn Caroline schutzbedürftig und verzagt war, dann fühlte er sie sich näher, als wenn sie ruhig, klar und verstandesscharf neben ihm...«

»Schreibt aber 'ne Menge, dein Freund, Süße«, sagt Dieter.

Er grinst und wirft mir meinen aufgerissenen Brief zu: zwei Seiten von der Familie und zwei Ansichtskarten.

Auf der ersten Karte ist ein riesiger Drache abgebildet. »Gruß aus dem Bayreuther Festspielhaus« steht unter dem Drachen. Und in Klammern daneben: »Lindwurm aus ›Siegfried‹ von Richard Wagner.«

Wagner haben wir in Musik durchgenommen. Aber nicht seine Oper »Siegfried«, sondern »Tannhäuser«. Damals war Sabine noch in Berlin. Jedesmal, wenn die Musik besonders laut wurde, hat sie gerülpst. Noch lauter.

»Hallo, Tarnkappe« steht auf der Rückseite der Lindwurm-Karte in einer mir unbekannten Handschrift, »hier wirst du gebraucht – gegen Lindwürmer und andere Feinde! Aber alles ist nur aus Pappe. Bis auf die Grüße von F.«

F Punkt! Das ist Frieder!

»Zeig mal!« sagt Dieter. Ich stiere in sein gebräuntes, breites Gesicht mit den sommerhimmelblauen Augen, die er gemeinsam mit meinem Vater hat, und gebe ihm vor Schreck gleich beide Karten.

»Mensch«, er liest die zweite Karte, »von Sabine!«

»Gib die Karten her!« fauche ich.

Aber er hält sie hoch, und ich lange nicht ran. Bei meiner Konfirmation vor anderthalb Jahren hat er dauernd mit Sabine getanzt, und ich war eifersüchtig. Wir durften Moselwein trinken, und Sabine war richtig aufgedreht. Als sie bei einem Pfänderspiel dazu verdonnert wurde, »Illusionen« zu singen, tief und versoffen wie Hildegard Knef im Film, hat Dieter Sabine so angegafft, daß ich beinahe nüchtern geworden bin.

»Liebe Doro«, liest Dieter, während er mich mit einer Hand festhält, »das ist noch keine Geburtstagskarte. Die kriegst Du erst, wenn es soweit ist. Wir sind jetzt in Paris ...«

Dieter dreht die Karte um.

»Natürlich der Eiffelturm«, sagt er, als ob er Paris in- und auswendig kennt, dabei darf man aus der Zone gar nicht einfach nach Paris.

»Gib mir Sabines Karte!« zische ich und versuche, die Innenfläche seiner Hand zu zerkratzen.

»Wir fahren jetzt weiter nach Brüssel«, liest Dieter ungerührt, »wo mein Vater noch zu tun hat. Paris ist viel glitzriger als Berlin. Aber mir gefällt Berlin trotzdem besser. Wann kommst Du nach Augsburg? Bitte, komm bald! Viele Grüße von Deiner Freundin Sabine!«

Dieter läßt Sabines Karte sinken.

»Und wer grüßt mich?« fragt er und liest auch noch Frieders Karte.

»Wer ist F Punkt, Süße?«

»Ich bring' dich um, wenn du mir nicht sofort die Karten wiedergibst!«

Es gelingt mir nur, Sabines Karte zu ergattern.

»F Punkts Karte kriegste erst, wenn du meinen Abwasch machst, Doro!«

Jedes Kind muß bei Tante Rita einmal in der Woche abwaschen. Heute ist Dieter dran.

»Behalt doch die blöde Karte«, sage ich und schmeiße mich mit der restlichen Post wieder zu »Caroline Schlegel« auf meinen Liegestuhl. Totale Gleichgültigkeit, das weiß ich durch jahrelanges Training mit meinem kleinen Bruder Ebbe, der hochgeht, wenn man ihn mal nicht beachtet, läßt keinen gleichgültig.

Ich tue also so, als sei mir Dieter mit Frieders Karte ganz schnuppe, und lese total hingerissen, was mir meine Mutter geschrieben hat: daß ich meine Geburtstagsgeschenke nun leider doch erst in Berlin kriegen könne (Mist!), weil nämlich die Zonenpost immer unzuverlässiger werde. Daß man aber hoffe, daß es mir trotzdem gutgehe (mit Geschenken besser!). Daß man erwarte, daß ich mich immer warm genug anzöge (im Sommer!). Daß Papa seine Doro besonders grüßen lasse (ach, Papa!). Daß es leider weiter Sorgen mit der Firma gebe – ich mich aber nicht beunruhigen solle (dann soll man's auch nicht schreiben!). Daß letzten Sonntag die ganze Familie am Wannsee gewesen sei. Mit Buletten, Kartoffelsalat und Hilde. Daß Hilde nun doch eine Stellung als Haushaltshilfe in Kladow angenommen habe. Ab September. Daß sie aber, falls es zu weit draußen sei und ihr die Leute nicht gefielen, wieder zu uns zurückkomme. Auch für weniger Geld. Und daß »Mutti an ihr Dorseltier« denke und es liebhabe…

Ein Strahl Wasser klatscht mir von hinten über den Kopf. »Verdammter Mistkerl!«

Dieter hat den Gartenschlauch in Gang gesetzt. Ich fliehe aus dem Liegestuhl tief in den Garten hinein. Aber der Wasserstrahl verfolgt mich, wohin ich auch fliehe. Ich fliehe zurück. Unter dem Strahl durch – zu Dieter.

Da läßt er den Schlauch los und drückt meine Hände hinter meinem Rücken zusammen.

»Wer ist F Punkt, Tarnkappe?«

»Ein Mädchen aus meiner Klasse... Friederike...«

»Dein Freund?« Er drückt noch fester zu.

Ich lache ihn aus: Dieter, Freund einer gewissen Renate, ist eifersüchtig auf Doros gewissen F Punkt!

»Klar ist der mein Freund!«

Der Gartenschlauch, aus dem noch immer das Wasser spritzt, bäumt sich am Boden auf, als sei er lebendig. Dieter läßt mich los und springt zur Seite. Seine Hosen sind trotzdem klitschnaß.

Ich fühle mich prima. Jetzt sind wir quitt. Gleich stark. Und gleich schwach.

XXXIV

Noch tausend Meter«, sagt Dieter.

Tausend Meter sind ein ganzer Kilometer. Ganz schön weit bis zur Kirche mitten in der Stadt, wo Dieter heute abend die Glocken läuten soll.

»So weit!« maule ich.

»Kein Mensch hat gesagt, daß du mitkommen mußt, Tarnkappe!«

»Bin nicht deine Tarnkappe!«

»Zimtzicke!«

»Scheißkerl!«

»Dämelkuh!«

»Dreckschwein!«

»Dumme Sau!«

»Affenarsch!«

Dieter öffnet den Mund – aber selbst ihm sind die Schimpfwörter ausgegangen. Wortlos rennen wir weiter durch die engen Gassen, an den schmalen, kleinen Häusern vorbei. In den Fenstern hängen die Klatschweiber: Nu guggen Se doch mal, da rend doch der Dieder, der vonne Frau Dokdor, vonne Zahnärzdin, von der, der der Gadde weggelofen is! Mit wäm rend der Dieder denn da? Die had ja gar geenen Rock an! Nur gurze Hosen. Sonne gurzen Hosen drägt doch geener bei uns in Sachsen! Und denn noch mit sonne dünnen Beene, nu guggen Se doch bloß mal...

»Schlampe!« japst Dieter.

Wir hecheln in die Straße rein, in der die Gärtnerei liegt, bei der ich mit Tante Rita sonst immer Blumen und Salat geholt habe. Heute ist das Gartentor mit einer Eisenkette verrammelt. Durch den Zaun drängelt sich Unkraut.

»Was'n hier los?«

Ich bleibe stehen.

»Abgeholt«, keucht Dieter und stoppt ebenfalls, »den Gärtner habense vor zwei Monaten abgeholt! Jetzt sitzt er in Bautzen, im Zuchthaus. Und seine Familie ist ab in den Westen.«

»Abgeholt? Einfach so?« Die Eisenkette ist kühl und rostet schon ein bißchen.

»Er hat was gegen die Partei gesagt, der Dämelsack. Abends in der Kneipe.«

»Scheißkommunismus«, sage ich und knuffe Dieter in die Seite.

»Scheißkapitalismus«, sagt er und setzt sich wieder in Bewegung.

»Ogottogott – du weißt ja nicht mal, was das genau ist – Kapitalismus!«

Ich übrigens auch nicht.

Er dreht sich um.

»Klar weiß ich's! Aber jetzt hab' ich keine Zeit. Wenn um acht nicht die Glocken läuten...«

»Ausrede!«

Er bleibt erstaunt stehen und leiert rasend schnell: »Im Kapitalismus werden die Armen von den Reichen ausgebeutet...«

»Und das glaubst du?«

Der erste Acht-Uhr-Schlag dröhnt von der Kirchturmuhr.

»Klar werden bei euch im Westen die Armen von den Reichen ausgebeutet! Zum Beispiel von Onkel Richard... von deinem Vater mit seiner Firma...«

»Mein Vater«, sage ich wütend, »geht gerade pleite mit seiner Firma!«

»Weil er spinnt!« ruft Dieter und rennt weiter. »Weil er dauernd was Neues auspopeln muß...«

Ich balle meine Hände zu Fäusten.

»Wer sagt das? Wer sagt, daß mein Vater spinnt?«

Dieter stoppt erneut, macht kehrt und blättert meine Fäuste auseinander.

»Also gut, Onkel Richard spinnt nicht!«

Seine Augen haben den Blick, für den ich ihm im letzten Sommer noch mein Lieblingsbuch geschenkt hätte.

»Aber ich krieg' Stunk mit dem Pfarrer, wenn wir jetzt noch länger quatschen, Doro...«

»Ich dachte immer, du bist gegen die Zone und die Kommunisten!«

»Mensch, ich wohn' doch hier!«

»Scheißkommunist!«

»Scheißkapitalistin!«

»Wenn du Kommunist bist, versteh' ich aber nicht, warum du für die Kirche Glocken läutest. Die Kommunisten, denke ich, sind doch gegen Gott!«

»Ich krieg 'ne Mark dafür. Deshalb.«

Er streckt mir die Zunge raus.

»Ostgeld! Haha!«

Vor der Kirche mit den in Stein gehauenen biblischen Figuren über der Pforte steht der Pfarrer und wedelt wütend mit der Taschenuhr.

»Wennde so späd gommst, brauchste gar nich zu gommen, Dieder!«

Wortlos hasten wir die steile Turmtreppe hoch. Ich kriege kaum noch Luft und muß an einem der kleinen Fenster stehenbleiben. Die Abendsonne zieht ihren rotbraunen Streifen hinter der gezackten Silhouette der Stadt.

Da fangen über mir die Glocken zu läuten an. Ich nehme die letzten Stufen.

Oben auf der Plattform schwingen Dieter und ein zweiter Junge, den ich nicht kenne, die schweren Seile, an denen die beiden großen Glocken hängen. Immer wenn die Klöppel an die Bronze knallen, gibt es einen gewaltigen, nachhallenden Ton.

Der Pfarrer lehnt an der Brüstung und sieht zu, wie die Körper der beiden Jungs mit den Glocken schwingen.

Für eine Mark Ost? Ach was, Dieter läutet die Glocken doch nicht wegen Geld!

XXXV

Der Kerl gafft mich an – wo ich auch stehe. Das macht mich verrückt.

Also, noch mal von vorn: Ich komme wieder rein in den Burgsaal, wo's bibberig muffig nach alten Steinen riecht, gucke zum großen Bild hoch an der Wand – und der Kerl gafft mich an.

Ich halte seinen Blick aus, bewege mich bis zur Mitte des Saals – die Augen des Kerls bewegen sich mit.

Jetzt rüber zum Burgfenster, durch das sich die Mittagssonne klemmt – genau auf den Kerl. Laß ihn nicht aus den Augen, Doro! Aua!

»Gannste nich aufbassen, Gleene!«

Ich bin groß.

»Tschuldigung.«

Ich kann mich entschuldigen, daß es wie eine Beleidigung klingt.

»Bist doch hier nich alleene, Meechen!«

Das hört sich ja schon höflicher an.

»Ich hab' Sie nicht gesehen«, sage ich freundlicher zu einem Mann mit Baskenmütze, der vor einer Staffelei sitzt und den Kerl abmalt, »tut mir leid.«

»Wohl knille wächen dem Bild?«

»Ja«, sage ich, »die Augen machen mich ganz verrückt.

Die gucken einen ja von überall an. Man fühlt sich richtig verfolgt!«

»Verfolcht is gut, hähä!«

Er hält den Pinsel auf Abstand und blickt vom Kerl an der Wand auf sein Bild und wieder zurück. Bei ihm hat der Kerl noch gar keine Augen.

»Sie meinen...« Ich gehe wieder ein Stückchen mit den wandernden Augen auf dem großen Gemälde mit, »das mit dem Sich-verfolgt-Vorkommen war Absicht?«

»Warum niche? Sollten doch alle Angst haben vorm Fürschten!«

»Gemein!«

»Nu isses ja vorbei.«

Er lacht. Richtig glücklich. Bestimmt ein Kommunist, der Gift und Galle spucken würde, wenn er wüßte, daß ich aus dem Westen bin.

»Nu glotzen unsere Fürschten ja nur noch vom Foto an der Wand.«

Meint er etwa das Foto vom »Fürschten« Wilhelm Pieck, dem Zonenpräsidenten, unten über der Burgkasse? Leider habe ich es nicht ausprobiert, als Tante Rita dort die Eintrittskarten gekauft hat, ob man mit Wilhelm Piecks Foto-Augen auch hin und her wandern kann.

»Wie malt man denn so was?« frage ich den Mann vor der Staffelei und fische, weil meine Kusinen Babs und Knubbel diesen Burgsaal schon hinter sich gebracht haben, unter Frieders Lindwurm-Karte meine Brille aus der Rocktasche raus. »Muß doch ziemlich schwer sein, so 'n Blick hinzukriegen, der überall hingucken kann!«

»Man muß 'n gleenen weißen Bungt in de Bubille malen. Aber ich hab's selbst noch nich richtig hingegriegt. Nee, so einfach ist das niche...«

Er starrt wieder den Kerl an. Und der Kerl, dieser Fürst der Burg bei Chemnitz, das jetzt Karl-Marx-Stadt heißt, starrt zwischen dunklen Korkenzieherlocken zurück. Drohend.

Da fällt mir ein, daß ich hier nicht zu Hause, sondern in der Zone bin, wo man aufpassen muß, was man sagt. Und wo man rasch die Lippen zusammenkneift, wenn ein Fremder in der Nähe ist, der nicht hören darf, was man gerade sagen wollte. Beinahe hätte ich vergessen, wo ich bin: wo man nicht einfach nach Paris fahren kann wie Sabine mit ihren Eltern. Oder wie Karla nach Italien zu ihrer Großmutter.

»Du hast es gut«, hat zwar mein kleiner Bruder Ebbe gejault, am Morgen, als ich zu Tante Rita fuhr, »du mußt wenigstens nicht raus zu den doofen Ferienspielen!«

Klar ist Zone und Tante Rita immer noch besser, als mit der Straßenbahn nach Marienfelde, am Rande vom Westsektor, zu fahren, wo einen kleine Stinker wie Ebbe ärgern und man Mittagsschlaf in stickigen Zelten halten und hinterher laschen Tee trinken darf! Bis vor ein paar Jahren mußte ich selbst zu den Ferienspielen nach Marienfelde. Aber das Wahre sind auch die Ferien bei Tante Rita nicht! Wenigstens einmal möchte ich am ersten Schultag nach den Sommerferien, wo in der ersten Stunde alle nach ihren Urlaubsorten gefragt werden, sagen können: »Diesmal war ich im Ausland.« – »Drüben ist Ausland«, hat Tante Rita gesagt, weil sie weiß, was ich möchte, als wir vor ein paar Stunden Dieter und seine blöde Renate mit ihren Rucksäcken am Gebirge vor der tschechischen Grenze abgesetzt haben, »da kannst du sogar einen Stein rüberwerfen, Doro!«

»Na«, fragt der Maler im dämmerigen Burgsaal und

kratzt sich unter seiner Baskenmütze, »gannst'n nu sähen, den Bungt in den Fürschtenaugen?«

Ich starre durch meine Brille.

»Nee«, sage ich.

Jemand boxt mich zwischen Po und Hüfte.

»Du sollst endlich gommen, Doro!«

Knubbel, das kleine Ungeheuer, auf dem Schleichpfad.

»Gleich, Knubbelchen.«

»Babs hat Hunger und findet alles bleede, und Muddi had ihr schon eene gegnallt ... du bist ja 'ne Brillenschlange, Doro! – Babs, Muddi!!!! Doro is nä Brillenschlange ...!«

»Na und?«

Ich hasse dieses Kind von Tante Rita, das immer gleich losquatscht, ohne erst mal nachzudenken. Trotzdem bin ich so dusselig, mir meine Brille sofort von der Nase zu reißen. Gleich werden die alles sehenden, drohenden Fürstenaugen auf dem Bild an der Wand viel weniger drohend.

»Irschendwann«, sagt der Maler zu Knubbel, »mußte ooch 'ne Brille tragen, du Grümel!«

»Gnubbel«, sagt Knubbel, »Gnubbel heeß ich, alder Scheißgerl!«

Scheißkerl nennt Tante Rita jeden, den sie nicht verknusen kann. Den Zahnarztkollegen in der Poliklinik zum Beispiel, der mehr als Tante Rita verdient, obwohl sie mehr macht und kann. Sagt Tante Rita.

»So aber niche, gleenes Luder«, sagt der Maler und will Knubbel an den kurzen Löckchen zerren. Aber meine Kusine ist schon auf dem Rückzug. »Wenn de nich gleich gommst, Doro«, brüllt sie, bevor die Burg sie verschluckt, »griegste Senge von Muddi!«

Knubbel spinnt. Von Tante Rita bekäme ich niemals Senge. Die haut nur manchmal ihre eigenen Kinder. Mit dem Kleiderbügel, wenn's ihr mal wieder langt, so ohne Mann und mit drei Gören. Manchmal langt's Tante Rita ein halbes Jahr lang nicht und dann plötzlich jeden dritten Tag.

»Das Gind is wohl aus'm Urwald gehobbst«, knurrt der Maler, der bestimmt noch nie im Urwald war.

»Und der Stuhl?« frage ich rasch, damit er Knubbel vergißt. »Was ist mit dem Stuhl da unter dem Fürstenbild?«

»Das is 'n Droon, geen Stuhl.«

Ein Sessel, ein schmutzigweißer, fludriger Sessel, ist dieser Thron dort unter den alles sehenden Fürstenaugen.

»Der Droon is aus lauder Fädern. Dausende von Gänsen soll der Fürscht dafür abmurksen lassen haben, bloß damidde der selber weech sitzen gonnte.«

Und als habe er schon aus diesem Grund genug von dem Fürsten, steht der Maler auf und packt Staffelei und Malkasten zusammen.

»Aber dann versinkt man doch, wenn man sich auf einen solchen Feder-Thron setzt!«

»Heude schon«, sagt der Maler. »Heude is alles Staub und Modden!«

Er pappt seinen Mund zu und geht grußlos mit leichtem Hinken, das mich schuldbewußt macht, aus dem Burgsaal.

Bevor ich selber gehe, setze ich mir rasch noch mal meine Brille auf: Der Fürst gafft mich an, die ganze Zeit – bis ich am Ausgang vom Burgsaal bin. Es riecht bitter und nach längst versunkenen Zeiten, aber der Kerl gafft mich an, als ob er einfach nicht versinken will.

XXXVI

Caroline aber waren endlich die Augen aufgegangen«, lese ich in Tante Ritas Roman »Caroline Schlegel«. »Alle diese Menschen, mit denen zu leben sie gezwungen war, sie hatten nicht volles Maß, weder als Dichter noch als Männer. Caroline kannte ihre Schwächen, und sie beherrschte sie. Es war der Fluch ihrer Unersättlichkeit, daß sie herrschen mußte. So oft sich ihr ein Mann näherte ...«

Ich sehe, wie sich Frieder mir nähert. Wie er im Gemeinderaum neben dem Gottesdienstsaal auf mich zukommt, seine gelangweilten hellen Augen auf mich richtet.

»So oft sich ihr ein Mann näherte«, lese ich weiter, »spannte sie all ihre Kräfte an, um ihn zu bezwingen ...«

»Schach!« sagt Knubbel so triumphierend, daß ich das Buch senken und zugucken muß, wie meine achtjährige Kusine ihren Läufer in Angriffsposition zu Tante Ritas König gebracht hat.

»Nu gannste aber einbacken, Muddi!«

Knubbel sächselt entsetzlich, aber Schach spielt sie toll, weil sie einmal in der Woche im Schachkurs bei den »Jungen Pionieren« übt. Die Jungen Pioniere sind was für Murkel wie Knubbel und kommen vor der FDJ, für die Dieter sein blaues Hemd sucht, wenn er hinmuß.

Ich kann kein Schach. Schach kapiere ich genausowenig wie Mathe. Kalkulieren, kombinieren, bedenken, was passieren könnte, bevor man den nächsten Zug tut, dagegen habe ich was. Nur wenn's um Menschen geht, da popele ich gern was zusammen. »Doro hat Phantasie«, sagt mein Vater, »vor allem, wenn's um was Lebendiges geht.« Bei Mathe und Schach nützt keine Phantasie, nur Logik. Und die hätte ich nicht, sagt mein Mathelehrer. Dabei finde ich total logisch, was Hilde bei uns zu Hause stöhnt, wenn ihr der Käsekuchen mal wieder beim Backen zusammengesackt ist: »Rechne nischt aus, wird nischt draus!« Wo nichts draus werden könnte, rechne ich erst gar nicht.

»Noch ist Polen nicht verloren«, murmelt Tante Rita, die auf dem grünen Sofa vor dem Erkerfenster im Wohnzimmer mehr liegt als sitzt. »Du hast was vergessen, Knubbelchen!«

»Hab ich niche«, sagt das kleine Monster.

»Ach, richtig«, sagt Tante Rita erschrocken und starrt ihren König an.

Danach preßt sie die Lippen aufeinander und schweigt. Bei Schach wird endlos geschwiegen, und ich kann in meinem Roman weiterlesen: Caroline Schlegel hat sich inzwischen in den siebzehn Jahre jüngeren Philosophen Schelling verknallt. Und das, obwohl sie verheiratet ist. Mit Schlegel. Aber Caroline will Schlegel nicht verlassen, weil er so gut zu ihr war, damals, als sie das uneheliche Kind von dem Franzosen bekam...

»Immer aber war der leidenschaftliche Wunsch in ihr, den einzigen zu finden – der standhielt, der sich nicht vor ihr beugte, sondern sich zu ihrem Herrn aufschwang, dem sie sich mit Leib und Seele unterwerfen konnte...«

Aus den Buchstaben formt sich Frieders gelangweilter Blick, den er hat, wenn wir im Gemeinderaum neben dem Gottesdienstsaal das Laienspiel proben. Frieders Blick wird hart wie der von Marlon Brando im Film, wenn ihm alles egal ist. Eine Peitsche schwingt in Frieders Hand. Mit dem »Gertel«, dem Ledergürtel, ist sie als Kind verprügelt worden, wenn sie was ausgefressen hatte, hat mir Hilde erzählt. Frieders Peitsche schwingt über mir, und ich kriege das Gefühl aus Lust und Angst…

»Mach hinne, Mama«, sagt Knubbel und gähnt. Es ist schon nach elf, nur in den Ferien darf Knubbel abends so lange aufbleiben.

»Sofort«, sagt Tante Rita. Sie wirkt friedlicher als sonst. Wahrscheinlich, weil sie mich heute nachmittag auf dem Marterstuhl im Arbeitszimmer gleich links neben der Haustür so herrlich gequält hat. Zwei neue Plomben. Weil ich zu schnell wachse, sagt Tante Rita, deshalb sind meine Zähne so schlecht. Eine Plombe war aber bloß rausgefallen, und die hatte noch Onkel Rudi gemacht. Ich wollte fragen, wie's Onkel Rudi geht. Warum er jetzt überhaupt nicht mehr zu Tante Rita und seinen Kindern kommt. Babs sagt, sie hätte ihren Vater, den »Scheißkerl«, schon seit Monaten nicht mehr gesehen. Aber ich habe lieber nicht nach Onkel Rudi gefragt. Tante Rita schmeißt gleich mit Türen, wenn nur sein Name fällt. Außerdem hatte ich zuviel Watte im Mund.

»Na denn«, sagt Tante Rita und schiebt auf dem Schachbrett ihre Dame vor den König. »Schach!«

Knubbel gähnt herzzerreißend und läßt ihren Springer hopsen.

»Schachmatt, Muddi!«

Tante Rita will es nicht fassen. In ihrem breiten Gesicht mit den hochgezogenen Backenknochen, die ich von ihr geerbt haben soll, bekämpfen sich Wut (weil sie verloren hat) und Stolz (weil ihre Tochter Knubbel solch ein Schachgenie ist) – bis plötzlich ein Ton aus ihrer Gurgel kommt, der mich an das Knurren erinnert, mit dem unsere Katze Schäferhunde in die Flucht schlagen kann.

»Barb…«, knurrt Tante Rita. Und verstummt.

Ich drehe mich so erschrocken um, daß »Caroline Schlegel« zusammenklappt. Jetzt muß ich wieder ewig die richtige Seite suchen. Ich hasse es, die richtige Seite zu suchen. Meistens fange ich dann ein paar Seiten zu früh mit dem Lesen an – und merke erst nach einer ganzen Weile, wie schludrig ich vorher gelesen hatte.

»Barbara«, krächzt Tante Rita, als ob sie den Namen ihrer ältesten Tochter zum erstenmal ausspricht, »dieses Kleid… das hat mir doch noch dein Vater…«

Bei »Vater« macht sie das Gesicht, mit dem sie Türen schmeißt: »Zieh sofort dieses Kleid aus, Barbara!«

Meine Kusine Barbara, genannt Babs, läuft noch röter an als Tante Ritas Lippenstift, den sie sich pfundweise auf den Mund geschmiert hat. Ihr Busen, der mit dem jeder Sexbombe konkurrieren kann, weil sie ihn mit Unmengen von Taschen- oder Küchenhandtüchern ausgestopft haben muß, bebt in Tante Ritas schwarz-rot geblümtem, tiefdekolletiertem Abendkleid.

»Nie«, ruft Babs wie Scarlett O'Hara, bevor sie von Rhett Butler zum sechsten- oder siebtenmal mit einem Kuß zum Schweigen gebracht wurde, »niemals…«

»Ich will auch ein Gleid von dir anziehen, Muddi!« brüllt Knubbel und wirft beim Aufspringen alle Schachfiguren um.

»Und die blöde Kuh darf natürlich wieder!« heult Babs.

»Du sollst mein Kleid ausziehen, Barbara«, sagt Tante Rita schrecklich leise.

»Herrgott, ich gehe ja schon!«

Aber sie geht nicht.

»Wir gehen jetzt alle ins Bett«, sagt Tante Rita.

»Morgen ist doch Sonntag…«

»Morgen ist Doros Geburtstag, da wird's sowieso spät genug…!

»Du grichst aber nichts von mir, Doro«, sagt Knubbel.

»Dieter ist auch noch im Kino«, heult Babs, »immer darf Dieter…«

»Dieter ist erwachsen. Zieh endlich mein Kleid aus, Babs!«

Tante Rita lügt. Dieter wird erst im Dezember achtzehn und damit volljährig in der Zone. Bei uns im Westen wird man mit einundzwanzig erwachsen.

»Gann ich bei dir schlafen, Muddi?« fragt Knubbel.

Tante Rita seufzt und blickt ihre Jüngste und dann ihre Älteste an, die sich gerade zwei Handtücher aus dem Ausschnitt zerrt.

»Das gibt doch bloß wieder Theater mit Babs, mein Knubbelchen!«

»Wir gönnen ja beede bei dir schlafen, Muddi!«

Knubbel klettert auf Tante Ritas Schoß und spielt Baby so gut wie Schach.

»Mit der blöden Kuh schlaf' ich nicht zusammen«, sagt Babs und haut sich auf den flach gewordenen Busen.

»Dann gann doch Doro bei uns schlafen«, nuschelt Knubbel mit ihrer Polypenstimme. »Wir schlafen alle drei zusammen, au ja!«

»Nee«, sage ich, »ich schlafe auch lieber allein.«

Tante Rita trampelt beim Träumen, und Knubbel

schnarcht. Außerdem mag ich es nicht, im ehemaligen Bett von Onkel Rudi zu liegen.

»Schluß jetzt«, sagt Tante Rita müde, »keiner schläft heute nacht bei mir!«

Sie schiebt Knubbel vom Schoß, steht auf und wandert zur Tür. Ich schlage wieder den Roman über »Caroline Schlegel« auf und finde sogar gleich die richtige Seite. »Und nun war er Caroline begegnet«, lese ich, »seinen Willen hatte er dem ihren entgegengesetzt…« Nicht Frieder schwingt jetzt die Peitsche über mir, sondern der Fürst im Burgsaal mit diesen Augen, die dich vom Bild an der Wand anstarren, wo du auch stehst… »Trompe-l'œil«, Augentäuschung nennt man solche Wander-Augen, hatte Tante Rita erzählt, als wir nachher in der Burggaststätte die vorbestellten Schnitzel aßen.

»Bist du denn noch immer nicht mit dem alten Buch fertig, Doro?« fragt Tante Rita mit dem Ton, der keine Antwort erwartet. »Und wenn du schlafen gehst, mach, bitte, das Licht überall aus! Auch die kleine Lampe auf meinem Schreibtisch, ja!«

Dann höre ich, wie alle drei die Treppe zu den Schlafräumen hochtrampeln. Babs grölt »Weißer Holunder blüht wieder im Garten«, obwohl dieser Schlager längst ausgeblüht hat. Und Knubbel grölt was dagegen, was ich nicht kenne. Ein Zonenlied wahrscheinlich.

»Und nun war er Caroline begegnet«, lese ich zum zweitenmal. »Seinen Willen hatte er dem ihren entgegengesetzt. Er lag nicht zu ihren Füßen, sondern stand ihr gleichschultrig gegenüber…«

Frieder oder der Fürst läßt die Peitsche sinken und sieht mich an.

»Dies allein«, lese ich, »war schon Glück…«

XXXVII

Marie will Wenzel auf keinen Fall heiraten. Sie will Hans. Hans aber soll auf Marie verzichten. Sagt der Heiratsvermittler, der Marie den doofen Wenzel andrehen möchte. Doch da spielt Hans nicht mit – wenn ich das richtig verstehe. Hans hat nämlich noch eine ganz andere, die er heiraten will.

»Weiß ich doch eine«, singt er und deshalb ist alles so schwer verständlich bei einer Opernaufführung, »die hat Dukaten...«

Das Lied kenne ich. Meine Mutter singt es, wenn wir längere Zeit Auto fahren und mein Vater am Steuer zu gähnen beginnt. Aber ich wußte nicht, daß diese Arie aus der Oper »Die verkaufte Braut« stammt. Falls mich einer fragt, werde ich nicht zugeben, daß ich's nicht wußte.

»Mensch, guck mal«, flüstert Babs neben mir und drängelt mir den Operngucker auf, »vorn in der ersten Reihe sitzta, der Scheißkerl!«

»Pst«, macht Tante Rita und stößt mich an. »Die verkaufte Braut« ist ihre Lieblingsoper. »Ich dachte, darüber freust du dich, wenn wir zu deinem Geburtstag in die Oper gehen«, hat sie heute früh bei siebzehn brennenden Kerzen, plus Lebenslicht in der Mitte, zu mir gesagt und die Opernkarten rausgeholt. »Man soll ja immer das schenken, was man selber besonders gern hat.«

»Na?« Babs will den Operngucker zurück. »Issas?«

Ich bin mir nicht sicher. Aber er sieht enorm vertraut aus, der Mann in der ersten Reihe mit dem langgezogenen Kopf und dem Bürstenhaarschnitt, sogar von hinten. Der Typ könnte schon Onkel Rudi, Tante Ritas Verflossener, sein!

»Kinder, ihr stört!«

Tante Rita stört. Eine Hochgelockte dreht sich zu ihr um und droht mit dem Zeigefinger.

Dieter, der neben Tante Rita sitzt, lacht laut. Und gerade sind die Musik und das Gesinge auf der Bühne so leise geworden, daß man sein Lachen bis zur ersten Reihe hören kann. Vorn dreht sich Onkel Rudi, Dieters Vater, um.

Babs knufft mich.

»Siehste!«

Ich überlege, wie wir's vermeiden könnten, in der Pause Onkel Rudi in die Quere zu kommen. Vielleicht sollte ich behaupten, mir sei von der Geburtstagstorte (echte Buttercreme) am Nachmittag plötzlich schrecklich schlecht geworden. Wie Knubbel, die sich so überfressen hat, daß sie kotzen mußte, und jetzt bei der Nachbarin schlafen darf. Aber wenn mir sozusagen schlecht wäre, würde Tante Rita natürlich mit mir sofort raus aufs Klo ... und vielleicht hätte auch Onkel Rudi gleich spitzgekriegt, was ein paar Reihen hinter ihm los ist. Und er würde mit rauskommen und sich gleich wieder mit Tante Rita krachen ... Babs sagt, sie hat genug von diesen Krächen zwischen ihren Eltern. Einmal hat Onkel Rudi sogar ein Radio nach Tante Rita geschmissen. Das Radio war hin, aber Tante Rita hat sich mit dem ovalen Holztablett revanchiert, dem von Onkel Rudis Mutter...

Jetzt singt Hans vorn auf der Bühne, daß er Marie »verkaufen« will. Das Wort »verkaufen« kann man sehr gut verstehen. Dann unterschreibt Hans irgendwas. Alle Leute um ihn herum singen laut und immer lauter. Als ob sie was haben – gegen Hans. Bis der Vorhang fällt.

Pause.

Warum habe ich nicht gesagt, daß mir von der Geburtstagstorte plötzlich schrecklich schlecht geworden ist?

»Ich bleib' sitzen«, sagt Babs, »mir ist so schrecklich schlecht.«

»Mir auch«, sage ich, »von der Torte.«

»Spinnt ihr?« Tante Rita ist total ungerührt.

»Los, jetzt trinken wir erst mal was!«

Geht aber nicht. Das Opernfoyer ist überfüllt. Von Männern, die sich trotz der Sommerwärme in dicken, schwarzen Anzügen zum Büffet drängeln, und Frauen, die lange, glänzende Kleider tragen und glitzernde, kleine Täschchen am Arm. Ein Opernbesuch, hat Tante Rita gesagt, als ich mich erst weigerte, mein neues Kleid anzuziehen, ist was ganz Feines in der Zone. Wer nicht viel zu feiern hat, feiert das bißchen wie verrückt.

»Ich geh' raus eine rauchen«, sagt Dieter.

Doch er darf nicht, weil er heute schon mindestens vier Zigaretten gequalmt hat. Offiziell darf er nur zwei am Tag. Dieter, sagt Tante Rita, die schick aussieht in dem schwarz-rot geblümten langen Kleid, das Babs gestern abend anprobiert hatte, Dieter solle sich lieber mit in die Menge schmeißen und seinen »Damen« was zu trinken besorgen. Sekt für Tante Rita. Limo für Babs und mich.

»Und unser Kavalier«, sagt sie neckisch zu ihrem Sohn, »kriegt heute ein Bier.«

Dieter ist stinkwütend, weil er schwitzt in Schlips und dunkelblauem Anzug. Wir Mädchen haben es besser. Babs trägt ein hellgrünes Sommerkleid über zwei Petticoats (einer ist von mir), und ich habe nun doch das neue Rote an, mit den aufgestickten weißen Punkten und dem weiten, an der Hüfte angesetzten Rock. Es ist mein Vor-Geburtstagsgeschenk, das ich schon in Berlin bekommen hatte, und im Kragen innen steht »Teenagermoden«. Das Kleid stammt aus einem Modegeschäft, in dem mein Vater die Heizung gebaut hat. Weil ihm die Inhaberin nicht gleich alles bezahlen konnte, bekam ich dafür das Kleid. Babs hat gestaunt über das Wort »Teenager« im Kragen. Das ist modern und Amerikanisch und heißt »Backfisch«, habe ich ihr gesagt. Aber »Teenager« sind nicht nur Mädchen, sondern auch Jungs zwischen elf und neunzehn. Meine Mutter, Tante Rita oder Caroline Schlegel war noch ein Backfisch.

»Geld«, brummt Dieter und hält die Hand auf.

Tante Rita gickert und will in ihr Abendtäschchen greifen – da passiert es.

»Ach«, sagt Tante Rita und macht schmale Augen über den hohen Backenknochen, »ach – Tag, Rudi!« Onkel Rudi sagt auch »ach, Tag, Rita« und fährt Dieter und Babs durch die Haare. Er hat noch einen Mann und eine Frau dabei. Das Paar ist so um die vierzig, fünfzig. Der Mann hat eine Halbglatze mit einem kräuseligen grauen Haarkranz und ein vorstehendes Kinn. Die Frau ist etwas größer als er und sieht aus, wie ich mir eine Pariser Malerin oder Sängerin vorstelle: Sie hat eine schwarze Ponyfrisur, ist schwarz gekleidet und trägt keinen Büstenhalter. Das kann man an den hängenden Brüsten unter dem ärmellosen Kleid erkennen.

»Sieh da, meine Lieblingsquälerin!« flötet der Mann mit der Halbglatze und küßt Tante Rita die Hand.

»Neuerdings wohl nicht mehr«, sagt Tante Rita und schleudert Onkel Rudi den Blick zu, mit dem sie Türen schmeißt.

»Es war ein Notfall, Rita«, sagt Onkel Rudi und wird rot. »Weeßte, der Weisheitszahn rechts oben, stark vereitert! Ick lag für den Patienten einfach näher auf der Strecke!«

Onkel Rudi berlinert noch immer wundervoll, obwohl er schon seit 1946 in Sachsen lebt. Erst mit Tante Rita und den Kindern in der kleinen Stadt am Erzgebirge und jetzt solo in Chemnitz. Als ob er mit seinem Berlinern beweisen will: Ick bin keen Kaffesachse jeworden – ick nich! Trotz alledem!

»Gucken Se mal, Frau Doktor«, sagt der Mann mit der Halbglatze zu Tante Rita und haut sich auf die Backe, »noch immer etwas geschwollen! Aber nächstes Mal komme ich natürlich wieder zu Ihnen. Sie wissen doch, wie ich Ihr zartes Händchen schätze!«

Zu diesem Gesülze legt er auch noch seinen Arm um Tante Ritas schwarz-rot Geblümtes, und wir lachen alle höflich dazu. Nur die nachgemachte Pariserin, die zu dem fremden Mann zu gehören scheint, lacht nicht.

»Soll ich jetzt was zu trinken holen?« fragt Dieter, der offenbar genug hat.

»Wir laden euch alle ein«, sagt der fremde Mann, »nach der Vorstellung! Auf einen Krimsekt in der Opernbar!«

»Oder auch auf zwei«, sagt Onkel Rudi.

»Geht nicht«, sagt Tante Rita, »Doro muß morgen ganz früh raus.«

»Doro? Ach Jottchen, da is ja ooch noch Doro!«

Erst jetzt hat Onkel Rudi kapiert, daß seine Nichte aus West-Berlin ebenfalls vorhanden ist. Begeistert kneift er mich in die Wange, was ich ganz besonders hasse.

»Warum mußte denn morjen so früh raus, Kleene?«

Kleene!

»Weil ich nach Hause muß, Onkel Rudi.«

»Wieso – muß?«

»Meine Aufenthaltserlaubnis ist übermorgen abgelaufen.«

»Ach, so is det!«

Er grinst und blinzelt dem Mann mit der Halbglatze zu.

»Sollte es da keene Lösung jeben, Herr Doktor?«

Der Mann mit der Halbglatze, der auch einen Doktortitel hat, genau wie Tante Rita und Onkel Rudi, aber nicht wie ein Arzt oder Zahnarzt wirkt, grinst blitzend zurück. Irgendwo vor dem enteiterten Weisheitszahn muß er noch einen Goldzahn haben.

»Da machen Sie sich mal gar keine Gedanken«, sagt er zu Tante Rita, »wir nehmen Ihre Nichte mit nach Berlin! Sie muß doch zurück nach Berlin?«

Tante Rita zaudert. Ich merke, sie möchte es mit dem fremden Mann nicht verderben.

»Aber wir fahren doch erst Freitag zurück«, sagt die fremde Frau.

»Toll!« ruft Dieter. »Erst Freitag! Dann können wir ja noch zusammen segeln gehen!«

Hat er »zusammen« gerufen? Zusammen mit mir – nicht mit Renate?

»Und ins Kino können wir auch noch gehen«, sagt Babs. »Im ›Rex‹ spielen sie ab morgen den ›Weißen Traum‹.«

Und ich könnte den Roman über »Caroline Schlegel«

zu Ende lesen, den mir Tante Rita nicht mitgeben will, weil der ein »Andenken« sei.

»›Der weiße Traum‹?« fragt Onkel Rudi. »Is det nich so 'n oller Film aus der Nazizeit? Warum spielt man so wat jetzt überhaupt bei uns in der DDR?«

Onkel Rudi ist, sagt mein Vater, »Edelkommunist« wie Tante Rita, was dasselbe wie »Idealist« wäre. Onkel Rudi sagt auch immer Karl-Marx-Stadt statt Chemnitz, und für die Zone sagt er DDR. Das ist die Abkürzung für »Deutsche Demokratische Republik«. Oder, wie mein Vater sagt, für »Doofer Deutscher Rest«.

»Filme wie ›Der weiße Traum‹«, beginnt die fremde Frau, »liegen bei uns im Filmarchiv und kosten nichts...« Aber bevor sie ausreden kann, hat sie der fremde Mann einfach weitergeschoben.

»Also«, ruft er, bevor er sich mit der Frau und Onkel Rudi vom Gedrängel vorm Opernbüffet verschlucken läßt, »dann bis nach der Vorstellung in der Opernbar!«

»Wer war denn das?« frage ich beeindruckt.

»Ein Bonze«, sagt Dieter, »aus Pankow.«

Tante Rita sagt nichts. Sie blickt Onkel Rudi nach und hält ihre nackten Arme mit ihren Händen umfaßt, als ob sie sich selber umarmen will.

XXXVIII

Der Lippenstift ist dunkelrot. Zu dunkel für Tante Ritas schwarz-rotes Blumenkleid. Trotzdem streicht sie sich den Mund schon zum zweitenmal an.

»Mhmmm«, macht Tante Rita und rollt die Lippen von außen nach innen, um die Schminke zu verteilen.

Wir stehen vor einem der drei Spiegel im Damenklo, und ich sollte ihr sagen, daß sie sich eine Scheibe Schminke wieder runterwischen muß.

Aber ich sage nichts. Tante Rita wirkt so mopsfidel. Sie schielt fast ein bißchen vor guter Laune. Nein, sie schielt total. Bei Tante Rita ist immer alles total. Sie ist total lustig. Total traurig. Total schlampig – und total ordentlich, wenn es sie überkommt. Stundenlang wird dann das ganze Haus saubergemacht, jede Ecke. Dann müssen wir sogar die Teppichfransen kämmen, keine Franse kann Tante Rita gerade genug liegen – und dann ist alles plötzlich wieder vorbei: Tante Rita liegt abends noch im Morgenrock, aus dem der Busenansatz quillt, auf dem Sofa im Wohnzimmer-Erker, schlürft ein Likörchen, erzählt Witze oder spielt mit uns Schach oder Rommé.

»Rita ist veränderlich wie das Wetter«, sagt mein Vater über seine ein Jahr jüngere Schwester. »Nur wenn sie dir in den Zähnen rumfuhrwerkt, ist sie ruhig wie die Nacht zwischen drei und vier.«

Jetzt ist es nachts zwischen zwei und drei. Chemnitz, das jetzt Karl-Marx-Stadt heißt (nach Karl Marx, der den Kommunismus, den mein Onkel Paule »Sozialismus« nennt, erfunden hat), pennt. Nur in der Opernbar ist noch Remmidemmi. Tante Rita hat jede Menge Sekt getrunken (»Prost, Doro! Doro wird nämlich heute siebzehn, und mit siebzehn beginnt das Leben, weißte überhaupt, daß deine Nichte heute siebzehn wird, Rudi?«). Weiß der Himmel, wie sie uns nachher in dem alten, weißen Daimler-Sport, der sowieso nur noch mit Anschieben anspringt, nach Hause fahren will – betütert, wie sie ist! Wahrscheinlich muß Dieter fahren, obwohl der erst im Dezember seinen Führerschein kriegt.

»Fertig«, sagt Tante Rita. Stülpt die zu dick bemalten Lippen nach innen und läßt sie – blubb – wieder rausflutschen. Dabei knallt sie der Klofrau, die schon nach ihrem Trinkgeld giepert, einen so frechen Blick an die ausgewachsene Dauerwelle, daß die Arme sofort zurück in den Vorraum flüchtet. Interessant, daß es im Opernkeller überhaupt eine Klofrau gibt! Eine werktätige Klofrau… das ist doch Ausbeutung!

Sowieso ist heute nacht manches nicht so, wie man sich das bei den »Kozis«, wie mein Vater Kommunisten und Sozialisten in einem Aufwasch nennt, vorstellt. Die Opernbar, zum Beispiel, sieht gar nicht modern und sozialistisch aus, sondern mehr wie von früher. Mit geheimnisvoll golden schimmernden Tapeten und Schummerlämpchen auf jedem Tisch. Und die Kellner wieseln um uns herum wie im Westen und blaffen einen nicht dauernd an wie in den häßlichen HO-Gaststätten, wo man froh sein kann, wenn man dort überhaupt einen Sitzplatz ergattert.

Besonders um den fremden Mann mit der Halbglatze, dem Onkel Rudi die Zähne gemacht hat, wieseln die Kellner in der Opernbar. Der Mann braucht nur den kleinen Finger zu lüpfen, schon flitzt der Ober.

»Sag mal, Tante Rita, wer ist das eigentlich, dieser Bonze aus Ost-...«

»Auch 'n bißchen Lippenstift, Doro?«

Sie hält mir das Ding unter die Nase.

Ich schüttele den Kopf.

»Na, komm schon, Geburtstagskind, ich seh's dir doch an!«

»Die Farbe paßt nicht zu meinem Kleid.«

»Die paßt haargenau!«

Bei mir hat sie sogar recht. Mit den dunkelrot bemalten Lippen sehe ich todschick und gleich noch drei Jahre älter aus.

»Du machst dich, Doro! Rudi sagt auch, du bist gar nicht mehr so staksig...«

Sie verstummt und wirft den Lippenstift in ihr Abendtäschchen.

»Warum seid ihr eigentlich auseinander, Tante Rita? Onkel Rudi und du?«

Jetzt habe ich auf dem Damenklo der Opernbar doch gefragt, was ich schon ewig fragen wollte. Bestimmt ist sie stinksauer. Total stinksauer.

»Ach, weißt du, Doro...«

Sie stützt sich aufs Waschbecken und guckt in sich rein: »...dein Onkel Rudi...«

Wieder macht sie eine Pause, schneidet sich eine Grimasse im Spiegel und lacht etwas zu laut.

»Dein Onkel Rudi, Doro, ist in dem Alter, in dem Männer gern mal durchdrehen. Wo sie noch mal jung sein wollen. Mit einer Jüngeren…«

»Hat Onkel Rudi denn 'ne jüngere Freundin?«

»Das ist schon wieder vorbei.«

»Aber dann könntet ihr doch noch mal zusammen…«

»Neuerdings sagt Rudi, er hält es nicht aus, wenn ich – trotz der Kinder – berufstätig bin.«

Ist ja auch nicht üblich, denke ich. Selbst meine Mutter arbeitet bloß deshalb bei Onkel Paules Zeitung als Sekretärin, weil wir das Geld für den Haushalt brauchen – und nicht weil sie unbedingt berufstätig sein will. Darum heißt es ja auch, wenn ich mal davon rede, daß ich später Journalistin werden will, immer gleich: »Dann wirst du aber auf Kinder verzichten müssen, Doro, falls du überhaupt heiraten willst!«

Will ich überhaupt heiraten? – Klar würde ich gern morgens mit jemand beim Frühstück sitzen, in die Leberwurstschrippe beißen, während ich in Augen lande, die gar nicht mehr kalt und gelangweilt blicken. Und nachts im Bett will ich bei dem Jemand liegen, so eng, daß wir uns gar nicht mehr loslassen können… Aber Journalistin werden – das will ich auch!

»Ich habe doch nicht studiert«, flüstert Tante Rita, »und bin Zahnärztin geworden, weil ich ständig am Herd stehen wollte! Ich kann doch was in meinem Beruf – genau wie Rudi! Und trotzdem muß ich jetzt aufpassen, daß er mir nicht noch die Patienten wegnimmt, der Gauner!«

Die Spülung rauscht. Eine Frau im langen, lila Rock kommt aus dem Klo und wäscht sich am Nebenwaschbecken die Hände.

»Das Wasser ist viel zu heiß«, sagt sie beleidigt, als

wären wir dran schuld, und knallt die Tür hinter sich zu. Im Vorraum klackern die leichten Zonenmünzen auf einen Teller.

»Manchmal«, sagt Tante Rita und sieht sich um, »würde ich am liebsten abhauen mit den Kindern.«

»Zu uns in den Westen? Au, dufte!«

»Dabei habe ich immer geglaubt, bei uns kümmert man sich besonders um uns Frauen!«

»Kümmert man sich denn nicht bei euch in der Zone?«

»Sag nicht immer Zone, Doro! Wenn dich jemand hört!«

Sie hat überhaupt keinen Schwips mehr, meine Tante Rita, und ihr Mund ist dunkelrot wie bei einem sehr traurigen Clown.

»Natürlich kümmert man sich bei uns um die Frauen! Jede Frau kann hier ihre Kinder in die Krippe oder den Kindergarten geben, wenn sie arbeiten gehen will. Wir Frauen werden ja gebraucht bei dem Arbeitskräftemangel! Und schon deshalb hat Rudi nicht recht...«

»Könnt ihr euch denn nicht einfach wieder vertragen – du und Onkel Rudi?«

»Ach, Doro...«

Sie verzieht den zu dick bemalten Mund, dreht den Warmwasserhahn auf und hält die Hand darunter: »Was will die dumme Kuh überhaupt? Das Wasser ist doch eiskalt... au, verdammt, ist das heiß!«

XXXIX

Ich bin gerade am Start, als sie kommen. Gleich zwei Mann hoch tanzen sie an. Genau wie die Typen, die im Zug, mit dem ich in den Sommerferien zu Tante Rita in die Zone gefahren bin, kontrolliert haben. Solche Leute, sagt mein Vater, kommen immer zu zweit, damit einer Zeuge sein kann, falls was passiert.

Und was passiert, wenn ich alles abstreite und pampig werde? Wenn dann einer von beiden sagt, das wäre Beamtenbeleidigung oder so?

Spinn nicht, Doro, vielleicht wollen die gar nicht zu dir! Aber so, wie ich manchmal weiß, daß mein Bruder Ebbe das Lied, das ich vorn in der Küche ganz leise angefangen habe zu singen, hinten im Kinderzimmer in der nächsten Sekunde mitgrölen wird, weiß ich, daß die beiden Polizisten zu mir wollen.

»Auf die Plätze...«, schreit die Schuster, unsere Turnlehrerin, »...fertig...«, ein Pfiff aus ihrer Trillerpfeife wie auf dem Kasernenhof, »...los!«

Fehlstart! Ich bin zu früh losgelaufen. Karla, die mit mir läuft, guckt mich giftig an.

Ich hasse Wettrennen. Sport überhaupt. Nur weil ich lange Beine habe und im Hochsprung einigermaßen bin, kriege ich »ausreichend«. »Auf die Plätze...«

Die beiden Polizisten nähern sich jetzt unserer Laufstrecke auf dem hinteren Teil des Schulhofs. Einer ist viel jünger als der andere – auch wie die beiden im Zonenzug.

»...fertig...« – Pfeifentriller – »...los!«

Schon wieder bin ich zu früh losgelaufen. Meistens starte ich bei Wettrennen zu spät, weil ich gar nicht einsehe, wofür ich mich abhetzen soll.

»Reiß dich zusammen, Doro!« zischt Karla. Sie läuft sonst mit Erika, die »gut« in Sport auf dem Zeugnis hat. Aber Erika läuft heute nicht mit. Sie hat ihre Tage, sagt sie. Dabei weiß ich genau, daß sie lügt, weil sie sich mit Karla für den Nachmittag zum Schwimmen verabredet hat. Ins Strandbad mit Erikas neuem Ami-Freund und Karla mit ihrem Ralf.

»...fertig...los!«

Diesmal habe ich den Start verpennt. Trotzdem zuckele ich hinter Karla her. Es ist Anfang September und kann gleich regnen. Die Schuster spinnt, wenn sie uns bei Regen weiterlaufen läßt.

»Nur Schnecken kriechen besser!« ruft mir Erika am Ziel entgegen. Sie hält eine Uhr in der Hand, mit der sie unsere Laufzeiten stoppt, und die beiden Polizisten stehen schon neben ihr.

»Dorothee Uchtmann?«

Ich japse, als ob ich total erledigt wäre, und spüre, wie der jüngere Polizist auf mein enges weißes Turnhemd starrt, unter dem ich keinen Büstenhalter trage, weil der beim Turnen so kneift.

»Fräulein Uchtmann?« fragt der Ältere und kratzt sich sein Dreifachkinn.

»Ja«, sage ich und friere trotz der Wärme.

»Könnten Sie uns mal Ihr Fahrrad zeigen? Sie haben doch ein Fahrrad?«

Mein Fahrrad steht in den Unterständen neben der Aschenbahn und sieht etwas zerbeult aus.

»Ich habe der Frau doch meine Adresse gegeben!« sage ich. »Was ist denn noch?«

»Sie kriegen eine Anzeige, Kindchen!«

»Sie« – aber »Kindchen«!

»Eine Anzeige?«

»Sie haben einen Verkehrsunfall verursacht, das gibt ein gerichtliches Nachspiel!«

Das darf ja wohl nicht wahr sein! Ich bin doch bloß ein bißchen von hinten an das andere Rad gekommen, auf dem leider ein kleines Mädchen hinter der Mutter auf dem Rücksitz saß, bis es runterfiel... »Aber dem Kind ist doch gar nichts passiert. Und die paar Schrammen am Rad der Mutter, die bezahle ich selbstverständlich!«

Ich weiß auch schon, wie: Eine Freundin von Karlas italienischer Mutter, die in Kreuzberg in einem Kaufhaus arbeitet, hat gesagt, die suchten dort Schülerinnen für nachmittags als »Aushilfskräfte«.

»Jesetz is Jesetz«, sagt der jüngere Polizist und glotzt von meinem Turnhemd zu Karla, die in kurzen, schwarzen Hosen und auf prima geformten braungebrannten Beinen auf uns zusteuert. »Wenn's 'ne Anzeije jibt, jibt's ooch 'ne Verhandlung.«

»Was ist los?« fragt Karla. »Die Schuster will, daß du mal zu ihr kommst, Doro!«

»Aber das ist doch ein schrecklicher Aufwand«, protestiere ich, »mit Gerichtsverhandlung und so! Das kostet doch viel mehr als die Reparaturen an den Fahrrädern!«

»Det übalassen Se mal uns, Kindchen«, sagt der ältere Polizist.

»Woran ham Se denn jedacht, als det Unglück passiert ist?« fragt der Jüngere und sucht Karlas italienischen Blick.

»Doro hat bestimmt an gar nichts gedacht«, sagt Karla nett, aber dusselig.

»Woll an den Freund jedacht oda an de Tanzstunde?«

»Nee«, sage ich wütend, »an Latein!«

Dabei habe ich an den Brief gedacht, den ich Sabine nachher in Mathe schreiben will und in dem ich ihr von der Rückreise aus den Sommerferien in der Zone mit den komischen Leuten von Onkel Rudi erzählen will. Und von der Party, die Karla demnächst geben darf, zu der Frieder natürlich mit Porte kommt und ich vielleicht mit dem Hornbebrillten, von dem ich aber nicht weiß, ob der überhaupt noch in Berlin ist oder nicht schon seine Banklehre in Hannover macht, weil das Laienspiel nämlich noch immer ausfällt und wir die »Roggenfuhre« bestimmt erst zum nächsten Erntedankfest aufführen werden, was gemein ist vom Vikar, weil ich doch dadurch Frieder nicht... und als ich an all das dachte, da bin ich eben heute früh auf dem Schulweg mit meinem Fahrrad gegen das Fahrrad der Frau mit dem Kind auf dem Rücksitz geknallt.

»Stimmt«, lügt Karla, »wir schreiben heute Latein.«

»Na, wenn det so is«, sagt der ältere Polizist beinahe respektvoll und zieht seinen Fuß, mit dem er gerade gegen das zerbeulte Schutzblech an meinem Fahrrad stoßen wollte, wieder zurück, »denn hatten Se natürlich wat, woran Se denken mußten.«

XL

Liebe Sabine,

eben kam die Polizei auf den Schulhof, und stell dir vor: zu mir. Ich habe heute früh auf dem Weg in die Schule, gleich hinter der Kreuzung Tempelhofer Damm/Ringbahn-Straße, eine Frau mit dem Fahrrad ein bißchen angerumst – und sofort war der Teufel los. Weil die Frau ein kleines Kind auf ihrem Gepäckträger hatte und das runterfiel und gebrüllt hat, obwohl ihm nichts passiert war, standen sofort fünfzig oder hundert Leute rum und gafften, als ob ich jemand umgebracht hätte. Alles war schrecklich übertrieben, auch die beiden Polizisten, die ausgerechnet kamen, als wir Sport hatten. Jetzt kriege ich eine Anzeige und vielleicht sogar noch 'ne richtige Gerichtsverhandlung. Ich komme mir vor, als ob ich mit Schnupfen zum Arzt gerannt bin und plötzlich 'ne Lungenentzündung haben soll. Karla, die jetzt auf Deinem Platz neben mir sitzt, sagt, so wäre das immer. Ihr Onkel hätte mit seinem Motorroller neulich auch nur ein paar Kratzer an einem Mercedes gemacht – und schon hat er eine Anzeige und muß 2000 Mark bezahlen. Ich finde das ungerecht. Bei uns im Westen, habe ich gedacht, sind die gerechter. Wir haben übrigens gerade Mathe, weshalb ich Dir auch schreiben kann. Ich schreibe auf dem Erdkundeatlas, den ich unterm Tisch auf den Knien habe. Karla paßt auf, falls Gullmann mich stören will. Warum glaubt er nicht endlich, daß bei mir in Mathe nicht so viel zu holen ist wie bei Freund Harry in Deutsch! Karla läßt übrigens grüßen. Sie darf demnächst eine Party machen. Mit Gurkenbowle, die toll schmecken soll (sagt Karlas »Mammma«). Ich glaube nicht, daß so was toll schmeckt. Aber Hauptsache Bowle!

Vielen Dank für Deine Karte aus Paris zu meinem Geburtstag. Und für die Kette mit dem türkisfarbenen Steinanhänger. Ist das was Echtes? Jeder sagt, die Kette sieht todschick aus. Am besten auf Schwarz. Aber ich habe leider nur den schwarzen Winterpullover von der Beerdigung meiner Oma. Karla meint, der Anhänger könnte auch toll auf Blau aussehen. Beißt sich das nicht: Blau und Türkis? Oder tragen die Frauen so was in Paris? Es muß ja toll gewesen sein, in Paris. Mit den ganzen verrückten Künstlern und Montmartre und dem Rotwein. Meine Mutter schwärmt von Paris, seit sie mit meinem Vater vor zwei Jahren dort war, wo sie den grünen Aschbecher-Frosch, der auf dem Kacheltisch im Wohnzimmer steht, in einer Kneipe gekriegt hat. Oder geklaut. Aber das würde meine Mutter nie zugeben. Warum Du Berlin besser findest als Paris, ist mir schleierhaft, obwohl ich noch nie da war. Überhaupt noch nie im Ausland und…

Gullmann, das Schwein, hat mich drangenommen! Ich mußte an die Tafel. Berechnung einer Ellipse – und stell Dir vor, ich hab's gekonnt. Jetzt ist alles aus, und ich komme nicht mehr zur Ruhe.

Also… ich wollte gerade schreiben, daß ich noch nie im Ausland, sondern wie üblich in den Sommerferien bloß wieder bei Tante Rita in der Zone war. (Dieter läßt innig grüßen und fragen, ob Du noch so schön verrucht »Illusionen« – wie die Knef – singen kannst?) Trotzdem war's wieder nicht schlecht in der Zone, und Grenzen gibt's ja da genau wie zum Ausland. Nur bei meiner Rückfahrt, da kam diesmal alles ganz anders.

Es fing damit an, daß ich länger bleiben konnte, obwohl meine Aufenthaltserlaubnis schon abgelaufen war. Das hat Onkel Rudi so gedreht mit den Leuten, mit denen ich dann zurückgefahren bin. Komische Leute, sage ich Dir!

Bevor ich aber zurückfuhr, war ich noch mit Babs im Kino: »Der weiße Traum«. Der Film stammt aus der Nazizeit, wovon man allerdings nichts gemerkt hat. Er handelte von einer Frau, die Eislaufstar wurde wie bei »Holiday on Ice«. Die Eislaufszenen waren toll, aber in Schwarzweiß, und die Handlung bescheuert. Dauernd wurde gesungen: »Kauf dir einen bunten Luftballon«. Ich hab das Lied ewig nicht aus dem Kopf gekriegt, schon weil es meine Mutter manchmal beim Autofahren singt. Sogar Babs fand den Film reichlich doof, obwohl sie in der Zone nur selten ins Kino kommt. Aber seit sie hier im Westen »Vom Winde verweht« gesehen hat, ist sie verrückt auf amerikanische Filme. Aber so was spielen sie ja so gut wie nie in der Zone. Stell Dir vor, Babs kennt nicht mal Pier Angeli oder Marlon Brando oder Doris Day. Wenigstens kennt sie ungarische Salami, an der wir uns im Kino fast überfressen haben, zusammen mit dem säuerlichen Weißbrot, das es beim Bäcker nebenan von Tante Rita gibt. Ungarische Salami ist, wie Du bestimmt noch weißt, die beste Wurst meines Lebens. Aber viele Leute in der Zone kaufen sie nicht, weil sie aus Ungarn und nicht aus dem Westen kommt. Tante Rita kriegt die Wurst von einem Fleischer, der noch nicht HO ist. Aber der Fleischer hat's schwer, weil er dauernd in die SED soll oder HO werden muß. Vor ein paar Jahren hat er gesagt: Erst wenn die Rolle Drops zwanzig Pfennige (Ost) kostet, geht er in die Partei. Jetzt kostet die Rolle Drops zwanzig Pfennige (Ost), und jetzt ist er, sagt Dieter, dran.

Mit Dieter war ich übrigens noch segeln. Wir haben uns ziemlich gekracht, weil ich ein Buch von Tante Rita über eine Frau namens Caroline Schlegel unbedingt zu Ende lesen wollte. Später fand Dieter dann noch, daß ich zu blöd zum Segeln wäre, weil ich nie kapiert habe, warum man links am Segel stehen muß, wenn man rechtsrum will. Im schönsten Krach wurde das Wetter mies, und der Sturm begann, als wir mitten auf dem See waren. Der Hauptmast krachte runter und genau auf meinen linken kleinen Zeh. Irgendwie sind wir aber trotzdem ans Ufer gekommen, wo Dieter den Mast wieder repariert hat. Nur mein kleiner Zeh war total geschwollen und blau und grün. Leider durfte ich nichts davon sagen, weil Tante Rita immer gleich durchdreht, wenn was mit dem Segelboot ist.

Erst an meinem letzten Abend in der Zone haben wir uns wieder vertragen, Dieter und ich. Onkel Rudi war nämlich mit dem komischen Paar angerückt, mit dem ich zurückfahren sollte, und es wurde ganz schön gezwitschert. Dieter hat mir eine halbe ungarische Salami geschenkt und Onkel Rudi zum erstenmal seit langem wieder im Schlafzimmer bei Tante Rita gepennt. Leider hatte ich am nächsten Morgen, als wir um sechs (!!!) losfuhren, eine solche Birne von der Pfirsichbowle, daß ich ewig nicht mitbekam, mit wem ich da eigentlich fuhr.

Ich saß hinten neben der Frau, die trotz Sommer einen schwarzen Rolli trug, und duselte so vor mich hin. Vorn neben dem Fahrer saß der Mann, der eine Halbglatze wie Harry hatte. Erst als wir an einem Autobahnrasthof hielten, habe ich gemerkt, daß wir in einem wahnsinnig tollen Auto fuhren. Wir gingen dann rein in den Rasthof und bekamen sofort Platz, was in der Zone sehr selten ist. Der Chauffeur durfte mit am Tisch sitzen und hat zu dem Typ mit der Halbglatze »Genosse« gesagt. Der Mann hat Schnitzel bestellt, aber ich konnte nichts davon essen. Ich hätte nur kotzen können, so schlecht war mir. Trotzdem haben mich der Mann und die Frau dauernd ausgequetscht: Auf was für 'ne Schule ich in West-Berlin ginge und was ich später mal studieren möchte und so weiter, und so weiter...

Nachher im Auto wurde weitergequatscht. Ich bekam mit, daß die Frau was beim Film in der Zone war und der Mann was Hohes bei der Regierung in Ost-Berlin. Das merkte man schon daran, daß wir bei jeder Kontrolle von den Vopos durchgewinkt wurden. Auch an der Stadtgrenze nach Berlin. Die Vopos grüßten uns wie besessen, und ich dachte dran, wie die mich bei der Hinfahrt im Zug schikaniert hatten – und doch war ich die gleiche Person wie immer.

Aber dann wurde es noch verrückter, als ich den Leuten im Auto erzählte, daß ich Journalistin werden und an der Freien Universität in West-Berlin studieren möchte. Da sagte der Mann ganz aufgeregt: Er könne mir auch einen Studienplatz an der Ost-Berliner Humboldt-Uni besorgen. Weil ich ja wohl ziemlich »intelligent« (haha!) sei und als Nichte von Onkel Rudi und Tante Rita natürlich empfehlenswert. Und dann meinte die Frau, daß Goethes

»Faust« aus »sozialistischer Sicht« viel interessanter sei, weil Goethe in Wahrheit ein »sozialistischer Dichter« wäre, was man besonders bei »Faust II« zum Schluß mitbekäme. Darauf sagte ich, daß ich noch nicht mal »Faust I« auf kapitalistisch gelesen hätte, weil der bei uns noch nicht dran sei in der Schule. Und das würde ich erst mal gern tun.

Außerdem, habe ich gesagt, sollten sie lieber meinem Cousin Dieter diesen »Studienplatz« im Ostsektor geben. Weil der Medizin studieren wolle und wahrscheinlich nicht kann, weil seine Eltern weder Arbeiter noch Bauern, sondern nur Akademiker sind. Darauf hat der Mann bloß gelacht: »Alles wird nicht so heiß gegessen, wie es gekocht wird.«

Ein total blöder Spruch, findest Du nicht? Wie kann man sich dann überhaupt seine Zunge verbrennen?

So kamen wir endlich nach Berlin, immer wie geschmiert durch alle Kontrollen. Einmal bin ich ausgestiegen und habe gekotzt, danach ist mir besser gewesen. In Berlin-Mitte, also noch im Ostsektor, hielt das tolle Auto (mit einem Wimpel vorn) genau vor der U-Bahn. »Leider können wir Sie nicht rüberfahren«, sagte der Mann. Und die Frau rief, ich solle mich nach dem Abi doch wirklich mal bei ihnen melden. Ich glaube zwar nicht, daß ich mich melde, aber irgendwie war das Paar, auch wenn's kommunistisch war, ganz nett.

Abends rief bei uns zu Hause im Westsektor Tante Rita mit Voranmeldung aus der Zone an und hat sich halb schief gelacht, weil ich nicht gemerkt habe, mit wem ich da gefahren bin: mit einem echten Minister, liebe Sabine, auch wenn's nur einer aus der Zone war.

So, das war der längste Brief meines Lebens. Ich hoffe,

Du merkst daran, daß Du immer noch meine beste Freundin bist. Wir haben inzwischen schon Geschichte, und das Schiff wechselt im Schnitt alle zwei Minuten vom rechten aufs linke Bein (Karla hat das ausgerechnet). Ich würde Dich ja schrecklich gern mal besuchen. Aber ich kann nicht, weil es mit unserer Firma noch immer so schlecht geht und wir vielleicht sogar unser Haus verkaufen müssen. Bitte, schreib mir bald zurück – aber keine Postkarte.

Deine

Doro

Liebe Sabine,

weil Doro endlich fertig ist, schreibe ich jetzt auch noch was. Gemein, daß Du nicht hier bist, wenn ich meine Party mache. Einer wäre bestimmt total hin – auch wenn er immer noch mit Porte geht. Porte arbeitet jetzt im Büro bei Siemens. Als Lehrling. Aber sie tut, als ob sie schon die Chefin ist. Porte kommt natürlich auch zu meiner Party und Erika mit ihrem Ami, der Kevin heißt.

Doro sagt gerade: Du wärst überhaupt nicht hin wegen Frieder. Doro weiß doch gar nichts. Jetzt kneift sie mich, und das Schiff steht auf beiden Beinen und kommt bestimmt gleich her...

Tausend Grüße von

Deiner

Karla

XLI

Wie Meer. Wie riesige Wellen schwappen die langen Sitzreihen. Reinstürzen, aufgefangen, mitgetragen werden. Wie im Meer.

»Vermeiden Sie Vergleiche!« predigt uns Harry dauernd in Deutsch. »Vergleiche offenbaren einen Mangel an Phantasie.«

Ich will keinen Mangel an Phantasie haben. Aber schon das richtige Meer existiert ja mehr in meiner Einbildung als in meiner Erinnerung. Mit zwei Jahren war ich ein einziges Mal an der Ostsee, dort, wo heute Zone ist, und beim Anblick des Meeres soll ich »Papa« gerufen haben, wie mein Vater gern heute mit wackelnden Ohren erzählt – weil alles, was ich damals toll fand, bei mir »Papa« hieß. Auch das Meer.

»Auch ihr«, ruft ein unsichtbarer, alter Mann, den wir Deutschen manchmal »Papa« nennen, durchs Mikrofon ins Schülermeer des Berliner Olympiastadions, »seid an dem großen Freiheitskampf dieser Stadt beteiligt…«

Die Stimme des Unsichtbaren schleppt sich im gemütlichen süddeutschen Singsang durch das große, ovale Stadion, in dem, wie mein Onkel Paule sagt, die Nazis 1936 die ganze Welt mit ihren Olympischen Spielen reingelegt haben.

»Ihr seid es«, ruft uns unser unsichtbarer Bundespräsident zu, mit seiner Stimme, die nie so feierlich sein kann wie seine Worte, »die die verfahrene Lage von heute eines Tages wieder in Ordnung bringen werden. Nicht, indem ihr große Sprüche macht. Das besorgt der Neuling, nicht der richtige Berliner, der sich selber verulken kann. Sondern ganz einfach, indem ihr das Richtige, das Notwendige tut!«

»'ne Coca tut mir jetzt not, Papa Heuss«, brabbelt Erika, »oder ich krieg 'n Hitzschlag!«

Sie sieht mies aus unter der gelben Schirmmütze, auf der steht, daß im Falle eines Falles ein Klebstoff wirklich alles klebt.

»Und damit«, ruft unser Bundespräsident, der heute bei uns in Berlin ist, während unser Bundeskanzler gerade in Moskau die letzten Kriegsgefangenen rausholen und diplomatische Beziehungen anfangen will, »... damit eröffne ich das Sportfest der Berliner Schulen!«

Das Schülermeer im Olympiastadion grölt Beifall und wiegt sich in heftigen, unregelmäßigen Wellen.

»Ich m u ß mir was zu trinken holen«, sagt Erika, »kommt ihr mit?« Ihre Haut ist käsig trotz der Schweißperlen auf der Oberlippe.

Karla und ich zwängen uns hinter ihr die Stadiontreppen hoch, durch Knäuel kleiner Jungs, die miteinander kämpfen und mich an meinen Bruder Ebbe erinnern, der auch hier irgendwo steckt und sich vielleicht prügelt, weil ihm die Wettkämpfe auf dem Rasen und den Aschenbahnen zu langweilig sind. Ich dagegen bin immer anfangs wie berauscht von so vielen Menschen auf einem Haufen, aber dann kriege ich Angst, daß alle plötzlich auf einmal losstürmen und mich niedertrampeln könnten.

»Was meint ihr, wieviel heute im Stadion sind?« frage ich.

»Fünfzigtausend«, sagt Erika und gibt einem der Prügelknaben einen Tritt.

»Hunderttausend«, sagt Karla und tritt nach.

»Never«, sagt Erika, »you are wrong, Karla-Darling!«

Seit Erika mit ihrem Ami geht, quatscht sie laufend englisch. Als ich erzählt habe, daß die Frau, die ich mit dem Fahrrad angerumst habe, fünfzig Mark fünfundsiebzig für die Reparatur haben will, hat Erika gesagt: »Don't worry, steal money«, was ich übertrieben fand und »worry« auch noch im Wörterbuch nachgucken mußte.

In den kühlen Gängen, die das Stadion umrunden, gibt es keine Imbißbude, wo man Cola oder Limo kaufen kann.

»Scheiße«, sagt Erika mürrisch. Ein Wunder, daß sie mal deutsch spricht.

Vom Rasen unten scheppert Trompetenmusik hoch.

»Die Schupos«, sagt Erika, »mit ihrer Motorrad-Nummer! Die muß ich sehen!«

Schon bei der nächsten Öffnung zu den Tribünen schiebt sie ab, ohne zu sagen, wo wir uns später wieder treffen wollen. Offenbar ist sie wild auf Uniformen. Nicht nur auf amerikanische, auch auf die von Berliner Polizisten.

»Ich kann die Motorrad-Nummer nicht mehr sehen«, sagt Karla, »bei jedem Sportfest die gleiche Chose!«

Ich nicke, obwohl ich die Nummer gar nicht so schlecht finde. Weil ich selber so ungelenkig bin, bewundere ich jeden, der sich wie Gummi bewegen kann. Mit zehn dachte ich noch, ich könnte das auch, und bin in die Ballettstunde gegangen, in einem hellgrünen, glitzernden Röckchen, das meine Mutter aus einer alten Gardine von unserer Hausschneiderin machen ließ. Es half nichts. Aber erst als ein Mädchen mit langen, braunen Korkenzieherlocken und kurzen, gelenkigen Beinen »Storchbein« zu mir sagte, hatte ich genug.

»Du«, sagt Karla und lehnt sich an die kalte Steinwand, »ich muß dich mal was fragen?«

Was muß mich Karla fragen? Sie weiß doch fast alles. In der Schule nicht nur in Deutsch, sondern auch in Mathe und Chemie. Und mit Jungs ist sie sowieso viel weiter als wir alle zusammen. Ich wette, Karla hat mit ihrem Ralf schon mehr gemacht als nur so rumgeknutscht. »Aber das«, sagt meine Mutter, »macht man nur mit dem Mann, den man wirklich liebt und heiratet.«

»Was ist los, Karla?« frage ich und lehne mich zu ihr an die Wand, die so kalt ist, daß ich es bis in meine Hüften spüre.

»Kannste was für dich behalten, Doro?«

»Klar«, sage ich und weiß, daß ich lüge.

»Schwöre!«

Ich hebe den mittleren und den Zeigefinger. Den Daumen ziehe ich ein. Dann ist es nicht so schlimm, wenn man einen Schwur bricht.

»Erika kriegt ein Kind«, sagt Karla.

Die Wand ist überhaupt nicht mehr kalt.

»Ein Kind? Spinnst du?«

Karla zieht die dünn gezupften Augenbrauen hoch.

»Es stimmt aber!«

»Glaub' ich nicht! Glaub' ich niemals! Paßt gar nicht zu Erika!«

»Wieso? Sie quatscht doch nur noch vom Heiraten, seitdem sie mit ihrem Kevin geht...«

»Erika kriegt ein Kind«, wiederhole ich. »Dann muß sie doch von der Schule!«

»Klar muß sie«, sagt Karla. »Oder kennste eine, die mit Baby Abitur gemacht hat?«

Kenne ich nicht. Aber auch ohne Abi kann ich mir Erika nicht mit Baby vorstellen. Und vorher nicht mit dickem Bauch. Schon überhaupt nicht in der Schule. In Mathe, Latein, Physik, Deutsch… na ja, bei Harry wär's vielleicht gerade noch möglich. Aber nur bei Harry.

»Und was sagt Erikas Ami dazu?«

»Kevin weiß noch von nichts. Keiner weiß was außer mir – und jetzt dir.«

»Ist es denn ganz sicher?«

»Sie hat zweimal ihre Tage nicht mehr gehabt. Und heiß baden und Chinin schlucken haben auch nichts genützt.«

»O Gott«, sage ich und fühle mich so etwas wie feierlich. Die Trompeten für die Motorrad-Nummer haben aufgehört zu scheppern. Wie lange schon? Die Wettkämpfe müssen begonnen haben. Karla und ich stehen ganz allein an der kühlen Wand.

»War Erika überhaupt schon beim Arzt?«

»Dazu braucht sie doch 'n Krankenschein von ihrer Mutter! Aber der hat sie natürlich auch noch nichts gesagt…«

»Und warum hast du's mir dann gesagt?«

Karla fährt sich mit der Zunge über die Lippen: »Weil ich's nicht mehr ausgehalten habe, keinem was zu sagen!«

XLII

Kurz bevor es dunkel wird, sehe ich mit meinen kurzsichtigen Augen besser als am hellen Morgen. Als ob der Tag mir noch mal beweisen will, was er kann, bevor er abtaucht. Auch heute abend, Anfang Herbst, drei Minuten nach sieben auf der Herrenarmbanduhr, die mir meine Großeltern zum sechzehnten Geburtstag geschenkt haben, sehe ich die Häuser in der Dämmerung scharf wie Theaterkulissen. Vor dem taubenblauen Himmel kann ich beobachten, wie die Leute auf der Straße mit ihren vollen oder flachen Taschen erledigt nach Hause zuckeln oder, wieder frisch gemacht, in die Nacht starten.

Nur meine Mutter sehe ich nicht. Punkt sieben, hat sie gesagt, soll ich da sein. Damit sie mich hochholen kann in die Zeitungsredaktion, wo Onkel Paule ihr eine Stelle als Sekretärin besorgt hat. Onkel Paule ist in der Zeitung Lokalredakteur und weiß lokal fast alles von Berlin. Auch vom Ostsektor, weil er einmal in der Woche rüberfährt und sich mit Kollegen von früher trifft.

»Ich weiß zuviel von Berlin«, sagt Onkel Paule. »Das raubt mir den Schlaf und die Unschuld.«

Ganz kapiere ich nicht, wie er das mit der Unschuld meint. Schließlich ist Unschuld beim Mann doch gar nicht so wichtig, während meine Freundin Erika jetzt ziemlich am Ende ist mit ihrer geraubten Unschuld und dem Baby im Anmarsch, über das ich nicht reden soll. Nicht mal zu Erika selbst, weil Erika sonst weiß, daß ich alles weiß.

»Tag«, sagt ein Riese, den ich gerade noch erkennen kann, obwohl es dunkler geworden ist.

»Tag«, sage ich auch, obwohl mir die Spucke wegbleiben müßte.

»Meine Schwester«, sagt der Hornbebrillte und zerrt seine Hand aus den Fingern eines Ponymädchens, das so winzig ist, daß es niemals die Schwester vom langen Hornbebrillten sein kann.

»Ich denke, du bist Banklehrling«, sage ich, »in Hannover!«

»Nee, ich bin jetzt bei der Post in Wilmersdorf. Da kann ich Beamter werden.«

»Briefträger?«

»Quatsch«, sagt er beleidigt, »ich lerne im Innendienst.«

Sein Zwerg trampelt inzwischen unruhig von einem Stöckelschuh auf den anderen.

»Du bist wohl in Eile?« frage ich honigsüß.

»Ja«, sagt der Hornbebrillte, »wir wollen ins Kino.«
»›Der Förster vom Silberwald‹ mit Rudolf Lenz«, flötet der Zwerg.

»Ich steh' mehr auf Marlon Brando«, sage ich.

»Der ist mir zu brutal«, sagt der Zwerg.

»Denn tschüs«, sagt der Hornbebrillte, »bis der Vikar mal wieder Zeit fürs Laienspiel hat.«

Kaum sind sie ein paar Meter von mir entfernt, hängt sich der Zwerg wieder beim Hornbebrillten ein. Wie ein

Schoßhündchen an der Leine stöckelt das Mädchen neben ihm über den Platz der Luftbrücke zur »Hungerharke«, dem Luftbrücken-Denkmal: eine »Brücke«, die in der Luft endet und an die Blockade vor sieben Jahren erinnern soll. Das war, als die Amerikaner die West-Berliner per Flugzeug mit Nahrungsmitteln unterstützten, weil die Russen keine Versorgungsgüter mehr durch die Zone ließen…

Damals hat das angefangen mit »Ost« und »West« in Berlin. »Wir sind zwar noch eine Stadt«, sagt mein Vater, »aber wie ein Ei mit zwei Dottern.«

Nach dem 17. Juni vor zwei Jahren wurde es immer schlimmer. Mein Vater hatte sich ausgerechnet an diesem Tag, als die Zonenarbeiter mit ihrem Aufstand gegen die Bonzen loslegten, mit Tante Rita im Ostsektor getroffen. »Das war richtig le-bendig«, hat mein Vater abends geschwärmt. Er sagt immer »le-bendig« – mit Pause zwischen der ersten und zweiten Silbe –, wenn er was besonders gut findet, und wackelt dazu mit den Ohren.

Aber am nächsten Tag kamen die Russen mit Panzern, schossen auf die Arbeiter, und das fand mein Vater gar nicht mehr gut…

Seit diesem 17. Juni denken sich die Russen dauernd was Neues aus, womit sie uns im Westsektor ärgern können. Ich habe am meisten Angst, wenn sie mit ihren Bombern so tief über unsere Dächer fliegen, daß die Gläser in den Geschirrschränken klirren wie sonst nur bei meinem Großvater, wenn die S-Bahn vorbeifährt. »So«, sagt Onkel Paule, »sind eben die Schlachten des Kalten Krieges.«

Schon zwölf nach sieben! Schmitzke macht drüben in der Dudenstraße bereits seinen Lebensmittelladen dicht.

Ich zanke mich mit mir selber, weil ich immer noch vor dem halbrunden Zeitungsgebäude auf meine Mutter warte – bloß weil ich nach dem Abi zur Zeitung und über Filmstars wie Lilo Pulver oder Pier Angeli oder Doris Day schreiben will. Manche Filmstars sollen ja sehr schwierig sein. Marlon Brando zum Beispiel, stand in der »Film-Revue«. Aber gerade die Schwierigen würden mich reizen.

»Also gut«, hatte Onkel Paule gesagt, »komm Sonnabend in die Redaktion. Da kriegste gleich mit, wie's am Kampftag für die Sonntagsausgabe zugeht. Deine Mutter kann dich ja hochholen…«

Aber sie holt mich nicht. Dabei möchte ich heute nicht nur in die Redaktion, weil ich was »mitkriegen« will, sondern auch wegen Erika.

Zwanzig nach sieben! Noch zwei Minuten, dann schiebe ich ab!

Schmitzke winkt mir drüben von seinem Laden zu. Tach, Herr Schmitzke! Nee, ist ja gar kein Tag mehr! Ohne Brille kann ich jetzt nur noch ahnen, daß Sie es sind, Herr Schmitzke! Früher haben wir bei Schmitzke sonnabends für mindestens vierzig Mark fürs Wochenende eingekauft. Heute hatte ich gerade mal zwanzig Mark. Und zum Sonntagsfrühstück gibt's jetzt nur noch Margarine. Aber Herr Schmitzke winkt mir trotzdem weiter zu. In Notzeiten, sagt meine Mutter, könne man eben sehen, wer Charakter hat…

»Anjewachsen, Doro?«

Onkel Paule.

»Ich wollte gerade gehen«, sage ich sauer.

»Deine Mutter tippt noch meinen Kommentar zum Fleischboykott der Berliner Hausfrauen ab.«

»Bei uns gibt's sowieso kein Fleisch!«

»Doro, Doro«, sagt Onkel Paule und schiebt mich durch die breite Tür ins Verlagsgebäude, »mit so 'ner Einstellung landeste nie bei der Jurnallje. Journalisten müssen warten können, manchmal ihr Leben lang, bis sie auf die Schlagzeile ihres Lebens stoßen!«

Er riecht schon wieder nach Schnaps. Ob man den braucht, wenn man so lange warten muß?

XLIII

Der Raum ist noch kleiner als mein Zimmer zu Hause. Genau vier Schritte lang. Dann bin ich schon am Fenster, das auf einen engen Hof geht. Im Zimmer gegenüber scheint sich eine Frau vor Lachen auszuschütten. Sie fuchtelt mit ihren Armen wie im Stummfilm. Es könnte auch sein, daß sie weint.

»Sekunde«, hatte Onkel Paule gemurmelt, als wir in den kleinen Raum kamen, »muß nur mal kieken, ob noch wat Neuet über den Fleischboykott jekommen is.«

Dabei überflog er schon ein paar der langen Seiten, die immer weiter aus einer ratternden Maschine am Fenster quellen: eine große Schreibmaschine, die – ohne jede menschliche Hilfe – ständig neue Wörter auf eine Papierrolle tippt.

»Jenau«, hatte Onkel Paule dann plötzlich gerufen und war schon fast aus dem Zimmer mit einem Teil der Endlos-Seiten. »Bin jleich wieder zurück, Doro! Kiek dir solange den Fernschreiber an.«

Aber ich traue mich nicht richtig. Das Ratterding, mit dessen Hilfe man, wie Onkel Paule erklärt hat, »det Neuste von janz fern und janz nah erfährt«, ist wirklich unberechenbar. Mal steht es zwei Sekunden still. Trete ich aber nur einen Zentimeter näher ran, regt es sich gleich wieder auf und fängt erneut zu rattern und zu »tippen« an. Übrigens scheint sich hier jeder bei der Zeitung aufzuregen. Die Frau auf der anderen Hofseite wirft jetzt sogar mit Gegenständen – ich vermute mit Büroklammern oder Radiergummis – und rauft sich zwischendurch die Haare.

Auch die beiden Männer, die im ersten Zimmer, in das mich Onkel Paule geführt hatte, bei einer Flasche Dujardin saßen, regten sich bei meinem Anblick auf, als wäre ich Kaiserin Soraya oder Susanne Erichsen als Miß Germany. Leider hat mich Onkel Paule sofort weitergezerrt: »Weil de da sowieso nich hinwillst, Doro, in de Wirtschaftsredaktion, wo ständig die Bestechungsjeschenke ausjesoffen werden!« Mit Onkel Paule, dachte ich, ständig mit Onkel Paule!

Dabei hätte mir nach der Begegnung mit dem Hornbebrillten und seiner angeblichen Schwester das bißchen Hofiertwerden ganz gutgetan. Selbst von zwei angesoffenen, grauhaarigen Wirtschaftsredakteuren.

»Machste bei uns Aushilfe, Mäuschen?«

Fast so sehr wie den Hornbebrillten und seinen Stökkelschuh-Zwerg hasse ich es, wenn ich geduzt werde.

»Nee, ich warte auf meinen Onkel, Herr Batzunke.«

Meine Mutter sagte »Batzelchen« zu dem Pressestenografen Batzunke, dem sie mich vorhin in der Lokalredaktion als »meine große Tochter« vorgestellt hat.

»Batzelchens« Augen verschwimmen hinter dicken Brillengläsern wie die Ringe im Wasser, die ein Stein hinterläßt, den man in den See geworfen hat.

»O Jott«, sagt Batzelchen, »auf deinen Onkel warteste, Mäuschen!«

»Ist denn was passiert?«

»Nee, nee!« Er schüttelt den Kopf. »Hier passiert doch nischt.«

»Aber ich dachte, bei der Zeitung...«

»Allet Papier, Mäuschen! Und morjen wickelste dir drin schon die Heringe ein, oder du wischst dir damit den...« Er stoppt und liest halblaut, was aus dem Fernschreiber kommt:

»...Protest der Berliner Hausfrauen gegen die hohen Fleischpreise... zu einem Umsatzrückgang der Fleischer von mehreren 100000 Mark geführt...«

Bei dem Wort »Fleisch« läuft mir das Wasser im Mund zusammen. Ich liebe Fleisch. Kasseler oder Schabefleisch, angemacht mit Kapern, Gurken, Eigelb und Paprika. Ewig habe ich so was nicht mehr gegessen. Letzten Sonntag gab es bei uns wieder Kuheuter in Scheiben als »Schnitzel«. Wir Uchtmanns haben zuerst die hohen Fleischpreise boykottiert.

»Kiek mal einer an...«, sagt Batzelchen, »mehrere hunderttausend Mark Umsatzrückgang bei den Fleischern. Und die Innung hat jesagt, bloß fuffzigtausend...« Er rafft die Papiere zusammen, als ob er gleich wieder abdampfen will, aber ich will noch was.

»Herr Batzel... Herr Batzunke!« Vergebens versuche ich, Batzelchens Blick hinter den dicken Brillengläsern zu finden.

»Ja?«

»Ich wollte nämlich noch...«

»Wollteste aufs Klo, Mäuschen?«

»Ich wollte... eigentlich noch zu der Frau, die die Frauenseite macht.«

»Ach, die...«

Sein verschwimmender Blick scheint kummervoll:

»Da jibt's nur 'n Problem, Mäuschen... Die is schon weg, die Dr. Krillwitz. Sonnabends macht die als erste Feierabend.«

»Gemein! Mensch ist das gemein!«

Ich will zur Tür.

Batzunke hält mich am Ärmel meiner Manchester-Jacke fest: »Wat wollteste denn von der komischen Kuh?«

Ich bleibe stehen. Diesem »Batzelchen« kann ich doch nicht sagen, was ich Karla geschworen habe, keinem zu sagen! Daß meine Freundin Erika ein Baby kriegt... Aber dieser Frau Dr. Krillwitz von der Frauenseite, die hatte ich fragen wollen, ob man darüber nicht mal was schreiben könnte: Warum Erika kein Abitur machen darf, bloß weil sie ein Kind bekommt? Ganz genau raus ist es zwar noch nicht mit dem Nichtdürfen, weil Erika noch nicht mal gefragt hat. Aber Erika würde ja gar nicht erst fragen. So was fragt man eben nicht. Und wohin überhaupt mit dem Kind, wenn Erika in der Schule sitzt? Ihre Mutter ist berufstätig und ihr Vater mit der neuen Frau in Siegen.

»Montag«, sagt Herr Batzunke, »da isse wieder da, die Krillwitzen mit ihren Hawaii-Cocktails und Kosmetiktips!«

Und wie er das so angewidert sagt, kann ich mir auf einmal selber nicht mehr richtig vorstellen, daß man auf einer Frauenseite in der Zeitung auch was über Erikas Abiturprobleme schreiben könnte. Auf Frauenseiten haben Frauen wahrscheinlich ganz andere Probleme: Nicht wie man – mit Kind – Abitur machen kann. Sondern wie man – ohne Kind – erst mal einen Mann abbekommt.

XLIV

Wie heißt der Schauspieler, der den Gefreiten Asch in ›08/15‹, zweiter Teil, gespielt hat? – Mensch, Doro …«

»Wie der im ersten Teil«, sage ich endlich.

»Wie er heißt … du Schaf?«

Karla, im neuen, tiefausgeschnittenen Cocktailkleid, beugt sich so weit vor, daß neben mir auch der extra für mich eingeladene Typ von Ralfs Schülerband den Ansatz ihres schwarzen, spitzenbesetzten Büstenhalters betrachten kann.

»Schramberger«, sage ich.

»Schramberger! Ogottogott, Doro! Wie kann man bloß so dämlich sein! Fuchsberger heißt er natürlich!«

Sie wirft sich an Ralfs Brust, als ob sie sich so für mich schämt, daß sie mich nicht mehr ansehen kann. Dabei ist sie nur beschwipst von der Gurkenbowle, in die Erikas Ami Whiskey geschüttet hat, nachdem Karlas Eltern ins Kino gegangen sind.

»Dafür …« Karla taucht wieder hoch und sieht alle Jungs der Reihe nach an, »dafür muß Doro jetzt Frieder küssen!«

»Nein«, protestiere ich. Ich habe den ganzen Abend kaum ein Wort zu Frieder gesagt. Warum soll ich ihn dann jetzt beim Pfänderspiel küssen? Soll er doch Porte küssen, damit sie wenigstens eine Minute lang aufhört, von ihrem tollen neuen Chef zu quasseln. Der einen Bernhardiner hat und einen Borgward, mit dem er Porte neulich ein Stück mitgenommen hat, als sie im Regen an der Haltestelle stand...

Frieder tut zwar so, als sei ihm Portes Chef total egal, und sagt, ein Porsche wie der, mit dem gerade dieser Filmstar James Dean ums Leben gekommen ist, von dem jetzt alle reden, wäre viel toller als ein Borgward. Aber das hat Frieder schon zweimal gesagt, einmal zuviel.

»Doro und Frieder«, kichert Erika, »können ja raus in den Korridor gehen!«

Sie klebt an ihrem Ami auf dem gestreiften Wohnzimmersofa von Karlas Eltern, und der breite, rote Elastikgürtel schnürt ihre Taille eng wie immer. Vielleicht stimmt alles gar nicht mit dem Kind, und Erika will sich bloß interessant machen. Aber Erikas Kevin, heute im hellgrauen Anzug statt in seiner Ami-Uniform, ist komisch zappelig und grapscht dauernd nach Erikas Hand. Karla sagt, er ahnt was. Und sowieso müßte jetzt was passieren. Wenn Erika nicht bald zum Arzt ginge, würde sie, Karla, Kevin alles sagen, auch wenn Erika dafür mit ihr »schuß« wäre. »Schuß« sein ist wie »verkracht« sein – nur schlimmer. Erika war schon beinahe schuß, weil Karla und ich demnächst nachmittags im Kaufhaus arbeiten werden. Ohne sie. »Kannste doch gar nicht mit Bauch oder wenn du mal kotzen mußt«, hat Karla gesagt. Und daß ich das Kaufhausgeld brauche, um die 50 Mark 75 zurückzuzahlen, die mir mein Opa für die Fahrradreparatur ausgelegt hat, das hat Erika auch nicht kapiert. Erika ist schnell schuß neuerdings. Wegen des Kindes, sagt Karla. Und weil sie nicht weiß, was jetzt wird.

»Gehen wir raus in den Korridor«, sagt Frieder, »dann haben wir's hinter uns!«

Er steht auf, und da muß ich mit aufstehen. Ich sehe Portes verdattertes Gesicht und dann die fast leere Gurken-Whiskey-Bowle auf dem Büffet zwischen dem Nudelsalat und den übriggebliebenen Hartwurstschrippen und denke: Bestimmt kommen Karlas Eltern genau dann aus dem Kino zurück, wenn Frieder und ich draußen im Korridor sind.

»Viel Spaß!« ruft Karla uns hinterher.

Ich weiß nicht, warum sie uns Spaß wünscht. Sie behauptet doch immer, außer für Porte hätte Frieder höchstens noch Interesse für Sabine gehabt, auf die ich eine Wut habe, weil sie mir ewig überhaupt nicht auf meinen langen Brief geantwortet hat – und dann nur mit lauter langweiligen Einzelheiten über ihre neue Schule in Augsburg: »Es ist das einzige evangelische Gymnasium zwischen sonst nur katholischen Schulen, liebe Doro, und deshalb sind die hier gleich doppelt fromm. Morgens vor der Schule Gottesdienst, und gebetet wird vor beinahe jeder Stunde. Keiner darf einen Mucks sagen, außer wenn's zum Unterricht gehört. In der großen Pause müssen wir in Zweierreihen gehen. Ich gehe mit einer aus Hannover. Wir sind die einzigen ›Preußen‹ – und Preußen können die hier in Bayern nicht verknusen…«

»So«, sagt Frieder und lehnt sich an die Korridorwand neben der Garderobe, »jetzt können wir ja auch mal ein bißchen quatschen, Tarnkappe!«

»Mein Chef fährt einen Porsche«, flöte ich hochmütig wie Porte, »und wenn er mich im Regen an der Haltestelle aufliest, sieht er aus wie James Dean.«

Meine Lippen sind so trocken, daß ich mir mit der Zunge über den Mund fahren muß, damit er glänzt.

»Richtig – wir müssen uns ja küssen, Doro.«

»Ich m u ß nicht küssen!«

»Klar mußt du! Sonst wird gepetzt!«

»Dann petzt du eben!«

Ich sollte aufpassen, daß ich nicht zu pampig bin.

»Also«, sage ich, »quatschen wir weiter über James Dean! Ich bin allerdings mehr für Marlon Brando – tot oder lebendig!«

Er lacht und faßt nach meinem Arm: »Haste eigentlich meine Karte aus den Ferien gekriegt, Tarnkappe?«

Jetzt könnte ich natürlich antworten: Waaas – du hast mir 'ne Karte geschickt? Na so was! Nee, ich hab' nie 'ne Karte von dir bekommen... Aber ich antworte: »Hör doch endlich auf mit dieser blöden Tarnkappe!«

»Und warum hast du mir keine Karte geschrieben, Tarnkappe?«

Weil ich mich, denke ich, nicht mit einer Postkarte an einen Jungen ranschmeiße, du Blödian! Ein Mädchen, sagt meine Mutter, tut nicht den ersten Schritt!

Aber ich sage schon wieder was anderes.

»Weil ich Postkarten hasse«, sage ich. Doro, ich hasse dich!

»Wie weit seid ihr?« schreit Karla aus dem Wohnzimmer.

Und Ralf grölt dazu unseren neuesten Partyschlager: »And this is number one – the fun has just begun...«

»Also«, sagt Frieder, »bringen wir den Spaß hinter uns!«

Dann zieht er mich so plötzlich an sich, daß ich die Balance verliere und wir beide zwischen den ganzen Garderoben-Krempel geraten. Irgendwas riecht nach

Maiglöckchen kurz vorm Verblühen. Natürlich Erikas Mantel mit Muttis Parfüm übergossen!

»Oh, roll me over...«, grölt Karlas Ralf, »in the clover! Oh, lay me down...«

Frieder legt seinen Mund auf meinen Mund. Bleib auf dem Teppich, Doro! Er macht sich ja gar nichts aus dir!

»Oh, lay me down...«

Seine Lippen drängeln sich an meine, und nun muß ich den Mund öffnen. Frieders Zunge findet meine Zunge. Ich vergesse, daß es sich um meine Zunge handelt. Und dann kriege ich ein herrliches Gefühl, als ob der Linoleumboden in Karlas Korridor wackelt wie grüner, roter oder gelber Blubber-Pudding.

»Oh, lay me down«, grölen alle im Wohnzimmer, »oh, lay me down, oh, do it again...«

XLV

Ein Doppelzimmer«, gähnt die Frau im Morgenrock, »haben wir noch frei für Sie und die junge Dame.«

Es ist kurz nach drei Uhr nachts auf der Wanduhr zwischen den beiden Geweihen, und die junge Dame in dem westdeutschen Hotel gleich hinter der Zonengrenze bei Helmstedt könnte auf der Stelle einschlafen.

»Gut«, sagt mein Vater, »wir nehmen das Doppelzimmer.« Er sagt nicht, daß ich seine Tochter bin.

»Dann füllen Sie gleich noch die Anmeldung aus«, sagt die Frau und mustert mich wie Inspektor Jack Morlan in den Krimi-Heftchen, nach denen mein Bruder Ebbe so giepert.

»Den Namen Ihrer... äh... jungen Frau bitte hier unten eintragen!« Sie knallt den Zeigefinger aufs Anmeldeformular. »Bleiben Sie nur eine Nacht?«

»Nur eine Nacht«, sagt mein Vater. »Haste noch Hunger, Doro?«

Ich habe keinen Hunger.

»Die Küche«, sagt die Hotelwirtin, die wir mit der Nachtklingel aus dem Bett geholt haben, »ist seit 22 Uhr geschlossen. Ich könnte Ihnen höchstens noch ein Brot mit Braunschweiger...«

»Prima«, strahlt mein Vater mit seinem »Dafür-kommen-Sie-in-den-Himmel«-Lächeln, das meine Mutter »Charme-Köder« nennt.

»Ein oder zwei Mettwurstbrote?«

»Zwei.«

Viel zuviel für seinen Bauch, der im Sommer aus der Badehose schwappt.

»Will die junge Dame auch was trinken?«

»Apfelsaft, falls Sie welchen haben!« Ich flüchte aus ihrem lauernden Blick in die Glasaugen der ausgestopften Wild- und Raubvögelköpfe an den dunklen Holzwänden der Hotelhalle.

Oben in unserem ungeheizten Doppelzimmer umrahmen zwei Geweihe einen Spiegel mit abgeblättertem Goldrahmen.

»Is das 'ne olle Bude«, sage ich und plumpse auf das Doppelbett mit den Perlmuttverzierungen im hellen, glänzenden Holz.

»Besser als der Bunker«, sagt mein Vater und grinst sich im Spiegel zwischen den Geweihen zu. Das Bunker-Hotel, in dem wir früher mal übernachtet haben, steht – in die Erde eingebuddelt – ein paar Kilometer weiter in Braunschweig. Es bedrückt, wenn man abends unten in tiefster Stille und Dunkelheit einschläft und morgens genauso aufwacht, obwohl draußen längst heller Tag ist. Karla weiß von Verwandten in Braunschweig, daß im Bunker-Hotel auch noch ein »Puff« sein soll, wo Frauen Geld kriegen, wenn sie mit fremden Männern ins Bett gehen. Meine Mutter glaubt das nicht, mit dem Puff. Außerdem sei »Puff kein schönes Wort«. Bunker aber auch nicht.

»Das Klo ist neben der Treppe«, sagt mein Vater und geht aus dem Zimmer.

Ich ziehe mich rasch aus und krieche unter die klamme Bettdecke. Sieben Stunden haben wir diesmal an der Grenze gestanden. Weil bei uns in West-Berlin der Bundestag tagt, haben die Vopos noch schärfer als sonst kontrolliert. Vier Stunden lang wurden überhaupt keine Autos abgefertigt, und als wir dann endlich dran waren, mußten wir den ganzen Wagen ausräumen. Auch den Anhänger mit den Werkzeugen und den Heizkörpern für den Auftrag in Braunschweig.

Danach wurde wieder gewartet, bis wir schließlich mit den Formularen, auf denen man alle persönlichen Daten, alles Geld und jeden Mist angeben mußte, in die Baracken durften, wo natürlich wieder Endlos-Schlangen vor den Schaltern standen. Als wir schließlich auch noch die Westkontrolle hinter uns hatten, war ich so tot, daß ich nicht mal mehr an Frieder denken konnte.

»Drei Stullen hat se gemacht!« Mein Vater mit einem Tablett in den Händen. »Iß mit, Doro!«

»Nee, die junge Dame ist ganz satt.«

Trotz meiner Müdigkeit muß ich kichern.

»Meinste, die hält mich wirklich für deine Frau, Papa?«

»Vielleicht«, sagt mein Vater und zieht sich die Schuhe aus.

»Ich muß auch noch aufs Klo«, sage ich.

Als ich zurückkomme, hat mein Vater schon das Licht ausgeknipst.

»Nacht, Papa!«

»Mhmmm.«

Er schnarcht. Erst leise grubbelnd, dann laut und bellend. Wie hält das bloß meine Mutter aus?

Ich wickle mir das Kopfkissen um die Ohren: Das Schnarchen wird kein bißchen leiser.

Ich starre zum Fenster, wo die Gardinen wie hellgraue Segel vor der Morgendämmerung stehen. Bald müssen wir wieder aufstehen, aber weil mein Vater so schnarcht, kann ich gar nicht erst einschlafen.

Ich falte die Hände über meinem Bauch und versuche wieder, Frieders Mund zu spüren. Die ganze Woche lang habe ich diesen Mund gespürt und bei jedem Telefonklingeln gedacht: Jetzt ruft Frieder an!

»Was ist mit dir los, Doro?« hat meine Mutter gefragt. »Liebeskummer?«

Damit ich »auf andere Gedanken komme« (»Es lohnt doch nicht, sich so unglücklich zu machen, mein Dorseltier!« – Was weiß sie, was sich lohnt?), durfte ich mit meinem Vater nach Westdeutschland fahren. Meine Mutter hat einen ihrer »ehrlichen« Entschuldigungsbriefe an meine Schule geschrieben: »Für einen Auftrag in Braunschweig benötigt Dorothees Vater dringend die Hilfe seiner Tochter. Wir möchten uns deshalb erlauben, Dorothee für einen Tag in der Schule fehlen zu lassen...« Meine Mutter schreibt immer die Wahrheit, wenn Ebbe oder ich mal fehlen, was die Lehrer so verblüfft, daß wir immer freibekommen. Und wenn meine Mutter gewußt hätte, wer schuld an meinem Liebeskummer ist, hätte sie sogar geschrieben: »Weil unsere Tochter wegen eines gewissen Frieder, der sie auf Karlas Party geküßt hat, traurig ist, möchten wir Dorothee zur Ablenkung mit ihrem Vater nach Westdeutschland schicken...« Und wenn dann Dorothee diesen Frieder, der übrigens der Sohn des Pfarrers ist, der Dorothee konfirmiert hat, auch noch beim Warten an der Zonengrenze getroffen hätte...

»Hallo, Doro! Wartet ihr auch schon ewig?«

Direkt neben unserem Auto, am heruntergekurbelten

Fenster, steht Frieder. Sein Vater, der Pfarrer, wird nebenan gerade von drei Vopos gefilzt. Mit langen Stangen stochern sie unter dem Wagen herum.

»Komm«, sagt Frieder und beugt sich zu mir rein in unser Auto, »holen wir unsere Tarnkappen raus und hauen ab! Sollen doch die Vopos unsere Väter ohne uns schikanieren!«

Aber wo ist denn mein Vater? Er sitzt ja gar nicht mehr neben mir.

Ich bin erleichtert. Sonst sagt er gleich wieder seinen Lieblingsspruch zu Frieder: »Pfarrers Kind und Müllers Vieh taugen selten oder nie!«

Und dieser Spruch würde Frieder bestimmt nicht gefallen. Eiskalt würden seine hellen Augen werden oder gelangweilt. »Weißte eigentlich, Tarnkappe«, grinst Frieder und macht unsere Autotür auf, »daß ich Porte gesagt habe, daß es aus ist zwischen ihr und mir?«

»Mir doch egal!«

»Kleine Hexe«, lacht Frieder und packt meine Hände, und unsere Lippen kommen sich näher und näher...

Er schnarcht.

»Papa, du schnarchst! Ich kann nicht einschlafen, wenn du so schnarchst!«

Mein Vater grunzt und wälzt sich auf die andere Seite. Ich atme durch und löse die Hände auf meinem Bauch.

»Kleine Hexe«, lacht Frieder, und wieder kommen sich unsere Lippen näher und näher...

»Mir doch egal«, sage ich, »mir doch egal, mir doch egal...«

XLVI

Bloß das nicht!

»Ist das nicht herrlich?« fragt mein Vater.

Wir fahren Autobahn, Richtung Braunschweig. Vor uns kämpft sich die Morgensonne durch den Oktobernebel, der aus den abgeernteten Feldern steigt.

»Toll«, sage ich und hasse das Zerren im Bauch und den roten Fleck in meiner Unterhose.

Grenzenlos ist dieses Land vor uns, das mein Cousin Dieter, der Älteste von Zonentante Rita, Ami-Zone nennt, in das er nicht reisen darf, weil er es ist, der in einer »Zone« wohnt. In der SBZ, der Sowjetischen Besatzungszone, wie das manchmal bei uns in der Zeitung heißt. Zone bedeutet Grenze und Nicht-raus-Dürfen. Um Berlin ist dauernd Grenze. Auch um unseren Westsektor, den man trotzdem nicht Zone nennen kann. Aber bei uns stößt man eben überall an die Zone und den Ostsektor, der allerdings nicht richtig Zone ist. Was ich manchmal vergesse, weil ganz Berlin nach dem Krieg unter den vier Siegermächten England, Frankreich, USA und Sowjetunion aufgeteilt worden ist. Im Ostsektor, der den Russen untersteht, dürfte es eigentlich gar keine eigene Regierung geben, sagt das Schiff, unsere Geschichtslehrerin, und im Westsektor auch nicht. Aber keiner hält sich daran, und weil daraus ein solcher Kuddelmuddel geworden ist, in dem man nie dorthin fahren kann, wohin und so weit man will, habe ich manchmal genug von dem Zank und der Enge bei uns in Berlin und finde es, wie mein Vater, »herrlich«, in diesem weiten, grenzenlosen Westdeutschland.

Hier hält dich keiner an, will deinen Ausweis sehen, in deinem Koffer oder deinem Auto wühlen. Hier reden die Leute über ganz andere Sachen als wir in Berlin. Über neue Kühlschränke oder Fernsehapparate aus furniertem Holz oder über Italien, wohin sie in den Urlaub fahren. »Ach, ihr in Berlin«, sagen die Westdeutschen und sehen uns an, als ob wir auf dem Mond oder im Waisenhaus leben, »ihr seid ja sooo schlecht dran!«

Das paßt uns nun auch wieder nicht. Wir Berliner finden ja alles gar nicht sooo schlecht und wollen kein Mitleid, sondern was Besonderes bleiben und natürlich wieder Hauptstadt sein. »Aber der Adenauer«, sagt mein Onkel Paule, »wird uns noch verschaukeln mit seinem Provinznest Bonn. Der alte Rheinländer will doch gar nicht, daß Berlin mal wieder Hauptstadt wird!«

»Glaubst du, daß Berlin mal wieder Hauptstadt wird?« frage ich meinen Vater, der aufs Gas drückt, damit er noch vor acht auf seiner Baustelle in Braunschweig anlangt.

»Klar, klar.«

Wenn mein Vater dasselbe Wort zweimal sagt, hört er nicht zu.

»Du hörst mir nicht zu, Papa!«

»Wenn Berlin wieder mal Hauptstadt wird...«

»Ob!! Ob Berlin wieder mal Hauptstadt wird...?«

»Nicht, wenn Herr Adenauer dran ist!«

Das wußte ich schon.

»Und danach?«

»Danach müßten erst mal die Amis und die Russen wieder miteinander reden, und ...«

Wir überholen einen Lieferwagen mit der Aufschrift »Frische Wurst aus Niedersachsen«.

»... und auf dem Rückweg nehmen wir von der Braunschweiger Mettwurst mit«, sagt mein Vater.

»Und werden die miteinander reden?«

»Wer redet?«

Ich sehe ihm an, daß er an die Mettwurst oder seine Baustelle denkt.

»Die Russen und die Amis, Papa!«

»Herrrr Adenauer«, sagt mein Vater mit rollendem Rrrr wie ein Schauspieler, »hätte bloß auf seine Bundeswehr verzichten brauchen, dann würden sie vielleicht noch miteinander reden ... gib mir doch mal den Lappen unterm Sitz, Doro!«

Ich gebe ihm ein altes Küchenhandtuch, mit dem er die beschlagene Frontscheibe unseres Mercedes Diesel abwischt. Das Tuch erinnert mich an die Camelia-Binden, die ich mir in Braunschweig unbedingt besorgen muß! »Wenn du dir nur einmal aufschreiben würdest, Doro, wann du deine Menstruation kriegst«, sagt meine Mutter, die nie »Tage« sagt, »damit du nicht jedesmal, wenn's soweit ist, ohne Binden dastehst!« Meine Mutter sagt »Menstruation« und »Binde« wie »Butter« und »Salz«. Ich dagegen komme mir schon blöde vor, wenn ich nur von »Binde« rede. Erika braucht im Augenblick keine Binden. Wenn sie nackt ist, hat sie Karla erzählt, sieht man im Spiegel schon einen kleinen Bauch.

»Da schleift doch was«, sagt mein Vater. »Hoffentlich nischt mit der Kupplung ...«

Er beugt sich übers Lenkrad und lauscht. Ich höre nichts. Ein neues Auto ist, sagt mein Vater, jetzt überhaupt nicht drin. Seine Firma hat mehr Schulden als Aufträge und nur noch zwei Monteure. Taschengeld für Ebbe und mich fällt völlig flach, und wenn ich nicht nächste Woche im Kaufhaus anfangen würde, könnte ich nie meinem Großvater das gepumpte Geld für die Fahrradreparatur zurückzahlen. Es wird anstrengend werden. Jeden Nachmittag vier Stunden im Kaufhaus und abends noch Schularbeiten.

Mein Vater hält am Autobahnrand.

»Ich darf hier gar nicht halten, Doro!«

Während er die Motorhaube hebt, renne ich in den Wald. Hinter einem fast entblätterten Busch liegt zusammengeknülltes Papier. Fliegen schwirren auf dunklen Häufchen. Ich renne weiter und knicke mit dem Fuß um, daß es weh tut.

»Doro!« ruft mein Vater. »Nicht so weit!«

Der Fleck in meiner Unterhose ist größer geworden und blutrot. Ich stopfe mir das Taschentuch mit dem blauen Rand, den meine Großmutter gehäkelt hat, zwischen die Schenkel.

Ein komisches Gefühl. Dann ziehe ich den seitlichen Reißverschluß an meiner langen Hose hoch und atme tief, während ich mich in Bewegung setze. Es riecht süß nach feuchtem Holz im Wald. Die Sonne steht dunstig über den Kiefern, und ich würde gern noch lange so weitergehen.

XLVII

Bleiben Sie bitte noch einen Moment in der Klasse!«

Es hat längst zur zweiten großen Pause geläutet, aber das Schiff balanciert noch immer auf dem rechten Bein vor der Klasse, das linke Bein vor dem rechten Knie gewinkelt.

»Ich habe Ihnen eine Mitteilung zu machen!«

Maulend setzen wir uns wieder hin.

»Bestimmt hat das Schiff im Lotto gewonnen«, flüstert Karla neben mir, »und will uns jetzt nichts davon abgeben.«

»Oder wir schreiben doch noch 'ne Arbeit über den Wiener Kongreß«, flüstere ich hoffnungsvoll zurück. Ich bin gut in Geschichte und weiß fast alles über den Wiener Kongreß.

»Ruhe!« sagt unsere Geschichtslehrerin Frau Dr. Schiff, genannt »das Schiff«, und wechselt das Standbein. »Ich habe Ihnen mitzuteilen...« Das Schiff holt sichtbar Luft und stellt sich auf beide Füße. »...daß Ihre Mitschülerin Erika Grabowski nicht wieder in diese Schule zurückkehren wird.«

»Ich hab's ja gewußt«, sagt Karla.

»Ruhe!« wiederholt das Schiff. »Und jetzt dürfen Sie zur Pause runter!«

Die Klasse bleibt sitzen.

»Sie können gehen«, sagt das Schiff.

»Und warum wird Erika nicht in diese Schule zurückkehren?« fragt vorn in der ersten Reihe Gudrun Wieland, eine große Langhaarige, die selten was fragt.

Das Schiff sieht aus, als ob es Gudruns Frage widerlich findet, aber darauf gefaßt war.

»Erikas Eltern haben andere Pläne mit ihrer Tochter.«

Karla und ich blicken uns an. Karla war gestern bei Grabowskis, weil Erika schon seit einer Woche gefehlt hatte. »Frau Grabowski und ihre Tochter sind nach Westdeutschland«, hatte eine Nachbarin erzählt, bei der Karla schließlich geklingelt hat, weil nebenan keiner öffnete.

»Vielleicht ist Erika mit ihrer Mutter zu ihrem Vater nach Siegen«, murmelt Karla.

»Wenn Sie etwas zu sagen haben, Karla, sagen Sie es bitte laut!«

Karla hat nichts zu sagen.

»Damit wäre der Fall wohl erledigt«, erklärt das Schiff. »Ich soll Sie übrigens von Erika noch ganz herzlich grüßen lassen!«

»Und wann holt Erika ihr Turnzeug ab?«

Die Klasse ist wieder zu sich gekommen.

»Das wird Erika alles zugeschickt«, sagt das Schiff und saust aus dem Zimmer, als ob ein Sturm im Anzug sei.

»Feige Kuh!« ruft Karla hinterher.

Sofort hängt sich die Klasse an Karla: Ob sie, als Erikas beste Freundin, nicht sagen könne, was los sei?

Doch Karla kneift die dunklen italienischen Augen zu, die mehr wissen als unsere Augen, weil Karla das Leben kennt und Ralf schon seit zwei Jahren.

»Nee«, sagt Karla, »ich weiß von nichts.«

XLVIII

Rin in die jute Stube!« sagt Erika. Sie trägt ein Hängerkleid, in dem sie aussieht, als ob das Kind schon in der nächsten halben Stunde kommt, und hält eine halbvolle Milchflasche in der Hand.

»Übertreibst du nicht?« fragt Karla.

Erika antwortet nicht und schiebt uns durch den Korridor ins Wohnzimmer ihrer Mutter.

Der Glasschrank mit den Sammeltassen und der große runde Eßtisch mit den gepolsterten Stühlen sind verschwunden. Dafür gibt es jetzt ein grünes Ausziehsofa, einen nierenförmigen Tisch und zwei Sesselchen mit gebogenen Rückenlehnen.

»Schick, was?« flötet Erika. »Kevin sagt, das ist jetzt das Neuste in Amerika.«

»Sag bloß, du wohnst hier mit Kevin?«

»Ja«, sagt Erika und knallt sich aufs Sofa, »am Wochenende, wenn er nicht in die Kaserne muß. Meine Mutter ist in die Wohnung über ihrer Firma gezogen. Setzt euch doch!«

Karla und ich sinken auf die Sessel mit den gebogenen Rückenlehnen. Auf dem Nierentisch liegt eine aufgeschlagene Illustrierte mit Bildern von der englischen Prinzessin Margaret, die nicht den Bürgerlichen Peter

Townsend heiraten darf. »So ’n Quatsch«, hat Hilde gesagt, die seit kurzem wieder bei uns im Haushalt hilft, weil sie mit ihrer neuen Stelle nicht klargekommen ist, »bloß damit die Königs wat Besondret bleiben, muß det arme Wurm vor de Hunde jehn…«

»Und wann heiratet ihr?« fragt Karla.

»Schon passiert«, sagt Erika und nimmt einen Schluck aus der Milchflasche.

»Es ging ganz schnell, obwohl Kevin Ami ist. Mein Vater hat Druck gemacht, weil ich doch minderjährig bin. Sonst wäre Kevin noch wegen Verführung Minderjähriger…«

»Hör auf!« ruft Karla.

»Warum soll ich denn aufhören? Ihr könnt ja wieder gehen, wenn ich nichts sagen soll!«

Sie hat einen Ton wie jemand, der sich zanken und gleichzeitig entschuldigen will.

»Bist du jetzt Amerikanerin?« frage ich.

»Noch nicht.«

»Und das Kind?«

»Ist deutsch. Oder beides. Genau weiß ich’s nicht.«

Sie nimmt einen weiteren Schluck aus der Milchflasche.

»Und ihr? Wie geht’s euch? Wollt ihr auch was von der Milch? Ich trinke jetzt nur noch Milch.« Ihre Worte plätschern wie bei Frauen, die im Café nicht aufhören können zu quatschen.

»Ich hasse Milch«, sagt Karla.

»Seit wann denn das?«

»Seit heute«, sagt Karla. »Ich trinke lieber Schnaps.«

»Willste Whiskey? Kevin hat Whiskey im Eisschrank!«

»Es heißt Kühlschrank«, sagt Karla. »Man kühlt nicht

mehr mit Eis, sondern mit Elektrizität! Wie oft soll ich dir das noch sagen, Erika?«

»Du hast es mir aber noch nie gesagt!«

»Dann weißt du's jetzt.«

Ich kapiere nicht, warum Karla zu Erika so kiebig ist.

»Ich würde gern ein Glas Milch haben«, sage ich.

Sofort rappelt sich Erika vom Sofa hoch. Sie wirkt unbeweglicher als vor vier Wochen, als sie noch in der Schule war.

»Komm, ich zeig' dir die Küche, Doro!« Karla läuft unaufgefordert hinterher.

Die Küche sieht aus wie jede Küche.

»Guckt mal, unser neuer Eis… Kühlschrank!«

Einen derartig großen Kühlschrank habe ich allerdings noch nie gesehen.

»Der ist vom Ami-Supermarket in Grunewald«, erklärt Erika. »Kevin sagt, in Amerika haben alle so große Eis… Kühlschränke.«

»Und was sagen Kevins Eltern zu eurer Heirat?« fragt Karla und macht den Küchenschrank auf: Erika hat auch neues Geschirr, weiß mit blauen und roten Punkten.

»Kevin hat nur noch 'ne Mutter. Und zu der fahren wir hin, wenn das Kind da ist. Nach Texas.«

»Cowboy Kevin«, sagt Karla.

»Nee, sie haben 'ne Tankstelle. Die Mutter hat eine, zusammen mit einem Onkel von Kevin.«

»Und da wollt ihr hin? Zu 'ner Tankstelle?«

»Was haste gegen Tankstellen? Laß doch die Tassen stehen, Karla! Eine ist schon kaputt!«

»Ich bin verrückt nach Tankstellen«, sagt Karla und schließt die Küchenschranktür. »Einmal so 'n Ami-Schlitten volltanken – das ist mein heißester Wunsch!«

»Wir bleiben ja nicht in Texas. Wir wollen auch nach Florida.«

»Und da macht ihr noch 'ne Tankstelle auf?«

»Vielleicht«, sagt Erika und fängt an, mir leid zu tun. »Ihr arbeitet ja auch im Kaufhaus!«

»Vorübergehend«, sagt Karla geziert, »nur vorübergehend.«

»Ich weiß nicht, warum du so gemein zu mir bist, Karla!«

Erika hockt sich auf einen Küchenstuhl und hat nasse Augen. Weinen auf Bestellung, wenn ihre Schmachtblicke in Mathe an der Tafel nicht mehr gewirkt haben, das hat sie schon immer gekonnt.

»Ich finde es nicht gut, daß du die Schule einfach hingeschmissen hast«, sagt Karla, »und Doro findet das auch nicht gut.«

»Was sollte ich denn machen? Der Direx hat doch sofort getönt: Nun werden Sie ja wohl eine richtige kleine Hausfrau, Erika! Und meine Mutter wollte sowieso bloß, daß wir ganz schnell heiraten, damit das Kind nicht unehelich wird.«

Jetzt heult sie wirklich. Karla geht zu ihr und streicht ihr über das kräuselige, dunkelrote Haar, das sie nicht mehr zum Pferdeschwanz gebunden trägt.

»Ich hab's nicht so gemeint, Erika!«

»Und wie war's beim Arzt?« frage ich.

»Schrecklich! Ich war doch bei dem von meiner Mutter. Da kommt man auf einen Stuhl wie beim Zahnarzt und muß die Beine hochlegen. In Griffe. Und dann hat der Arzt mich abgetastet, innen, mit so 'nem Gummihandschuh ...«

»Innen?«

»Und hinterher hat er gemeckert, warum ich erst jetzt kommen würde, wo ich doch schon im vierten Monat wäre. Und ich soll ihn bloß nicht fragen, ob er mir das Kind nicht wegmachen kann, das wär' sowieso zu spät...«

»Und ich hab' dir gesagt«, murmelt Karla, »daß Ralf einen Arzt weiß, der's dir weggemacht hätte...«

»Ich will nie mehr, daß so 'n Arzt in mir rumfummelt«, sagt Erika, »dann kriege ich schon lieber das Baby!«

XLIX

Aufpassen!« brüllt Karla, während sie sich mit einem großen Karton durch die Süßwarenabteilung drängelt. Weil ich im Kaufhaus meine Brille tragen muß, kann ich genau erkennen, wie Karla sich abschleppt und dabei die Kunden anrempelt.

Wir Aushilfemädchen sollen dauernd was durch die Etagen schleppen: »Bring das mal runter in die Unterwäsche zur Frau Wuttke, Kindchen! Is wieda was bei de Sammelkasse verwechselt worden – und die Stabilbaukästen bringste gleich mit rauf!«

Karla und ich mußten uns erst daran gewöhnen, daß die »Unterwäsche« die Unterwäscheabteilung bedeutet und daß uns alle Verkäuferinnen (Verkäufer gibt es nur bei »Lampen« und »Herren«) »Kindchen« nennen und duzen. Sie duzen sich auch untereinander, aber immer mit »Frau« oder »Frollein«: »Du, Frau Wuttke, kannste mir nich kurz mal bei ›Blusen‹ vertreten? Ick muß mal!«

Eigentlich darf man nur in der kurzen Pause »müssen«. Doch: »Wer muß, der muß«, sagt Frau Wuttke. Sie ist heute meine Chefin in »Unterwäsche«. Weil der zweiten Verkäuferin in dem warmen Mief zwischen den vielen Menschen im Vorweihnachtsgeschäft so schlecht wurde, daß sie umgekippt ist. Deshalb mußte ich Karla oben in

»Spielwaren« verlassen und runter ins Parterre, wo die Damenunterhosen in »Übergrößen« gestapelt sind.

Karla versucht mit ihrem Karton an dem großen Weihnachtsbaum vorbeizukommen. Die silbernen Kugeln und das Lametta zittern – aber sie schafft es. Dann sieht sie mich an und kann sogar zwei Finger heben: Zwei Stunden bedeutet das. In zwei Stunden ist Feierabend! Dann können wir uns auf müden Füßen zur Straßenbahnhaltestelle schleppen.

»Ham Se denn nischt in Beesch, Frollein?«

»In Beige ist alles weg in den Übergrößen«, sage ich besserwisserisch wie Frau Wuttke zu der Kundin. »Wie wär's in Weiß oder Rosa?«

Nichts wär's. Die Frau zieht wortlos ab.

Manche Kunden behandeln Verkäuferinnen wie den letzten Dreck, sagt Frau Wuttke. Aber die meisten Verkäuferinnen müssen froh sein, daß sie überhaupt eine Stellung haben, weil heutzutage sofort jemand aus dem Ostsektor dasteht, wenn man nicht spurt. Dabei ist die Arbeitslosigkeit bei uns im Westsektor sowieso schon hoch genug, viel höher als in Westdeutschland. Auch Karla und ich sollen froh sein, daß wir im Kaufhaus als Aushilfemädchen arbeiten dürften. Selbst wenn wir dafür weniger kriegen »als eine Laus«: Genau neunundfünfzig Pfennige pro Stunde.

»Mensch, kiek doch mal!«

Zwei kleine Jungs, ungefähr zwölf wie mein Bruder Ebbe, hausen in meinen »Übergrößen«, die ich gerade erst picobello zusammengelegt hatte.

»Wer trägt denn so wat, Frollein? Elefanten?«

Der Kessere von beiden versucht, sich eine »Übergröße« über die schneenasse Bommelmütze zu stülpen.

»Leg das sofort hin, oder es knallt!« sage ich drohend wie zu Ebbe, wenn er in meinen Autogrammkarten wühlt (sogar von Marlon Brando und Pier Angeli habe ich Fotos mit Grüßen und Unterschriften).

»Spielwaren für Babys sind im dritten Stock, Jungs!«

Das sitzt. Der Kesse zeigt mir noch einen Vogel, dann zuckeln beide ab zu »Süßwaren«, wo die Schokoladenweihnachtsmänner stehen.

»Jott, hab ick müde Beene, Kindchen!« sagt Frau Wuttke vom Nebentisch. »Ick hör schon wieder meine Krampfadern schreien.«

Sie kommt und bringt in Ordnung, was die beiden Jungs eben noch zerwühlt haben.

»So 'ne Jören darfste hier jar nich ranlassen, Kindchen!«

Frau Wuttke hat viele kleine Fältchen um den stark geschminkten Mund und zuviel Puder auf der länglichen Nase. Sie verträgt das lange Stehen nicht und meckert mutig, »det sich nur die Abteilungsleiter mal setzen dürfen«. Auf den Hocker nämlich neben der Kasse. Weil Frau Wuttke aber auch mal sitzen will – im Büro –, lernt sie abends in der Volkshochschule Steno und Maschine: »Weil ick so 'n Schreibtisch will, Kindchen, janz für mich alleene! Und wenn keener kiekt – immer mal die Beene hoch wie die Amis!«

Die Amis, sagt Frau Wuttke, die vor der Währungsreform einen Ami-Freund hatte, legten dauernd ihre Beine auf die Schreibtische. Was wir im Kaufhaus höchstens in der Pause dürfen. Auf eine der Klappliegen zwischen staubigen Dekorationspalmen in der düsteren, kleinen Kantine.

»Heil'jer Himmel!« Frau Wuttke läßt entsetzt Luft ab.

»Wat macht denn der Kerl da drüben mang de Korsetts und Büstenhalter? Jeh doch mal unauffällig kieken, Kindchen!«

»Können Sie nicht, Frau Wuttke?«

»Nee, fällt zu sehr uff.«

Ich nehme meine Brille ab und stecke sie tief in meine Hosentasche. Der Abteilungsleiter ist zwar gegen lange Hosen und sieht es lieber, wenn wir in Kleidern oder Röcken kommen, aber da habe ich nicht mitgemacht. Ich friere in Kleidern oder Röcken, habe ich gesagt.

»Wat setzte denn die Brille ab, Kindchen?«

»Sie drückt, Frau Wuttke«, lüge ich. Dann gehe ich rüber zu dem großen Blonden, der in den Büstenhaltern und Korsetts wühlt. »Biste verrückt!« sage ich. »Das ist hier nur was für Damen!«

»Wußte gar nicht, daß du 'ne Brille trägst, Tarnkappe«, sagt Frieder. Er hat feuchte Haare und angewärmte Augen.

»Jetzt weißt du's.«

»Und warum hast du die Brille eben abgenommen?«

»Ich brauche sie nicht immer.«

»Kannste mich denn ganz genau sehen?«

»Ganz genau«, sage ich.

»Frollein Uchtmann!« schreit die Wuttke von den »Übergrößen«. »Komm doch mal!«

»Gleich, Frau Wuttke!«

»Das ist ja richtig streng hier«, sagt Frieder.

»Wir dürfen nicht privat rumquatschen.«

»Gut«, sagt Frieder, »dann hätte ich gern ein Korsett.«

»Was willst du überhaupt?«

»Ralf ist auch hier«, sagt Frieder. »Er besucht Karla oben in der Spielwarenabteilung.«

Ich starre sprachlos auf die Büstenhalter. Die mit den Halbschalen liegen neben denen mit den gepolsterten Körbchen. Nach Größen geordnet. Die schwarzen Büstenhalter haben winzige rosa Rosen in der Mitte…

»Frollein Uchtmann, willste nich mal kommen?«

Es kann nur noch Sekunden dauern, bis sich die Wuttke selber in Bewegung setzt.

»Ich muß gehen, Frieder!«

»Ich wollte dich bloß was fragen, Tarnkappe…«

»Sofort, Frau Wuttke – ich bin hier sofort fertig!«

Er drückt auf die gepolsterten Körbchen:

»Kneift so was nicht beim Tragen?«

»Mensch, laß das liegen, Frieder!« Meine Stimme kiekst über.

»Ich wollte dich fragen, ob du nächsten Sonnabend Zeit hast, Doro?«

Glockenläuten! Alle Engel sind schon da…

»Nächsten Sonnabend?«

»Da ist 'ne Party, draußen in Lichtenrade.«

Lichtenrade liegt am Ende der Welt, gleich an der Zonengrenze, noch hinter Mariendorf. Mit der Straßenbahn fährt man anderthalb Stunden. Mit Frieder eine wundervolle Ewigkeit. Soll ich wieder das rote Kleid anziehen? Aber das kennt er doch schon von Karlas Party…

»Ich hol' dich ab, Tarnkappe! Mein Vater pumpt mir das Auto.«

»Und Porte?«

Er grinst.

»Kann nicht.«

»Porte kann sonnabends nicht?«

»Ihre Mutter hilft bei der Weihnachtsfeier bei der Kripo. Und da muß sie mit.«

Als Ersatz also, denke ich, nur als Ersatz für Porte will er mich mitnehmen. Durch einen Schleier sehe ich Frau Wuttke mit einer Kundin reden. Ich will kein Ersatz für Porte sein!

»Nee«, sage ich, »ich glaube eigentlich nicht, daß ich nächsten Sonnabend kann...«

L

Mein Glas ist dauernd leer. Dabei habe ich schon so viel Rotwein getrunken, daß ich aufhören sollte. Ich sitze mit Frieder in einem schwarzgestrichenen Keller und gucke mir zu.

»Paris«, sagt Frieder neben mir auf der Matratze zu Gudrun Wieland, der schweigsamen Langhaarigen aus meiner Klasse, auf die ich nicht gefaßt war hier in Lichtenrade, »Paris und Sartre – das ist die Antwort auf den ganzen Scheiß!«

»Klar«, sagt Gudrun, die vor ihm hockt und seine Knie berührt.

»Sartre meint«, sagt Frieder, »jeder kann nur aus sich selbst was machen. Die Welt an sich ist sinnlos.«

Er hält seine zehnte oder zwanzigste Zigarette in die Kerzenflamme und gibt sie Gudrun für den ersten Zug. Überall auf dem Kellerboden stehen brennende Kerzen und tropfen auf die Flaschenhälse, in denen sie stecken. Fünf Pärchen oder mehr tanzen ineinander verhakt um die Kerzen herum, aber brennen nicht an, als ob sie für diese Nacht mit dem Feuer ein Komplott eingegangen wären. Auch diejenigen, die nicht tanzen, sondern reden oder rauchen wie Gudrun und Frieder. Ich habe versucht, mit einem Jungen mit Igeltolle, der eine Weile neben mir auf der Matratze saß, ins Gespräch zu kommen. Erst haben wir von dem »süffigen« Rotwein geredet, und dann habe ich von den Amis angefangen, die im Ostsektor von den Vopos festgenommen worden sind, was, wie Onkel Paule in seinem Kommentar geschrieben hat, zu einer neuen Berlin-Krise führen könnte. Aber da hat der Junge gleich gestöhnt: »Laß bloß die blöde Politik.« Jetzt tanzt er mit einem kleinen Pummel.

»Im Sommer war ich in Venedig«, sagt Gudrun, die in der Klasse kaum was sagt, zu Frieder. »Am Lido wollten mir die Papagalli dauernd den Rücken eincremen. Einem habe ich eine geknallt. Aber dann kam schon der nächste.«

Sie lacht rauchig wie Hilde Knef und gibt Frieder die Zigarette zurück.

Ich war bisher weder in Paris noch in Venedig. Ich kenne auch diesen Sartre nicht, von dem Frieder immerzu quatscht. Und was sind das für Leute, die Gudrun dauernd den Rücken einschmieren wollten?

»Tanzen?« fragt mich ein Junge und zieht mich hoch, ohne meine Antwort abzuwarten. Er heißt Wolfgang und ist der Gastgeber dieser Kellerparty in Lichtenrade. Über uns im Wohnzimmer feiert Wolfgangs Mutter ihren Vierzigsten.

»Viel Spaß in der Unterwelt!« hat sie Frieder und mir gewünscht, bevor wir in den Keller stiegen und dabei mein graues Teenager-Kleid mit den roten Bommeln am Kragen gemustert, als ob's ein Indianerkostüm wäre. Später wußte ich, warum: Ich bin die einzige hier unten, die ein Kleid anhat. Die anderen Mädchen tragen enge Dreiviertelhosen mit gestreiften Blusen. Oder schwarze Rollkragenpullis wie die meisten Jungs und auch dieser

Wolfgang, der mich beim Tanzen so an sich preßt, daß sich meine Füße mit seinen immer wieder verheddern.

»Sous les toits de Paris…« singt Wolfgang mit der tiefen, sehnsüchtigen Frauenstimme vom Plattenspieler mit, »on peut vivre heureux…«

Das Lied ist aus dem Film »Unter den Dächern von Paris«, den ich mit meinen Eltern gesehen habe – und vielleicht ist man wirklich glücklich in Paris, glücklicher jedenfalls als hier unten im Partykeller. Ich hasse mich, daß ich nun doch mit Frieder nach Lichtenrade gefahren bin, wo er nur mit dieser Gudrun redet und ich für ihn unsichtbar geworden bin – auch ohne Tarnkappe.

Als wir mit dem Auto seines Vaters, einem Goggomobil, für das man keinen Führerschein braucht, rausgetuckert sind, hat er noch mit mir gesprochen – so als ob er gern mit mir spricht. Er hat mir erzählt, daß er im Sommer mit Wolfgang nach Paris trampen wollte. Aber nicht durfte, weil er mit seinen Eltern zu einem befreundeten Pfarrer im Fichtelgebirge mußte. »Stell dir vor, Doro«, hat er zu mir gesagt, »ausgerechnet zu diesem Typ mußte ich mit, der vor den Nazis gekuscht hat, genau wie mein Alter!«

Mit seinen Eltern ist Frieder dann anschließend noch in Bayreuth gewesen, im Opernhaus, wo er die Karte für mich mit dem Nibelungendrachen aus der Wagner-Oper gekauft hat. »Richard Wagner«, hat Frieder gelacht, »kommt für meinen Alten gleich nach dem lieben Gott!«

Ich habe mitgelacht, aber dann sollte ich Frieder im Auto eine Zigarette anzünden, und das wurde eine Pleite. Wir mußten am Straßenrand halten, damit ich mich aushusten und er sich selber eine Zigarette anstecken konnte. Als er wieder anfahren wollte, streikte das Goggomobil, obwohl es noch neu ist. Wir mußten aussteigen und schieben, bis es wieder ansprang. Meine flachen Ballerinen-Schuhe, in denen ich jetzt mit Wolfgang tanze, sind noch immer ganz dreckig.

»Habe ich dich nicht schon mal gesehen, Monika?« murmelt Wolfgang an meinem Ohr. »Vorige Woche bei Jürgen?«

»Ich heiße Dorothee«, sage ich.

»Meine Schwester heißt auch Monika«, sagt Wolfgang in die tiefe, sehnsüchtige Stimme der französischen Sängerin hinein, »aber die war vorige Woche nicht mit bei Jürgen.«

Ich antworte nicht mehr, weil mir der Junge im Ostsektor eingefallen ist, der auch Jürgen heißt und mit dem ich im letzten Winter in den Müggelbergen gerodelt bin. Der in Grünau in einem weißen, spitzgiebeligen Haus wohnt, auf einer Insel im Müggelsee, die man nur mit einer Fähre erreichen kann. Wollte dieser Jürgen nicht demnächst in Peking studieren? Peking ist viel interessanter als dieser Sartre oder Venedig…

Drüben auf der Matratze legt Frieder beide Arme auf die Schultern von Gudrun, die hemmungslos redet, obwohl sie in der Schule kaum mal was sagt. Ich bin blöd, daß ich diesen Jürgen aus dem Ostsektor beinahe vergessen hatte.

»Hoppla!« sagt Wolfgang. Ich bin ihm schon wieder zwischen die Füße geraten. Er läßt mich los und bringt mich zurück zur Matratze.

»Bis später, Monika!«

LI

Kurz vor dem Gästeklo neben dem Hauseingang stellt mich Wolfgangs Mutter, eine hübsche mollige Brünette im tiefdekolletierten, dunkelblauen Samtkleid. Sie jongliert klirrend ein Tablett mit zu vielen hochstieligen Gläsern.

»Kannst du Wolfgang mal mitteilen«, sagt sie gereizt, »daß er sofort – aber wirklich sofort – zu mir kommen soll?«

Ich nicke und stürze in die Toilette. Der Raum ist so eng, daß man an die Tür stößt, wenn man sein Kleid hochheben will.

Auf der Konsole über dem winzigen Waschbecken steht eine Flasche Tosca. Tosca riecht nach Drogerie, sagt mein Vater. Damit werde ich auch nicht verführerischer. Mein Anblick in dem runden Spiegel ist hassenswert: abheilender Pickel auf der glänzenden Nase, die Haare zu brav aus der hohen Stirn gekämmt. Mein Traum ist ein Pony. (»Kommst du dir nicht ein bißchen ordinär mit Pony vor, Doro?« Ich will mir ein bißchen ordinär vorkommen, Mutti!)

Schon besser. Ein Glück, daß ich mir gestern abend mit der Nagelschere ein paar Haare vorn abgeschnitten habe. Mit dem Pony sehe ich aus wie die Frauen in den

Pariser Jazzkellern, die manchmal in der Zeitung abgebildet sind. »Freche Pariser Katzen«, nennt Onkel Paule, der im Krieg in Paris war, solche Frauen.

Ich bin keine freche Katze, aber ich könnte die freche Katze spielen. Wird sich Frieder wieder an mich erinnern, wenn ich die freche Katze spiele? Ich beiße auf meine Lippen und gebe mir viele kleine Ohrfeigen, damit ich frech und aufregend wirke.

»Freche Katze«, sage ich zu meinem Spiegelbild, »freche Katze, Doro!«

LII

In der Kellertür stoße ich mit Wolfgang zusammen. Danach kommt Frieder, Gudrun im Arm.

»Bonsoir«, sagt die freche Katze.

»Bonsoir«, sagt Frieder und sieht mich an, als sei ihm gerade eingefallen, wer ich bin. »Wohin des Weges, Mademoiselle?«

»Direkt in die Hölle, Luzifer!«

Er grinst und läßt Gudrun los.

»Haben wir schon mal getanzt, Tarnkappe?«

»Unentwegt«, sage ich und will an ihm vorbei.

»Hiergeblieben! Ich will mit dir tanzen, Doro!«

»Und ich dachte, sie heißt Monika«, sagt Wolfgang und will mir an meine roten Bommeln am Kragen.

Frech haue ich ihm auf die Finger:

»Ich habe tausend Namen, Monsieur!«

Die Worte flutschen nur so aus meinem Mund. Frieder und Wolfgang lachen. Ich bin eine freche Katze.

»Los«, ruft Frieder und legt den Arm um mich.

»Ich denke, wir wollen rauf in Wolfgangs Zimmer«, sagt Gudrun beleidigt.

»Jetzt tanze ich erst mal mit Doro«, sagt Frieder.

Wieso tanzt e r mit mir? I c h tanze doch auch mit ihm! Und wie ich mit ihm tanze! Wie Butter. Langsamer

Walzer: »Parlez-moi d'amour…« Kein Fuß verheddert sich im anderen. Mein Tanzstundenlehrer könnte es nicht fassen…

»Parlez-moi d'amour, redites-moi des choses tendres …« Lucienne Boyer, die Lieblingssängerin meiner Eltern. Nur französische Musik oder Jazz mit Louis Armstrong oder Swing von Glenn Miller heute abend in Lichtenrade. Keine A.F.N.-Music-in-the-air mit dem Gestöhne von diesem neuen Ami-Sänger, für den meine halbe Klasse schwärmt und von dem ich nie den Namen behalten kann.

»Parlez-moi d'amour… sprich mir von Liebe…«

Gleich wird er sprechen. Alles ist doch so einfach: Frieder macht Schluß mit Porte und… seine Lippen suchen mein Gesicht ab:

»Gehn wir auch 'n bißchen rauf, Doro? In Wolfgangs Zimmer? Wolfgang hat 'ne Pulle Sekt von seinen Eltern geklaut.«

Du lieber Himmel! Ich sollte ja sagen, daß Wolfgang sofort, aber auch wirklich sofort, zu seiner Mutter…

»Ich finde«, murmelt Frieder, »man muß die Alten beklauen, wo man nur kann.«

Ich finde nicht.

»Stimmt's?« Sein Mund ist an meinem Mund.

Parlez-moi d'amour…

»Ja«, sagt die freche Katze.

LIII

Viel zu warm so kurz vor Weihnachten. Der See ist nicht mal zugefroren, und die Fähre könnte flott zur Insel rüberfahren. Aber die Fähre liegt noch am anderen Ufer.

»Wenn der Kahn nich balde kommt«, witzelt ein älterer Mann mit Ohrenklappen trotz des milden Wetters, »loof ick übers Wasser.«

»Na denn, zisch los, Jesus!«

Seine Begleiterin, eine Grauhaarige mit Leberfleck an der Schläfe, lacht über ihren Witz nicht mal in Andeutungen.

Dafür lacht der Mann, aber kurz und trocken, als ob sich's nicht lohnt, und zwinkert mir zu: Kiek dir meine Olle an, steht in seinem Zwinkern, hat Humor – nich mal für 'n Fuffziger!

Ich zwinkere zurück, damit ich nicht unhöflich bin. Warum bin ich bloß in den Ostsektor rüber nach Grünau gefahren? Jürgen wohnt bestimmt nicht mehr drüben auf der Insel in dem spitzgiebeligen Haus mit den weißlackierten Möbeln, sondern längst in China.

»Ich begreife dich nicht, Doro«, hat meine Mutter gezetert, »warum du ausgerechnet losmußt, wo ich dich brauche! Ebbe ist krank und wünscht sich, daß du ihm vorliest…«

Ach was, habe ich gedacht, Ebbe hat bloß ein bißchen Fieber! Fieber habe ich auch schon gehabt. Außerdem mußte ich heute los, weil ich so müde und wach zugleich bin von der Party gestern mit Frieder.

»Jleich kommt se«, sagt der Mann an der Fährstelle.

»In deinem Traum kommt se«, sagt die Frau mit dem Leberfleck. »Ick hab dir ja jesagt, det die Fähre bei dem Wetter nich rübermacht!«

Drüben über der Insel braut sich tatsächlich was zusammen, und ich habe keinen Schirm. Ich sollte ganz schnell zurück zur S-Bahn rennen und wieder in den Westsektor fahren. Meine Mutter wäre sowieso außer sich, wenn sie wüßte, daß ich im Ostsektor bin: »Viel zu gefährlich, Doro, mein Kind!«

Im Augenblick ist allerdings wirklich was los in Berlin: Zwei Amis sind vor ein paar Tagen in Ost-Berlin festgenommen worden, und der russische Botschafter hat den Protest der West-Alliierten nicht einmal ernst genommen: Das sei allein Sache der Volkspolizei. Was mein Onkel Paule richtig »raffiniert« fand: »So pokert der Russe die Ostzone noch zum selbständigen Staat hoch.«

»Jetzt hab ick's aber dicke«, sagt die Frau mit dem Leberfleck zu dem Mann, »kommste mit uff 'n Schluck in de Bahnhofskneipe?«

Er schüttelt den Kopf, als ob Worte für sie zu schade wären, und die Frau schiebt ab. Wenn jetzt richtiger eiskalter Winter wäre, überlege ich, könnte ich einfach übers Eis zu Jürgens Insel rüberschlittern. Wie nach dem Krieg, als wir auf einem Wohnschiff leben mußten, weil wir ausgebombt waren. Da bin ich auch oft im Winter über die Havel geschlittert, sogar auf noch nicht ganz festem Eis. Aber eingebrochen bin ich nie. Nur mein Bruder Ebbe ist eingebrochen. Das lag an dem Anglerloch, das der Blödmann im Eis nicht gesehen hatte.

Ich halte mich am Geländer der Fährstelle fest und lasse meinen rechten Fuß über dem dunklen Wasser schweben. »Meechen, passen Se uff«, sagt der Mann mit den Ohrenklappen, »erst vorje Woche haben se hier wieder 'n Kind rausjeholt!«

»Tot?«

»Nee, nich! Se ham's jrade noch erwischt.«

Auch meine Mutter hat mich erwischt, als ich heute nacht erst gegen drei nach Hause gekommen bin. Sie war noch angezogen und hat ein Trara gemacht, als wäre ich an Ebbes Fieber schuld. Aber ich habe nichts gesagt. Mein Mund war ganz wund von der vielen Küsserei. Erst als Frieder an meine Brust fassen wollte, bin ich raus aus dem Auto und ins Haus geflitzt.

»Tschüs«, hat Frieder mir viel zu laut hinterhergerufen, »tschüs, Tarnkappe!« – Porte läßt sich natürlich an die Brust fassen.

LIV

Eben hätte ich noch wetten können: Jürgen hat auf der Insel in der ersten Querstraße hinter der Fähr-Anliegestelle gewohnt. Aber rechts- oder linksrum?

Nässe kriecht durch meinen plustrigen, grün-gelb gemusterten Wintermantel, den ich von einer Kollegin meiner Mutter geerbt habe.

War das Haus von Jürgens Eltern denn nicht weiß und spitzgiebelig gewesen wie die alten Villen an der Ostsee, vor denen meine Großmutter auf braunblassen Ferienfotos als junges Mädchen lächelt? Aber hier steht nur ein Haus aus roten Ziegeln, und einige seiner Fenster sind mit Pappe oder Holz vernagelt.

Ich hätte den Fährmann oder den Typ mit den Ohrenklappen nach Jürgen und dem Haus seiner Eltern fragen sollen. Wie hieß Jürgen überhaupt mit Nachnamen? Ich habe so viel vergessen, seit ich Frieder kenne, seitdem kenne ich nur noch Frieder. Und wenn dieser Wolfgang nicht gestern nacht auf der Party von irgendeinem »Jürgen« gefaselt hätte – würde ich jetzt sowieso nicht im Regen im Ostsektor rumrennen... Bei dem »Scheißwetter« hat der Fährmann gesagt, mache er die Tour zurück über den See nur noch ein einziges Mal. Wenn ich mich nicht beeile, sitze ich hier fest und muß vielleicht draußen im Regen übernachten, falls ich Jürgen nicht finde. Und dann werde ich krank. Wie Ebbe. Und alle müssen sich genauso um mich kümmern: Ach Gottchen, ach Gottchen, die arme Doro...

Da ist ja Jürgens Haus! Weiß und spitzgiebelig wie die Villen auf den braunblassen Ferienfotos mit meiner einst jungen Großmutter. Fast tut es mir leid, daß ich Jürgens Haus gefunden habe...

»Tach, Jürgen, ich bin's!«

»Doro? Komm rein, du bist ja klitschnaß...«

Doch auf mein Klingeln rührt sich null und nichts in Jürgens Haus. Erst jetzt fällt mir auf, daß kein Licht brennt, hinter keinem der Fenster.

Ich klingele Sturm und rüttele am Gartentor. Verschlossen.

Wieder und wieder drücke ich auf den Klingelknopf. Gleich muß die Haustür aufgehen – ich habe mir das Wiedersehen mit Jürgen doch nicht umsonst geträumt...

Wenigstens wartet die Fähre noch.

»Jlück jehabt, Meechen! Letzte Fuhre für heute!«

Ich bin der einzige Passagier. Aus dunkelgrauen Wolken stürzt der Regen auf die Planken. Der Fährmann läßt mich in seine überdachte Steuerkabine.

Ob er nicht zufällig, frage ich, einen Jungen auf der Insel kenne...? Ich beschreibe Jürgen, das Haus, seine Mutter...

»Se meinen die Kühns? Ja, die kenn ick, ick fahr die Tour ja schon jahrelang.«

Er spricht nicht weiter.

»Was ist denn mit den Kühns?«

Er räuspert sich.

»Ja... also... die mußten raus aus ihrer Villa.«

»Raus? Ist ja schrecklich! Und wo wohnen die jetzt?«

Er schnieft und dreht das Steuer.

»Wozu willst'n det wissen?«

»Ich... ach, ich war doch mit Jürgen zusammen im Ferienlager bei... bei den Jungen Pionieren, nee, bei der FDJ.«

Manchmal ist es schon praktisch, wenn man Zonenverwandtschaft hat.

»Wann war'n det?«

»Vor zwei Jahren«, lüge ich vorsichtshalber.

»Ja, det kann sein«, sagt der Fährmann. Er ist kleiner als ich und leicht bucklig unter seinem Wettermantel. Eigentlich sieht er nicht nach Wasser und Fähre aus.

»Was ist denn passiert mit Jürgen und seiner Familie?«

»Nischt. Wat soll schon passiert sein!«

»Aber... wenn die rausmußten aus ihrem Haus...«

»Na und?«

»Das ist doch nicht normal!«

»So wat sagen Se man nich zu laut, Frollein!«

Wir legen an. Selbst wenn ich renne, werde ich bis zum S-Bahnhof durchgeweicht sein.

»Dann, also... auf Wiedersehn!«

Leider muß ich das überdachte Steuerhäuschen verlassen. Da greift der Fährmann nach meinem Arm:

»Ärjer hat's jejeben, hab ick jehört. Mit de Partei. Der Dr. Kühn hat dauernd jejen irjendwat jemeckert – und nu sind se ihr Haus los und der Junge sein Studium.«

»Jürgen studiert nicht in Peking?«

»Peking? Ick weeß von nischt! Und ick kenn ooch keen Peking!«

LV

Plötzlich brennt doch Licht in dem weißen, spitzgiebeligen Haus. Aber es steht nicht mehr auf der Insel im Winterregen hinter der verschlossenen Gartentür, sondern auf einem kleinen Hügel in der Abendsonne.

Ich bin nicht sicher, ob ich den Hügel hochlaufen sollte. Wenn Licht im Haus brennt, heißt das ja noch nicht, daß mir jemand die Tür öffnen wird. Vielleicht haben die Bewohner bloß vergessen, das Licht zu löschen, bevor sie ihr Haus verließen! Oder da ist gar kein Licht – nur die untergehende Sonne, die sich in den Scheiben spiegelt...

Aber während ich noch überlege, ob ich hochlaufen soll – laufe ich schon. Dabei wächst wieder das angenehme Gefühl zwischen den Schenkeln.

Oben im Haus öffnet jetzt jemand die Tür. Jürgen? Oder Frieder? Ich will, daß es Frieder ist. Aber der Jemand in der Haustür wird undeutlicher, je näher ich komme. Um so deutlicher kann ich das weite Land hinter dem Haus sehen: wie ein riesiges, ausgebreitetes Laken, auf dem Felder, Dörfer und Wälder unter der blassen Mondsichel liegen. Es ist Jörges Traumland aus dem Märchen vom »Unsichtbaren Königreich«, das Land, das nur der Traumjörge und seine wunderschöne Prinzessin sehen können... Wenn ich als Kind krank im Bett lag, hat mir mein Vater die Geschichte vorgelesen und dabei mit den Ohren gewackelt, was er immer macht, wenn ihm was gefällt. Am besten gefiel uns beiden in dem Märchenbuch das Bild, auf dem Traumjörges Prinzessin auf ihrer goldenen Himmelsschaukel sitzt.

Schon sitze ich selbst auf der Schaukel. Das Gefühl zwischen meinen Schenkeln wird immer besser. Ich winke hinunter zu dem weißen, spitzgiebeligen Haus.

Hier bin ich, Frieder!

Er sieht mich noch immer nicht. Will er mich nicht sehen?

Ich möchte mit beiden Armen winken. Aber dafür müßte ich die Schaukel loslassen... die Schaukel läßt mich los. Ich falle... das Gefühl...

Beim Erwachen habe ich die Hand zwischen den Schenkeln. Weg damit!

Aus der Diele kommt Licht durch die Ritzen meiner Zimmertür. Nebenan bei Ebbe spricht eine Männerstimme, die ich kenne, mit meiner Mutter. Jetzt sagt mein Vater was. Dann wieder der andere Mann: Dr. Boglund, unser Kinderarzt. Ist Ebbe denn so krank, daß nachts Dr. Boglund gerufen werden mußte?

»Lieber Gott...«, meine Finger passen nicht ineinander, »laß Ebbe nicht sterben!«

Ich denke beim Beten kein bißchen an Gott. Nur an mich. Es gibt ja gar keinen Gott. Gott, hat Frieder gesagt, als wir bei der Party auf der Treppe hockten, weil Wolfgang in seinem Zimmer mit Gudrun knutschen wollte, Gott sei nur eine Erfindung von uns Menschen. Weil wir sonst verrückt würden von dem ganzen unendlichen Nichts um uns herum. Das hat Frieder von einem gewissen Sartre, einem Franzosen, über den auch im Literaturlexikon was steht, das mir Onkel Paule zum Geburtstag geschenkt hat. Sein Vater, sagt Frieder, haßt diesen Sartre, weil der gegen Gott und die Pfarrer sein soll. Sartre hält einen Pfarrer für einen ganz normalen Beamten, der, wenn alle Leute auf einmal aus der Kirche austreten würden, sofort pfeifen würde auf Gott.

Aber wenn man auf Gott pfeifen könnte, wer sorgt dann dafür, daß Ebbe wieder gesund wird? Ich lege noch mal meine Finger ineinander, und diesmal vergesse ich meine Finger: Ja, da ist Gott – ein ganz entfernter heller Punkt hinter meinen geschlossenen Augenlidern: »Lieber Gott…«

Der Punkt bewegt sich auf mich zu, kommt ganz nahe, immer näher: Ich… ich bin der Punkt. Ich bin ich. Keiner weiß, wie und wer ich bin. Nur ich. Ich bin einmalig, bin ich Gott…?

Ich muß aufs Klo.

Wenn ich jetzt aufs Klo gehe, dann sieht mich Dr. Boglund. Mit zwölf war ich zum letztenmal beim Kinderarzt. Weil mir zuerst nur eine Brust – und die bloß ein bißchen – wachsen wollte und meine Mutter dachte, ich hätte einen Furunkel. Aber Dr. Boglund hat nur gelacht, nachdem er mich betastet hatte, was mir unangenehm war, und hat gesagt:. »Das wird schon noch auf der anderen Seite!« Danach bin ich nie wieder zu einem Kinderarzt gegangen.

»Ach, mein Dorseltier, jetzt bist du ja auch noch aufgewacht!«

In der Diele drückt mich meine Mutter an sich. »Dorseltier« hat sie Doro schon lange nicht mehr genannt.

»Ebbe geht's gar nicht gut, mein Dorseltier!«

Ihr Gesicht ist feucht.

»Was hat er denn?«

»Lungenentzündung! Wir brauchen dringend Penizillin! Papa und Dr. Boglund sind gerade losgefahren, um Penizillin aufzutreiben. In einer Nachtapotheke oder im Krankenhaus.«

Über Penizillin haben wir in Chemie vor ein paar Monaten gesprochen, aber ich habe nicht richtig zugehört. Chemie macht mich müde wie Mathe. Wenn wir chemische Verbindungen aufsagen müssen, mache ich mich auf der hintersten Bank im Chemiesaal ganz klein.

»Kann ich nicht mal rein zu Ebbe, Mutti?«

»Nein, geh aufs Klo, und dann schlaf weiter, mein Dorseltier! Es wird schon alles wieder gut werden.«

Ich sehe ihr an, daß sie nicht glaubt, was sie sagt. Vor ein paar Stunden, als ich spät aus dem Ostsektor zurückkam, hat sie noch nicht so kümmerlich geguckt. Da konnte sie noch richtig meckern: Auch wenn Ebbe krank sei, hätte ich mich an die einfachsten Regeln des menschlichen Zusammenlebens zu halten und pünktlich zum Abendbrot zu Hause zu sein. Da war meine Mutter noch meine gute Feindin...

Jetzt tut sie mir leid, wie sie mit eingezogenen Schultern an Ebbes Etagenbett sitzt. Früher habe ich hier auch geschlafen. In der oberen »Etage«. Ebbe liegt weiter unten.

»Was machst'n da?« hat er gefragt, wenn ich oben im Dunkeln das Bild an der Wand mit meinem Fuß hin und her bewegt habe.

»Hörste das nicht?« habe ich gesagt. »Ich hab' hier oben 'ne Uhr! Hörste die Uhr denn nicht, Ebbe? Ticketacke, ticketacke...« Und zu diesem »Ticketacke« habe ich das Bild, auf dem zwei Zicklein gemalt sind, ständig hin und her bewegt. »Du hast ja gar keine Uhr da oben!« hat Ebbe protestiert. »Ist doch nur das Bild mit den beiden Zicklein!« – »Komm doch hoch, du Blödmann!« habe ich gesagt, »und guck selber nach! Ticketacke-ticketacke... ist das nun 'ne Uhr oder nicht?« Und weil ich so sicher klang, wurde er jedesmal unsicher. Kurz vorm Einschlafen hat er fast geglaubt, daß ich eine Uhr hätte, bei mir oben im Bett.

»Was ist denn noch, Doro?«

Meine Mutter hat sich zu mir umgedreht.

»Warum gehst du nicht wieder schlafen? Du hast ja gar keine Hausschuhe an!«

Keine Hausschuhe anhaben – besonders jetzt im Winter –, das ist bei uns Uchtmanns die schlimmste aller Sünden. Wenn meine Mutter merkt, daß ich auf nackten Füßen laufe, schreit sie rum, als ob das Haus gleich abbrennt.

»Doro...!«

Natürlich schon wieder Schluß mit »Dorseltier«!

»Ja... ich zieh' mir gleich Hausschuhe an!«

Trotzdem tappe ich auf nackten Füßen an Ebbes Bett. Mein Bruder atmet hastig, seine Lider in dem fieberroten Gesicht liegen über den Augen wie zugeklebt.

»Ebbe«, flüstere ich, »hör doch mal: Ticketacke, ticketacke...«

»Du gehst sofort ins Bett, Doro!« sagt meine Mutter.

»Ticketacke-ticketacke... hörst du nicht, Ebbe?«

Mühsam macht er die Augen auf. Sein Blick findet mich nicht.

»Sie lügt«, murmelt er, »es ist gar keine Uhr.«

LVI

Die Katze reibt ihren Kopf am Stuhlbein. Sie schmeißt sich mal wieder an Onkel Paule ran.

»Weil du's bist, Süße«, sagt er und wirft ihr ein Stück Fischbulette zu. Ich hasse Fischbuletten, die Hilde aus zuwenig Schellfisch und zu vielen alten, eingeweichten Schrippen knetet. Von mir aus kann die Katze auch noch meine Fischbulette haben.

»Doro«, sagt meine Mutter und erhebt sich vom Abendbrottisch, »du gibst – bitte – der Katze nichts!«

Wenn sie nicht so müde aussähe nach den beiden Nachtwachen bei Ebbe, dem es seit heute früh etwas bessergeht, würde ich ja jetzt eine unserer »Endlos-Diskussionen« beginnen: Warum darf Onkel Paule etwas, das ich nicht darf? Schmeckt der Katze Onkel Paules Fischbulette besser als meine?

»Ich gehe schlafen«, murmelt meine Mutter. »Aber weckt mich, falls es Ebbe wieder schlechtergeht!«

»Ick muß jleich zurück in die Redaktion«, sagt Onkel Paule und klaut sich mit seiner Gabel ein Stück von meiner Fischbulette, »wollt bloß mal kieken, wat unser Kleener macht.«

Alle kümmern sich nur um Ebbe. »Und ich bin Luft«, maule ich und tue mir furchtbar leid.

»Du lernst es nie, Doro«, sagt meine Mutter und geht.

»Doro«, knurrt Onkel Paule, »ick will ja nichts sagen ...«

»Es ist das Nichts«, verkünde ich, »das den Menschen in stete Angst, ja, Ekel treibt!«

Onkel Paule verschluckt sich fast an meiner Fischbulette.

»Was ist los?«

»Sartre sagt, es ist das Nichts ...«

»Wo haste denn das her?«

Ich greife mir das »Lexikon der Weltliteratur« vom Fensterbrett.

»Von dir, Onkel Paule. Aus dem Buch, das du mir zum Geburtstag geschenkt hast!«

Er schüttelt die Katze ab, die nach Liebe sucht, weil sie nicht zu dem kranken Ebbe ins Bett reindarf.

»Nehmt ihr Sartre schon in der Schule durch?«

»Nee«, sage ich, »unser Deutschlehrer ist dafür nicht zuständig. Und in Französisch kommt Sartre frühestens in der Dreizehnten dran, sagt die Lusel.«

»Welche Lusel?«

»Unsere Französischlehrerin. Aber ich glaube, die Lusel ist gegen Sartre, weil der gegen Gott ist. Und die Lusel gibt doch auch Religion.«

»Wer sagt, daß Sartre gegen Gott ist?« fragt Onkel Paule und starrt gierig auf das letzte Stück meiner Fischbulette.

»Jemand.«

»Ein Jemand oder eine Jemandin?«

»Ist doch egal«, sage ich. »Außerdem steht's in deinem Lexikon!«

Es steht genau auf Seite 220. Ich habe sogar ein Stück Papier dazwischengelegt.

»Hier, hier steht's, Onkel Paule: Jegliche Jenseitshoffnung wird von Sartre negiert... negieren heißt verneinen, das habe ich im Fremdwörterduden nachge...«

Onkel Paule reißt mir das Lexikon aus der Hand.

»Das steht ja unter ›Existentialismus‹! Warum haste nich unter Sartre nachgeguckt?«

»Hab' ich ja zuerst! Aber da kapiert man noch weniger: Es ist das Nichts, das den Menschen...«

»Is ja jut«, sagt Onkel Paule und stöhnt. »Hilde, krieg ick noch 'n Bier?«

Weil Hilde was für Onkel Paule übrig hat, taucht sie sofort in der Eßzimmertür auf.

»Ick dürf nich, Onkel Paule!« jammert sie. Nur zwei Bier seien heute fürs Abendbrot bewilligt. Eins habe Onkel Paule schon intus, das zweite sei für meinen Vater, der noch unterwegs ist, weil eine seiner Heizungen sechs Tage vor Weihnachten nicht laufen will.

»Aber Ihr Schwager«, überlegt Hilde, »hat's so am Magen, seit der Kleene so krank is...«

Mein Vater hat's auch am Magen, weil heute früh um acht wieder der Gerichtsvollzieher vor der Tür stand. Allerdings sofort abzog, als er mitbekam, daß Ebbe so krank ist. Was meine Mutter »richtig menschlich« von diesem »Unmenschen« fand...

»Ick jeb Ihnen ooch 'n Schluck ab von dem Bier, Hilde«, lockt Onkel Paule.

»Jut, wenn Doro nachher abräumt!«

Bevor ich protestieren kann, ist sie schon ab. Ich hasse Hilde.

»Also, Sartre...«, beginnt Onkel Paule.

»Ist mir doch egal«, sage ich wütend.

»Eben wollteste doch noch...«

»Nun nicht mehr.«

»Und wenn ich dir verrate, daß ich mit Sartre schon mal gesoffen habe!«

Er spinnt.

»Du spinnst, Onkel Paule!«

»Wat sagste da zu dein Onkel, Doro?« zetert Hilde mit dem Bier in der Hand. »Det sagt man doch nich!«

Sie hat die Flasche schon in der Küche aufgemacht und hält beim Einschenken Onkel Paules Glas schräg, damit es nicht so schäumt.

»Vajessen Se sich selber nich, schönste der Frauen!«

»Nee«, strahlt Hilde und schenkt sich ebenfalls ein. Mein Vater sagt, Hilde wäre bloß deshalb zu uns von ihrer »jräßlichen« neuen Haushaltsstelle – für weniger Lohn – zurückgekommen, weil sie Onkel Paule »heimlich verfallen« sei.

»Prost, Hildchen!«

»Prost, Onkel Paule«, sagt sie und plinkert beim Anstoßen.

»Und du hast wirklich mit diesem Sartre gesoffen, Onkel Paule?«

Er setzt das Glas ab und streicht mit dem Zeigefinger darüber, bis der Rand zu summen beginnt.

»Hab ick. Anfang Neunzehndreiunddreißig, kurz vorm Abitur.«

»Im Jahr, als Hitler drankam?«

»Jenau! Damals jing ick auf die Karl-Marx-Schule in Neukölln, 'n doller linker Laden – wat meinem Vater, also deinem Opa, Doro, als ordentlichem Konservativen ja nun jar nich jefiel!«

»Und Oma – deiner Mutter?«

»Die hat sich nich für Politik interessiert. Dafür hat sie

ooch nich dauernd so 'n Trara jemacht, wenn ick mal zu 'ner Versammlung...«

»Mit diesem Sartre?«

»Ach, erzähln Se doch mal, Onkel Paule!« gurrt Hilde, die natürlich noch nie was von diesem Sartre gehört hat. Sie rückt so nahe an meinen Onkel ran, daß die Katze aufjault.

»Damals«, sagt Onkel Paule und nimmt die Katze hoch, »wußte ick ja noch nischt von Sartres Ideen, von seiner Philosophie, die man später ›Existentialismus‹ genannt hat...«

»Kommt wohl von Existenz...?«

»Jenau«, sagt Onkel Paule, »oda so unjefähr! Sartre behauptet, dem existierenden Menschen sei null und nischt vorherbestimmt. Für seine Existenz ist der janz alleene verantwortlich – und ooch wat er draus macht. Det fanden wir nach 1945 jar nich so schlecht, nach dem Scheißkrieg, wo alles hin war...«

»Jenau«, gurrt Hilde, »nach dem Scheißkrieg!«

»Und wann hat dieser Sartre dann mit dir gesoffen, Onkel Paule? Da biste doch noch zur Schule gegangen?«

»Ja, aber auf 'ne besondere Schule eben, wo man als Schüler nicht weniger taugte als der Lehrer. Det war so 'n linkes Experiment und für die Nazis, als sie rankamen, natürlich igittigitt. Und Sartre, der ja ooch Pauker war, kam damals nach Berlin. Als Stipendiat aus Frankreich. Ja, so war det oder wie...?«

Er lüpft die geschwungenen Brauen, die er gemeinsam mit Ebbe und meinem Opa hat.

»Und du hast richtig gesoffen mit diesem Sartre?«

Ich glaube, Frieder wird mich hassen, wenn das stimmt: Götter saufen nicht mit Doros Onkel!

»Ja, richtig jesoffen, Doro!«

Onkel Paule gluckst: »In ’ner Kneipe in der Hasenheide.«

»Da is imma wat los«, sagt Hilde, »inne Hasenheide, Remmidemmi und so.«

»Und wer war am besoffensten? Du oder Sartre?«

»Erst mal Sartre«, sagt Onkel Paule. »Er war ja noch so jung: 1933! Höchstens Ende Zwanzig… mein Jott, ist das her…«

Seine Augen glänzen über den Tränensäcken. Dann trinkt er sein Bier mit einem Zug leer.

»Jetzt muß ick aber dalli-dalli! Ein Wunder, det noch keener aus der Redaktion anjerufen hat…«

»War Sartre wirklich besoffener als du?«

»Nur am Anfang«, sagt Onkel Paule, »denn hab ick uffjeholt. Und zum Schluß lagen damals in der Hasenheide jleich zwei Existenzen unter einem Tisch!«

LVII

Die Leute können sich nicht entscheiden. Das ist die Sorte Kunden, die gerade sagen will: »Das nehm' ich« – und die dann wieder was anderes entdeckt hat. Meistens kaufen solche Leute am Ende überhaupt nichts. Aber weil morgen Heiligabend ist und Sohnemännchen ohne Geschenke vor Wut den Tannenbaum anzünden könnte, kaufen diese Leute vielleicht doch noch was...

»Dorothee«, hatte Mirbach, der Chef von der Spielwarenabteilung, gesagt, »nehmen Sie sich der Herrschaften mal an!«

Mirbach berlinert kein bißchen, weil er – das hat mir die Wuttke von »Damenunterwäsche« erzählt – früher mal ans Theater wollte. Aber kein Theater wollte Mirbach.

»Wenn Ihr Sohn gern bastelt«, sage ich zu den Leuten, die sich nicht entscheiden können, »wäre ein Stabilbaukasten richtig.«

»Nee«, sagt der Vater und kratzt sich eine Narbe am Kinn, »basteln tut er eigentlich nicht so gern.«

»Unser Kleiner hat ja alles«, säuselt die Mutter und reckt ihre angespitzte Nase, »sogar die elektrische Eisenbahn von meinem Mann hat er schon.«

»Toll«, mache ich auf begeistert, weil ich sehe, daß

Mirbach sich anschleicht, »mein Bruder hat auch die elektrische Eisenbahn von meinem Vater.«

»Interessant«, sagt der Mann und wendet sich zum Gehen.

»Finden die Herrschaften denn nicht, was sie suchen, Dorothee?«

Schon hat Mirbach dem Mann den Weg verstellt. Na, mir soll's egal sein: Heute arbeiten Karla und ich sowieso zum letztenmal im Kaufhaus.

»Wissen Se«, sagt der Mann zu meinem Chef und reibt sich wieder das Kinn mit der Narbe, »wir suchen was Besonderes für unseren Sohn zu Weihnachten…«

»Wie alt ist denn der Junge?«

Gleich wird mir schlecht, wie überzuckert Mirbach lächeln kann!

»Sieben! Aber wir suchen was…«

»Vielleicht einen Stabilbaukasten?«

»Den hat uns schon das Frollein… Nee, wir suchen…«

»Unser Kleiner hat Flugzeuge so gern«, sagt der Vater, »und Soldaten…!«

»Wenn die Amis Parade machen«, sagt die Mutter, »auf dem Platz der Luftbrücke, dann ist er immer ganz…«

»Kriegsspielzeug führen wir nicht«, sagt Mirbach, behält aber das überzuckerte Lächeln im Gesicht. »Dorothee, würden Sie bitte Frau Neumann weiter an der Kasse beim Einpacken helfen!«

An der Kasse hilft schon Karla. Der Kerl wollte mich bloß loswerden. Und »bitte« sagt er sonst auch nicht.

»Du«, flüstere ich Karla zu, »drüben bei Mirbach sind Leute, die wollen Flugzeuge und Soldaten für ihr Gör!«

»Kriegsspielzeug ist doch verboten«, sagt Karla.

»Eben«, sage ich, »und jetzt guck mal genau hin!«

Wir beobachten, wie Mirbach zwischen den Bauernhöfen und Holztieren einen Karton hervorholt und sich umsieht, bevor er die Schachtel öffnet.

Der Vater guckt rein und nickt.

Mirbach nimmt einen Gegenstand, der ein Panzer sein könnte, aus dem Karton, tippt auf seine Armbanduhr und deutet in Richtung Treppe. Die Eltern nicken und ziehen ab.

»Paß auf«, sage ich zu Karla, »und jetzt geht auch Mirbach gleich runter und läßt sich seinen Nazipanzer bezahlen!«

»Du weißt doch gar nicht, ob's wirklich ein Panzer war!«

»Wetten,« sage ich, »daß sich Mirbach mit den Leuten unten an der Hauptkasse trifft, weil da nicht so scharf kontrolliert wird? Und auf dem Karton mit dem Kriegsspielzeug steht bestimmt ›Mensch, ärgere dich nicht‹!«

Karla ist baff: Woher ich das wisse? Von meinem Onkel, sage ich, der das über den heimlichen Verkauf von Kriegsspielzeug in der Zeitung geschrieben hat. Die Panzer mit den Hakenkreuzen kämen übrigens aus England oder Amerika…

»Wo jibt's denn hier Weihnachtspapier?« fragt ein Kunde.

»Bei Papierwaren«, lügt Karla. Dabei hat sie Weihnachtspapier unterm Tisch. Aber nur für Geschenke über fünf Mark.

»Das muß ich Ralf erzählen! Heute abend! Wir treffen uns alle bei Erika. Du kommst doch auch, Doro? Ich bring' 'ne Flasche Tarragona und Kevin bringt Whiskey mit.«

»Mein Bruder war doch so krank…«

»Jetzt nicht mehr«, sagt Karla.

»Keine Privatunterhaltung bei den Damen!« zischt die Kassiererin.

»Also... was is', Doro?«

Ich lege den Zeigefinger an meinen Mund.

»Frieder und Porte kommen auch«, murmelt Karla, ohne die Lippen zu bewegen. Das hört sich an wie: Hiejahundortehommenhauch... Weiß Karla irgendwas von mir und Frieder? Hat Frieder, der mich geküßt und vergessen hat, Karlas Ralf was von der Party in Lichtenrade erzählt? Oder weiß Karla alles von Gudrun Wieland, die in der Klasse kaum was sagt und in Lichtenrade viel mehr geredet hat als ich?

Ich möchte den Kopf schütteln: Nee, ich komme nicht! Ich will nicht heute abend zu Erika.

Aber weil sich mein Kopf nicht schütteln läßt – will ich doch.

LVIII

Karla steht vor Erikas Wohnzimmerwand und stiert die Tapete mit den durcheinandergewirbelten grauen und gelben Rechtecken an.

»Sie hat schon den vierten Whiskey intus«, sagt Erika.

Als ich vor ein paar Minuten ankam, habe ich gedacht: Bloß wieder weg!

Erikas Kevin steckt mit Karlas Ralf in lauter kleinen, bösen Umarmungen, mit denen jede richtige Klopperei anfängt. Ralf springt auf Socken rum, und Kevin trägt nichts außer einer weiten, weißen Unterhose und seinem amerikanischen Armeeunterhemd, das er mit Karlas dunkelrotem Tarragona aus dem Schnapsladen neben dem Kaufhaus bekleckert hat.

»Hey!« gickelt Kevin, während er Ralf umkreist und mit Püffen bombardiert.

Ich habe mich gleich zu Erika aufs Sofa geflüchtet, die zwar nüchtern ist, aber immerzu kichert, daß ihr dicker Bauch nur so hopst. Seit sie schwanger ist, schmeißt sie kaum noch Schmachtblicke.

»Faß mal an!« hat sie gesagt, nachdem ich mich gesetzt hatte. Und während ich das Ruckeln in ihrem Bauch fühlte, hat sie mir erzählt, warum Karla an der Wohnzimmerwand steht und die Tapete anstiert: Weil Karla mit

Ralf um zehn Mark gewettet hat, daß sie zehn Whiskeys hintereinander trinken kann, ohne umzufallen. Für jeden Whiskey eine Mark.

»Und wenn Porte kommt, ist Karla hackeblau«, sage ich, »falls Porte überhaupt noch kommt...«

»Klar kommt sie! Mit Frieder«, sagt Erika, und das Glitzern, mit dem sie so gern über andere herzieht, schummelt sich in ihre Augen.

»Karla hat aber erzählt, daß nur Porte kommt«, behaupte ich und mache damit alles nur noch blöder.

»Karla?« kreischt Erika. »Hast du Doro erzählt, daß nur Porte kommt?«

Karla antwortet nicht und stiert weiter die Tapete an.

»What's the matter, honey?« ruft Kevin und läßt Ralf los.

»Sprich deutsch!« kichert Erika.

»Faumkuche with Schagsähne«, gurgelt Kevin, tappt zu Erika ans Sofa und knutscht sie ab. Er knutscht dauernd an ihr rum, weil er nur am Wochenende bei ihr wohnt und sonst in der Kaserne pennen muß.

»Natürlich kommt Porte mit Frieder«, sagt Karla plötzlich überraschend deutlich. »Wo ist mein nächster Whiskey?«

Alle, außer mir, lachen. Ralf geht auf Strümpfen mit der Flasche zu Karla und gießt ihr das Glas randvoll.

»Na Doro? Auch 'n Whiskey? Damit du nicht so stieselig bist, wenn Porte kommt... mit Frieder?«

Wieder lacht die blöde Bande. Sogar Karla zieht die Mundwinkel hoch. Sie wissen natürlich alle, daß ich mit Frieder auf der Party in Lichtenrade war! Gudrun Wieland, die sonst nie was sagt, hat diesmal alles gesagt: Doro hat sich an Frieder rangeschmissen, wißt ihr schon? Aber Frieder geht doch mit Porte...

Ich nehme mir ein Glas vom Tisch und halte es Ralf entgegen.

»Cheers, honey!« sagt Kevin.

Alle stoßen mit mir an. Außer Karla. Erika hat Malzbier in ihrem Glas. Ich habe noch nie Whiskey getrunken.

»Du mußt austrinken, Doro«, sagt Ralf.

»Ich habe nicht gewettet«, sage ich mit der Betonung auf »ich«, »sondern Karla!«

Aber der Whiskey hilft mir. Er macht mich warm und sicher. Ich breche einen Zweig aus dem Adventskranz auf dem nierenförmigen Tisch vor dem Sofa und halte ihn in die Kerzenflamme. Die Tanne ist so trocken vom wochenlangen Aufenthalt in der Zimmerluft, daß sie sofort knackend zerfällt.

»Habt ihr keinen Weihnachtsbaum, Erika?«

»Wir feiern doch bei meiner Mutter!«

Sie streckt sich und legt die Hände auf ihren Bauch: »Kannste dir das vorstellen, Doro? Kevin hat noch nie 'ne Gans zu Weihnachten gegessen. In Amerika gibt's immer Pute – turkey – und die hat fünf verschiedene Fleischsorten …«

»More«, sagt Kevin und will wieder zu Erika aufs Sofa, »more than fünf.«

Er zündet sich eine Zigarette an und bläst mir den Rauch ins Gesicht.

»Her mit dem sechsten Whiskey!« ruft Karla. Sie steht noch immer ganz gerade vor der Wand, nur ihre Stimme schleppt.

»Und wie versteht sich deine Mutter jetzt mit Kevin?« frage ich.

»Geht so«, sagt Erika und holt Kevins Hand auf ihren Bauch. »Sie hat nur Schiß, daß er zuwenig verdient für eine Familie. Aber sie kann ja nichts machen wegen dem Kind.«

»Wegen des Kindes.«

»Von mir aus! Davon verdient Kevin auch nicht mehr. Aber mein Vater ist toll. Zweihundert Mark hat er zu Weihnachten geschickt und ein Bügeleisen!«

Zweihundert Mark! Ich bin platt. So viel Geld – einfach so! Ich habe für 49 Mark 73 vier Wochen lang fast jeden Nachmittag nach der Schule – sogar am offenen »goldenen« und »silbernen« Sonntag – im Kaufhaus arbeiten müssen. Und das reicht nicht mal, um das Geld zurückzuzahlen, das mein Großvater ausgelegt hat für die Reparatur, die ich nach dem Fahrradunfall bezahlen mußte. Vielleicht muß ich sogar noch mehr bezahlen, sagt Hilde, die einen Neffen hat, der Gerichtsdiener wird, aber nur falls ich »verknackt« werde beim Gerichtstermin. Erst im Februar …

Karla hat einen weiteren Whiskey ausgetrunken. Sie greift hinter sich an die Wand, um sich abzustützen. Ihre wieder halblangen, glatten, dunklen Haare fallen ihr ins blaßbraune, glänzende Gesicht.

»Warum will sie eigentlich unbedingt zehn Whiskeys trinken?« frage ich.

»Weil Ralf gesagt hat«, murmelt Erika in Kevins Arm, »daß Frauen weniger vertragen als Männer.«

»Und stimmt das denn nicht?«

»Keine Ahnung!«

Erika gähnt. »Karla will's jedenfalls Ralf beweisen, daß sie … Gott, ist das 'ne Scheißluft hier! Mach doch wenigstens mal die Zigarette aus, Darling!«

»Was will Karla beweisen?«

»Daß Frauen …« Erika nimmt Kevin die Zigarette aus

den Fingern und drückt sie in einer mit Kippen übersäten Untertasse aus, »Karla, was wollteste noch mit deiner Scheißwette beweisen?«

Aber Karla hat schon wieder einen Whiskey, den siebenten oder achten, getrunken und antwortet nicht. Kevin stützt sich auf und sieht Ralf an. Ralf geht zu Karla und flüstert ihr was ins Ohr.

Sie schüttelt den Kopf und streicht sich die Haare aus dem Gesicht.

»Karla«, sage ich, »hör auf mit dem Quatsch! Du kriegst bloß Krach mit deinen Eltern, wenn du besoffen nach Hause kommst!«

»Sie schläft heute nacht hier«, sagt Erika, »alles schon geritzt.«

»Los«, murmelt Karla, »ich will meinen nächsten Whiskey!« Sie atmet sehr schnell.

»Karla«, sagt Ralf, »du hast gewonnen, Karla!«

»Ich will meinen nächsten Whiskey«, wiederholt Karla.

Keiner antwortet. In der Stille hört man nur Karlas hastiges Atmen.

Bis es klingelt.

»Endlich«, sagt Erika und wälzt sich vom Sofa, »das sind Porte und Frieder.«

Sofort greife ich nach dem häßlichen, grün-gelb gemusterten Wintermantel mit den Schulterpolstern und dem breiten Gürtel, den ich von der Kollegin meiner Mutter geerbt habe.

»Willste etwa schon los, Doro?«

»Leider. Ich muß.«

»Aber jetzt wird's doch gerade lustig!«

Mein Schal – wo ist mein Schal? Er liegt unter einem der Cocktailsessel.

»Mein Bruder ist doch so krank...«

»Ich dachte, der ist wieder gesund!«

Es klingelt Sturm. Dreimal hintereinander.

»Ja doch!« schreit Erika und watschelt in den Korridor.

»Nee, er ist noch nicht richtig gesund«, blöke ich und renne hinterher, »jetzt muß er auch noch zur Kur. In den Harz wahrscheinlich...«

Erika interessiert sich keinen Futz für die Kur meines Bruders. Sie reißt die Wohnungstür auf.

Porte. Mit Frieder. Porte im todschicken, weiten, braunen Teddy-Mantel. Ohne Polster und Gürtel.

Frieders kalter, heller Blick flutscht an mir herunter.

»Frieder mußte noch was zum Vikar bringen«, sagt Porte. »Deshalb kommen wir jetzt erst.«

Sie lacht auf ihre hochmütige Tour: »Seitdem Frieders Vater mit dem Vikar verkracht ist, läuft alles nur noch über Frieder!«

»Habt ihr Zigaretten?« fragt Frieder und sieht mich an, als ob ihn nicht interessiert, was Porte erzählt.

»Kevin hat«, sagt Erika, »Camel.«

»Gott sei Dank nicht Juno«, sagt Porte. »Ich kann nur noch Camel rauchen.«

Sie mustert meinen geerbten Mantel ohne jedes Mitleid: »Willste schon los, Doro?«

»Ich muß«, sage ich und schlängele mich an Frieder vorbei, »ich muß nach Hause, weil doch mein Bruder so krank ist und...«

Noch auf der Treppe bewege ich meine Lippen wie Ebbes Aufziehauto, das immer weiterfahren muß, bis sein Mechanismus abgelaufen ist.

LIX

Le – bendig«, sagt mein Vater.

Das »Le« vor »bendig« sagt mein Vater ganz kurz. Wie die Franzosen kurz »le« sagen: le café. Nach »le« macht mein Vater eine winzige Pause – um sich danach um so heftiger auf »bendig« zu schmeißen.

»Le – bendig« heißt bei meinem Vater: Da prickelt's! Da ist was los! »Le – bendige« Leute haben dauernd Ideen. Sind nicht halb tot wie Beamte und Bürokraten, die ihm mit ihren Vorschriften in seine Firma reinreden. Le – bendige Leute sind Leute wie mein Vater (»und eigentlich ist der ein Anarchist«, sagt Onkel Paule. Ich muß mir das mal merken, was das genau ist – ein Anarchist).

»Le – bendig«, wiederholt mein Vater, »'n richtiger schöner le – bendiger Heiljer Abend!«

Ich nicke.

Mein Vater sieht mich vom anderen Ende der noch nicht abgeräumten Weihnachtstafel forschend an.

»Stimmt was nicht, Doro?«

»Doch, Papa, alles stimmt.«

Dabei hört man schon an meiner Jammerstimme, daß ich nicht die Wahrheit sage. Auch Sabine, die zwei Stunden vor der Bescherung (bei uns natürlich wieder erst spät abends um neun, weil meine Mutter mit dem Aufstellen der Geschenke nicht fertig werden und mein Vater den Weihnachtsbaumständer nicht finden konnte) mit Voranmeldung angerufen hat – auch Sabine hat gesagt: Ich würde mich so komisch anhören.

Aber ich habe geantwortet, ich wüßte nicht, was sich bei mir komisch anhören soll. Ich hätte nichts. Und dann habe ich ihr rasch alles von Ebbe und seiner Krankheit erzählt, viel mehr, als sie hören wollte, und nichts von mir. Und Sabine hat über das Pferd gequatscht, das sie zu Weihnachten gekriegt hat, wovon ich wieder überhaupt nichts hören wollte. Ich kapiere sowieso nicht, wozu Sabine auf einmal ein Pferd braucht. Ein Pferd wäre so schön warm, hat sie gesagt, und es höre zu.

Das gab mir einen Stich, weil ich wieder dieses schlechte Gewissen hatte, was mich neuerdings manchmal packt, wenn ich an Sabine denke. Ich meine, ich denke nicht allzu oft an Sabine – und das ist es!

Ob ich zu Ostern endlich nach Augsburg käme, hat sie gefragt. Ihre Eltern würden mir auch was zur Bahnfahrt zugeben. Ich habe »eventuell« gesagt. Eventuell käme ich. Aber die Fahrt könnte ich selber bezahlen. Ich würde eben einfach wieder im Kaufhaus arbeiten. (Da wußte ich noch nicht, daß mir mein Großvater als »Weihnachtsgeschenk« die Schulden, die vom Fahrradunfall herrühren, erlassen würde – und ich sofort die Fahrt nach Augsburg bezahlen könnte. Falls ich mir keinen dunkelbraunen Cordsamtrock, wie Karla einen hat, zu meiner weißen Bluse kaufe.) Und so haben Sabine und ich am Telefon endlos Quatsch geredet, was bestimmt ganz schön teuer für Sabines Eltern geworden ist. »Ich muß jetzt Schluß machen«, hat Sabine endlich gesagt, »weil wir noch in die Kirche gehen.« Aber es war klar wie

Kloßbrühe, daß sie die Kirche nur vorgeschoben hatte. Wir sind wegen Ebbe diesmal nicht in die Kirche gegangen, nicht mal Hilde, die katholisch ist. So blieb mir der Anblick von Frieders Vater auf der Kanzel erspart – und der von Frieder...

Der einzige, der geheult hat, als wir nicht in die Kirche gingen, war der »Grund«: Ebbe, der schon genug hat vom Im-Bette-Liegen, aber noch ganz blaß und dünn aussieht. Weil Weihnachten ist, durfte er wenigstens mit der Katze aufs Sofa, und jetzt macht er gerade die halbe Familie mit »Monopoly« kaputt. Alle, bis auf meine Mutter, die noch Hotels und die Bahnhöfe besitzt, hat Ebbe mit der »Parkstraße« und der »Schloßallee« in den Ruin getrieben. Aber das, glaube ich, lag auch an Onkel Paule, der Ebbe heimlich mehr Geld zugeschoben hat, als ihm nach den Spielregeln zustand. Mein Großvater, der vor einer halben Stunde nach Hause geschoben ist (»du hättest Frau Müllermuß ja ruhig mitbringen können, Papa«, hat meine Mutter herzlich gesagt und herzlos geguckt) – mein Großvater als ehemaliger Buchhalter hat die Schummelei zwischen Ebbe und Onkel Paule natürlich zuerst gemerkt. Zur Strafe war Onkel Paule dann auch bald pleite. Und jetzt plänkelt er mit Hilde rum, wann wieder frische Kerzen an den Baum gesteckt werden sollen.

Onkel Paule ist für Runterbrennen bis zum kleinsten Kerzenstummel. Hilde kreischt, dadurch wäre bei ihrer Freundin Mia schon mal die halbe Bude abgebrannt.

Mir gehen beide mit ihrem Gequatsche auf den Keks. Alles so unwichtig. Ich habe gleich nach Onkel Paule aufgegeben, weil ich nur noch das Elektrizitätswerk hatte, mit dem man bei »Monopoly« nicht überleben kann. Und nun sitze ich mit meinem Vater an der abgegrasten Weihnachtstafel, nasche von den Kasseler- und Kartoffelsalatresten, wenn ich nicht in dem alten Buch blättere, das sich Zonentante Rita für mich »aus dem Herzen gerissen« hat: »Caroline Schlegel«. Weil ich, schrieb sie, den Roman doch so gern gelesen hätte. Und Bücher müßten immer bei denen sein, die sie gern lesen.

»Ich kenne dich gut genug, Caroline«, lese ich, »du bist klug, viele sagen sogar, zu klug. Und es ist wahr, du verstehst es, dir dein Leben so klüglich einzuteilen wie deinen zierlich geordneten Wäscheschrank. Alle deine Gefühle hast du gebändigt und gezähmt – nur manchmal brechen sie eben aus und überstürzen die Schranken und reißen dich fort, du weißt selbst nicht wohin...«

»Und nach Prenzlauer Berg?« fragt Hilde. »Wo muß ick da inne S-Bahn rin, Onkel Paule?«

»Durch de Osteinjänge, Hilde, immer durch de Osteinjänge!«

»Könnt ihr nicht mal leiser quatschen, Hilde!«

»Jott, Doro, nu mach mal halblang...«

»Wenn ihr so laut quatscht, kann man beim Lesen kein Wort kapieren!«

»Du sollst am Heiligabend auch nicht dauernd lesen, Doro«, sagt meine Mutter und blättert Ebbe noch mehr »Monopoly«-Geld hin, »du sollst dich deiner Familie widmen!«

Hilde ist nicht meine Familie, selbst wenn wir »ihre« sind, wie meine Mutter behauptet. Außerdem hasse ich das Wort »widmen«!

»Denn muß ick also«, klagt Hilde, »bloß weil die Bonzen von drüben bei uns die Westeinjänge von de S-Bahn dichtjemacht haben, extra rüber in'n Ostsektor, wenn ick von meine Freundin Mia im Westsektor...«

»Wo woll'n Se Silvester überhaupt hin?« fragt Onkel Paule und haut auf Hildes Hand, die eine neue Kerze einsetzen will.

»Sach ick doch, Onkel Paule! Nach Prenzlauer Berg!« antwortet Hilde und haut mit der Kerze zurück. »Zu mein Bruder. Da muß ick also jetzt vonne Ostseite am Potsdamer Platz inne S-Bahn...?«

»Oder Se loofen, Hilde!«

»Oder Se tragen mir, Onkel Paule!«

Da muß ich lachen, obwohl ich gar nicht lachen will.

»Warum lacht Doro?« quengelt Ebbe eifersüchtig vom Sofa. Weil er trotz Lungenentzündung nicht gestorben ist, müssen wir ihm neuerdings auf alle Fragen eine Antwort geben.

»Warum lachst du, Doro?« fragt meine Mutter prompt und zählt ihr letztes »Monopoly«-Geld. »Ich kann nicht mehr, Ebbe! Ich hab' nichts mehr für die Miete in der Parkstraße, und die Bahnhöfe habe ich dir auch schon verkauft. Ein furchtbares Spiel! Zum Schluß hat einer alles, und die anderen haben nichts.«

»Wie im Kapitalismus«, sagt Onkel Paule und grient.

»Du übertreibst, Paule«, sagt mein Vater.

Meine Mutter steht auf: »Kein Krach – bitte – wegen Politik am Heiligen Abend!«

Am Heiligen Abend hat Friede bei uns zu herrschen. Wie in dem Gedicht, das ich jedes Jahr zu Weihnachten aufsagen muß: »...einmal, einmal muß Friede werden, Friede auf Erden!«

Das letzte »Friede« habe ich sonst richtig sehnsüchtig geschrien. Aber diesmal war mir das zu blöde. Deshalb habe ich »Friede« ganz leise gesagt.

»Warum hat Doro gelacht?« quengelt Ebbe, der niemals aufgeben kann, und hält sein gewonnenes Papiergeld fest, als ob es echtes wäre.

»Ich lache doch überhaupt nicht mehr, blöder Hund«, sage ich. Bevor er Silvester von meinen Eltern zur Kur in den Harz gebracht wird, muß man ihn wieder an normale Verhältnisse gewöhnen.

»Muttiiii… Doro sagt blöder Hund zu mir!«

»Saublöder Hund«, sage ich und kriege etwas bessere Laune.

»Bitte!« ruft meine Mutter mit ihrer eisernen Höflichkeit. »Vertragt euch doch wenigstens zu Weihnachten, Kinder!«

Dann seufzt sie mal wieder und legt den Arm um mich.

»Freust du dich denn auch ein bißchen über unsere Bücher, Doro? Nicht nur über das Buch von Tante Rita?«

Ja, ich freue mich: vor allem über die »Gesammelten Werke« von Eichendorff, die sie durch Onkel Paule verbilligt bekommen hat. Am meisten aber freue ich mich, daß sie auf Tante Rita eifersüchtig ist. Nicht auf Tante Ritas Buch.

»Schön, daß du dich jetzt auch für Eichendorff interessierst, mein Dorseltier!«

Ich nicke und bin einverstanden, wie sie liebevoll die hauchdünnen Seiten der »Gesammelten Werke« aufblättert.

»Harry sagt, Eichendorff hat Gedichte geschrieben, die sind wieder ganz modern. Und demnächst lesen wir auch Eichendorffs ›Aus dem Leben eines Taugenichts‹…«

»Sprich weiter, mein Dorseltier«, sagt meine Mutter und drückt mich ein bißchen, »ja, gehen Sie ruhig ins Bett, Hilde! Wir räumen nachher schon ab…«

Noch immer liegt ihr Arm über meiner Schulter, und

keiner sieht es. Mein Vater und Onkel Paule sind verschwunden und trinken wahrscheinlich Schnaps in der Küche. Ebbe ist auf dem Sofa eingeduselt.

»Also, Harry meint...«, sage ich.

»Du hast wirklich einen besonders netten Deutschlehrer«, murmelt meine Mutter, »aber daß ihr ihn einfach so ›Harry‹ nennt...«

Ihre hellen Haare schimmern und bauschen sich im Schein der Weihnachtsbaumkerzen. Wie Greta Garbo sieht sie aus, meine Mutter, mit ihrer sehr geraden, etwas zu großen Nase und dem ernsten, schmalen Mund. Nicht, daß ich für Greta Garbo schwärme! Und der Arm meiner Mutter engt mich auch etwas ein. Aber ich gönne es mir, daß er auf meinen Schultern liegt.

LX

Wo ist Ebbes grauer Pullover, Doro?« schreit meine Mutter. »Der mit den Rehen auf der Brustseite, den Oma noch gestrickt hat! Bitte, Doro! Erheb dich doch mal! Such – bitte – den Pullover! Lesen kannst du noch stundenlang, wenn wir weg sind!!! – Ich will jetzt keinen Flunsch sehen, Doro… Ja, Richard, ich weiß, daß wir gleich nach dem Mittagessen losfahren wollten… Doro, guck doch – bitte – mal bei den Stopfsachen nach, da war ein kleines Loch im Ärmel…«

Ebbes Pullover ist nicht bei den Stopfsachen.

»Ich finde es nicht sehr freundlich von dir, Doro, wie du dich einfach wieder hinsetzt und weiterliest! Du siehst doch, wie deine Mutter sich abhetzt! Ebbe – bitte – du bleibst noch liegen, bis wir losfahren! – Ausgerechnet Ebbes wärmster Pullover! Und die Leiterin vom Kinderheim hat extra gesagt: Wir sollen warme Sachen für Ebbe… Ebbe, es ist mir egal, was dir dein Vater erlaubt hat… Richard, Ebbe soll noch nicht aufstehen! Bitte! – Wie kommen Sie denn zu Ebbes Pullover, Hilde? Ach, Sie haben ihn noch gestopft… Danke, das war sehr freundlich von Ihnen, Hilde! Bitte, Ebbe, bedank dich bei Hilde, daß sie dir deinen Pullover… nein, du ziehst den Pullover jetzt noch nicht an… erst, wenn dir im Auto zu kalt werden sollte! Sonst schwitzt du … ich sage dir doch, Richard, heute kann es gar nicht so lange an der Zonengrenze dauern … die Vopos wollen wenigstens mal zu Silvester … aber die Vopos sind doch auch Menschen, Richard! Doro, bitte, steh sofort auf und hilf mir den Koffer zumachen! Ja, setz dich drauf, dann geht es …«

Es geht nicht.

»Richard, könntest du – bitte – noch mal kommen? Richard! Iß doch nicht die ganzen Buletten schon vorher auf! Die sind für unterwegs … natürlich hast du von den Buletten genommen, Richard! Ich rieche doch die Zwiebeln … so, Richard, nun setz dich doch – bitte – mal mit auf Ebbes Koffer! Was ich da drin habe? Also, Richard … ich habe nichts Überflüssiges mitgenommen! Acht Wochen sind eine lange Zeit, und wenn es Ebbe plötzlich im Harz zu warm wird …«

Meine Mutter denkt immer, daß es im Winter plötzlich zu warm werden könnte und im Sommer zu kalt. Deshalb sind ihre Koffer auch immer kurz vorm Platzen.

»Na siehst du, Richard, der Koffer ist schon zu! Euer Vater mußte sich bloß raufsetzen! … Doro – bitte – zum letztenmal, leg das Buch weg! Ist das nicht Papas Buch? ›Am grünen Strand der Spree‹ …? Du wolltest doch dieses Buch nicht etwa mit durch die Zone nehmen, Richard? Die Vopos nehmen es uns bei den Kontrollen bestimmt weg! Frau Wölbel, du weißt doch, die Kollegin aus der Sportredaktion – der haben sie neulich ›Desirée‹ weggenommen! Das Buch über Napoleon von Annemarie Selinko, und das ist bloß Geschichte … Doro – bitte – bleib hier! Ich möchte mit dir reden!«

Auch das noch.

»Du weißt, Doro, daß wir dich nicht gern allein lassen!

Schon gar nicht zu Silvester. Aber es war so freundlich von Dr. Boglund, überall selber rumzutelefonieren, bis er im Harz endlich dieses Kindererholungsheim für Ebbe gefunden hat! Und du bist doch auch froh, nicht wahr, daß dein Bruder auf dem Weg der Besserung…«

»Doro ist überhaupt nicht froh! Doro wollte, daß ich sterbe!«

»Klar wollte ich das, blöder Hund!«

Das hätte ich nicht sagen dürfen.

»Doro – bitte – das meinst du doch nicht im Ernst!«

Sie sieht ganz blaß aus, meine Mutter.

»Nein, ich meine das nicht im Ernst… heul doch nicht, Mutti!«

»Also… gut… setz dich – bitte – zu mir, Doro! Du bist doch meine große Tochter…«

Ja, immer wenn's praktisch ist!

»Ich erwarte von dir, mein Dorseltier, daß hier alles klappt! Daß ich mir nicht auch noch um dich Sorgen machen muß! Hilde geht ja rüber zu ihrem Bruder, und du gehst mit Onkel Paule ins Konzert und danach zu Opa. Und wenn du nach Hause kommst – Onkel Paule bringt dich, das hat er mir fest versprochen –, ist Hilde bestimmt wieder da. Sonst schläft Onkel Paule hier…«

»Ich bin doch kein kleines Kind mehr!«

»Nicht diesen pampigen Ton, Doro – bitte! Natürlich bist du kein kleines Kind mehr. Aber du bist auch noch nicht erwachsen. Deine Tonart in den letzten Tagen… ja, Richard, ich bin gleich fertig… Ebbe, sag – bitte – zu allen Auf Wiedersehn!… Nein, die Katze nehmen wir nicht mit! Laß die Katze los, Ebbe! Ja, wenn du zurückkommst, ist der Plattenspieler wieder da, mein Kleiner, das verspricht Mutti dir! Geh langsam, Ebbe!… Nimm ihn doch mal an die Hand, Richard! Nimm Papas Hand, mein Kleiner!... Auf Wiedersehn, Hilde! Guten Rutsch, und grüßen Sie Ihren Bruder! Übermorgen sind wir wieder zurück... auf Wiedersehn, mein Dorseltier... komm, gib deiner Mutter einen Kuß!... Ich weiß, ich hab' mich in der letzten Zeit zuwenig um dich kümmern können, aber das wird wieder anders, ich verspreche es dir, auf Wiedersehn, meine kleine große Tochter... und mach – bitte – nicht so ein Gesicht, Doro...«

Weg sind sie.

Der Weihnachtsbaum steht überflüssig neben dem Sofa, auf dem eben Ebbe noch gelegen hat. Warum bin ich nicht mit runtergegangen zum Auto und habe gewinkt bei der Abfahrt? Es hat keiner gefragt, ob ich mit runterwollte.

»Ick schieb ooch los«, sagt Hilde im »neuen« abgelegten Mantel meiner Mutter mit dem etwas abgewetzten Persianerkragen, »oda biste denn zu alleene?«

Nee, Hilde, geh nur, geh!

Die Wohnungstür schnappt zu. Die Katze streicht mir um die Füße, will auf meinen Schoß. Hau ab, Katze!

Die Katze kapiert überhaupt nichts.

Eigentlich ist alles falsch, was ich mache. Eigentlich bin ich total überflüssig. Ich bin eine Luftblase und möchte platzen.

Telefon.

Heute ist der 31. Dezember 1955. Sonnabend nachmittag gegen zwei, und ich weiß, daß es nur Frieder sein kann, der anruft.

Es muß einfach Frieder sein.

»Dorothee Uchtmann«, sage ich ins Telefon.

Es ist Frieder.

LXI

Frau Müllermuß hat die Kragenschleife an ihrer weißen Perlonbluse aufgezogen, damit man sehen kann, daß ihr Büstenhalter an den Rändern rosa Spitze hat. Genau über der Schlummerfalte ihres dicken Busens liegt der Amethyst, den sie zu Weihnachten gekriegt hat. Sie verrät nicht, von wem.

»Von wem schon!« hat Onkel Paule gesagt und meinen Großvater angeplinkert. Onkel Paule ist es egal, daß sein Vater Frau Müllermuß ein Schmuckstück geschenkt hat. »Opa braucht jemand nach Omas Tod«, hat er erklärt, als wir vom S-Bahnhof mit seiner Kollegin zur Straße, in der mein Großvater wohnt, liefen. Und von ihm aus könne dieser Jemand – »oder besser diese Jemandin« – auch Frau Müllermuß, die Mußen, sein.

Meiner Mutter wäre der Amethyst für die Mußen nicht egal, wenn sie davon wüßte. Mir wäre es auch nicht egal, wenn mein Vater einer anderen Frau als meiner Mutter ein Schmuckstück schenken würde.

»Wir können doch du sagen, nich'?« schlägt die Mußen Onkel Paule vor und streichelt ihren neuen Schmuck. »Ich heiße Edeltraut.«

Sie berlinert nicht mal vor lauter Feierlichkeit. Aber sie hebt ihr Glas so unsicher, daß der Wein darin wackelt.

»Paul«, sagt mein Onkel und hebt ebenfalls sein Glas. Wahrscheinlich ist ihm die Duzerei peinlich wegen der Kollegin, die er zu der Silvesterfeier bei meinem Opa mitgeschleppt hat. Die Kollegin heißt Uschi Irgendwas und schreibt die Konzertkritiken in Onkel Paules Zeitung. Durch diese Uschi waren wir auch an die Karten gekommen für das Konzert im Titania Palast in Steglitz. Uschi ist geschieden oder unverheiratet wie Onkel Paule. Sie hat interessante lange, rotgefärbte Haare und ihre Brille an einer silbernen Halskette hängen. Beim Konzert – Beethovens Neunte – hat sie geheult, als der Chor sang: »Seid umschlungen, Millionen ...« und nach Onkel Paules Hand gegrapscht. Ich hatte auch einen Kloß im Hals. Aber nicht wegen Beethoven.

»Küßchen!« sagt Frau Müllermuß zu Onkel Paule und spitzt die Lippen.

Genau in diesem Augenblick kommt mein Großvater mit einer Zigarre im Mund und einer Flasche Kupferberg-Sekt in der Hand aus der Küche und brüllt, daß es gleich zwölf sei. Wer denn die Flasche aufmache? Er habe Rheuma im Daumen.

»Ist noch lange nicht zwölf«, sagt Onkel Paules Kollegin und guckt durch ihre Kettenbrille auf ihre Uhr mit dem schicken, goldenen Elastofix-Armband, »noch zehn Minuten, Herr Siebler! Stelln Se den Sekt lieber noch mal kalt!«

»Stell den Sekt wieder in den Eisschrank, Doro«, sagt mein Großvater.

»Nee!« schreit Onkel Paule, der die Mußen fürs Duzen nicht küssen will. »Ick mach die Pulle gleich auf!«

»Erst Küßchen«, sagt die Mußen.

Mein Großvater guckt verwundert.

»Wir wollen uns duzen«, erklärt die Mußen.

»Denn man tau«, sagt mein Opa, der die Mußen heimlich schon lange duzt, was wir daran merken, wenn er sich verquatscht und »Trautchen« sagt.

»Aber hinterher wird weitergesungen, Traut... Frau Müllermuß!«

Er lacht ein bißchen hilflos, wie er früher, als meine Oma noch lebte, nie gelacht hat, und setzt sich wieder zu uns an den großen Tisch, der die Hälfte des kleinen Wohnzimmers einnimmt. Aus seinem Mund segeln Zigarrenrauchwolken zu den gelben Glasglocken der Hängelampe hoch, während seine Finger über die Tischdecke krabbeln, die meine Großmutter vor vielen Jahren mit blauen Blüten bestickt hat: Wo ist der Aschenbecher, an dem mein Opa die fette Asche seiner Zigarre abstreifen kann? Bei Frau Müllermuß steht er. Zwischen den verstreuten Salzstangen und der fast abgegessenen Häppchen-Platte, wo der große feuchte Fleck ist, den die Mußen gemacht hat, als sie vorhin ihr Glas umgestoßen hat.

»Prost, Trautchen!« sagt Onkel Paule und gibt Frau Müllermuß einen Kuß auf die Stirn.

»Prost, Paulchen!« sagt Frau Müllermuß und beugt sich zu Onkel Paule, um ihn auf den Mund zu küssen.

»Ich stell' den Sekt noch mal kalt«, sage ich rasch und reiße Onkel Paule die Flasche aus der Hand.

In der Küche hat mein Großvater vergessen, die Kühlschranktür zu schließen. Ich stelle den Sekt zwischen die Milchflaschen.

»Wenn ich abends in die Kneipe geh', Kneipe geh'...«, singt mein Großvater, der mit meiner Großmutter früher im Gesangsverein war, im Wohnzimmer, »tut mir der Zeh ja so weh...«

»Und der Zeh tut mir weh«, fällt Onkel Paule ein, »und der Hacken kann nicht kack...«

Gelächter.

»...kann nicht knacken, und der Zeh...«

Ich flüchte auf den winzigen Balkon. Selbst hier im Freien riecht es nach der Küche: nach Essig und Scheuerpulver und ausgewrungenen Lappen.

Drüben in der Innenstadt flitzen schon Böller in den dunklen Himmel und blitzen beim Stürzen. Links, wo unser Haus sein könnte, das wir nächstes Jahr verkaufen müssen, wenn mein Vater nicht den Kredit aus Bonn für seine Firma bekommt, zerplatzt ein grüner Stern. Und daneben ein roter. Dort könnte die Kirche sein, in der ich von Frieders Vater eingesegnet worden bin...

»Wollte dir bloß 'n guten Rutsch wünschen, Tarnkappe!« hat Frieder am Telefon gesagt. »Wo feierste denn?«

»Bei Bekannten«, habe ich erst gelogen. Und dann: »Nee, bei meinem Großvater.«

Die Worte kullerten so aus mir heraus.

Wie's mir denn so ginge?

Auf diese Frage habe ich gar nichts gesagt.

Ob ich was hätte?

»Nee, nichts.«

Wann wir uns denn mal wieder treffen könnten?

»Überhaupt nicht«, habe ich gesagt.

Ich hätte doch was...?

»Nein, ich hab' nichts. Ich hab' nur keine Lust, dich wiederzutreffen, Frieder!«

Er hat gelacht, irgendwie baff. Nein, nicht verlegen, der nicht verlegen!

Und dann hat er plötzlich gesagt, daß er Fotos hätte, irgendwelche Fotos, die er mir gern mal zeigen würde.

»Mich interessieren keine Fotos«, habe ich gesagt und mir zugehört, wie ich das sagte.

»Auch keine von dir und mir, Tarnkappe? Wir beide auf der Party draußen in Lichtenrade?«

Da war auch ich eine Sekunde baff, aber nur eine Sekunde lang. Ich hatte nämlich nichts davon gemerkt, daß auf der Party Fotos von Frieder und mir gemacht worden waren.

»Nein«, habe ich schließlich gesagt, »mich interessieren auch keine Fotos von dir und mir.«

Da hat er auf einmal geredet wie verrückt: daß es sich um Fotos handele, die vielleicht... na ja, kein anderer sehen sollte, weil er und ich darauf... in Situationen... und ich sei doch... na, ja, nicht gerade spießig...

Ich habe trotzdem nicht geantwortet, weil ich den Sinn seiner Worte nicht verstehen wollte. Ich habe den Hörer von meinem Ohr weggehalten – und irgendwann habe ich ihn einfach zurück auf die Gabel gelegt.

Einfach so, ohne nachzudenken.

Es war vorbei.

»Doro, Mädchen, wo biste denn? Ach, hier biste! Janz alleene auf dem Balkon!! Komm, stoß mal mit deinem ollen Onkel an! Prost Neujahr, Doro!«

Er hat ein Glas für mich mitgebracht. Kein Sekt drin, sondern warmer Weißwein, der nach Petersilie schmeckt.

»Prost, Onkel Paule!«

Er legt den Arm um mich, und ich könnte jetzt in seine kratzige Jackettschulter heulen. Aber ich heule nicht.